阅读　你的生活

(David Morley)
[英] 戴维 · 莫利　著
王鑫　译
刘海龙　审校

传播与流动

Communications and Mobility

移民、手机与集装箱

The Migrant, the Mobile Phone, and the Container Box

中国人民大学出版社
· 北 京 ·

新闻与传播学译丛·学术前沿系列

丛书主编　刘海龙　胡翼青

总　序

在论证“新闻与传播学译丛·学术前沿系列”可行性的过程中，我们经常自问：在这样一个海量的论文数据库唾手可得的时代，从事这样的中文学术翻译工程价值何在？

国内20世纪80年代传播研究的引进，就是从施拉姆的《传播学概论》、赛弗林和坦卡德的《传播理论：起源、方法与应用》、德弗勒的《传播学通论》、温德尔和麦奎尔的《大众传播模式论》等教材的翻译开始的。当年外文资料匮乏，对外交流机会有限，学界外语水平普遍不高，这些教材是中国传播学者想象西方传播学地图的主要素材，其作用不可取代。然而今天的研究环境已经发生翻天覆地的变化。图书馆的外文数据库、网络上的英文电子书汗牛充栋，课堂上的阅读英文材料已成为家常便饭，来中国访问和参会的学者水准越来越高，出国访学已经不再是少数学术精英的专利或福利。一句话，学术界依赖翻译了解学术动态的时代已经逐渐远去。

在这种现实面前，我们的坚持基于以下两个理由。

一是强调学术专著的不可替代性。

目前以国际期刊发表为主的学术评价体制导致专著的重要性降低。一位台湾地区资深传播学者曾惊呼：在现有的评鉴体制之下，几乎没有人愿意从事专著的写作！台湾引入国际论文发表作为学术考核的主要标准，专著既劳神又不计入学术成果，学者纷纷转向符合学术期刊要求的小题目。如此一来，不仅学术视野越来越狭隘，学术共同体内的交流也受到影响。

国内的国家课题体制还催生了另一种怪现象：有些地方，给钱便可出书。学术专著数量激增，质量却江河日下，造成另一种形式的学术专著贬值。与此同时，以国际期刊发表为标准的学术评估体制亦悄然从理工科渗透进人文社会学科，未来中国的学术专著出版有可能会面临双重窘境。

我们依然认为，学术专著自有其不可替代的价值。其一，它鼓励研究者以更广阔的视野和更深邃的目光审视问题。它能全面系统地提供一个问题的历史语境和来自不同角度的声音，鼓励整体的、联系的宏观思维。其二，和局限于特定学术小圈子的期刊论文不同，专著更像是在学术广场上的开放讨论，有助于不同领域的“外行”一窥门径，促进跨学科、跨领域的横向交流。其三，书籍是最重要的知识保存形式，目前还未有其他真正的替代物能动摇其地位。即使是电子化的书籍，其知识存在形态和组织结构依然保持了章节的传统样式。也许像谷歌这样的搜索引擎或维基百科这样的超链接知识形态在未来发挥的作用会越来越大，但至少到现在为止，书籍仍是最便捷和权威的知识获取方式。如果一位初学者想对某个题目有深入了解，最佳选择仍是入门级的专著而不是论文。专著对于知识和研究范式的传播仍具有不可替代的作用。

二是在大量研究者甚至学习者都可以直接阅读英文原文的前提下，学术专著翻译选择与强调的价值便体现出来。

在文献数量激增的今天，更需要建立一种评价体系加以筛选，使学者在有限的时间里迅速掌握知识的脉络。同时，在大量文献众声喧哗的状态下，对话愈显珍贵。没有交集的自说自话缺乏激励提高的空间。这些翻译过来的文本就像是一个火堆，把取暖的人聚集到一起。我们希冀这些精选出来的文本能引来同行的关注，刺激讨论与批评，形成共同的话语空间。

既然是有所选择，就意味着我们要寻求当下研究中国问题所需要关注的研究对象、范式、理论、方法。传播学著作的翻译可以分成三个阶段。第一个阶段旨在营造风气，故而注重教材的翻译。第二个阶段目标在于深入理解，故而注重移译经典理论著作。第三个阶段目标在于寻找能激发创新的灵感，故而我们的主要工作是有的放矢地寻找对中国的研究具有启发的典范。

既曰“前沿”，就须不作空言，甚至追求片面的深刻，以求激荡学界的思想。除此以外，本译丛还希望填补国内新闻传播学界现有知识结构上的盲区。比如，过去译介传播学的著作比较多，但新闻学的则相对薄弱；大众传播的多，其他传播形态的比较少；宏大理论多，中层研究和个案研究少；美国的多，欧洲的少；经验性的研究多，其他范式的研究少。总之，我们希望本译丛能起到承前启后的作用。承前，就是在前辈新闻传播译介的基础上，拓宽加深。启后，是希望这些成果能够为中国的新闻传播研究提供新的思路与方法，促进中国的本土新闻传播研究。

正如胡适所说："译事正未易言。倘不经意为之，将令奇文瑰宝化为粪壤，岂徒唐突西施而已乎？与其译而失真，不如不译。"学术翻译虽然在目前的学术评价体制中算不上研究成果，但稍有疏忽，却可能贻害无穷。中国人民大学出版社独具慧眼，选择更具有学术热情的中青年学者担任本译丛主力，必将给新闻传播学界带来清新气息。这是一个共同的事业，我们召唤更多的新闻传播学界的青年才俊与中坚力量加入荐书、译书的队伍中，让有价值的思想由最理想的信差转述。看到自己心仪的作者和理论被更多人了解和讨论，难道不是一件很有成就感的事吗？

向福楼拜小说中百科全书式的学者布瓦尔和佩库歇不屈不挠的精神致敬，我似乎已经跟随他们的脚步走了很多年。

中文版序

对媒体与传播未来的一些初步思考

用传记式的说法，我是二战后20世纪50年代出生的欧洲“婴儿潮”一代，当时占据我生活核心地位的媒体技术是电视——我们如今经常被告知这种媒体未来渺茫。但是，被称为“社会学之父”的中世纪北非学者伊本·赫勒敦（Ibn Khaldun，1332—1406）认为，未来根本不是一个适合认真研究的主题，毕竟确定已经发生的事就已如此困难，更遑论推测未来是否会发生什么。

关于媒体未来的问题由来已久。事实上，媒体长期以来一直与现代性和未来学的概念联系在一起，在这里可以把我们的思绪拉回到20世纪60年代，诸如丹尼尔·勒纳（Daniel Lerner，1917—1980）这样的现代化理论家在其影响广泛的著作

《传统社会的消逝》（Lerner，1958）中说道，他们那个时代的新型移动媒体——晶体管收音机——将彻底改变中东“落后”农民的文化和观念，从而给该地区带来民主。当然，你可能会说，很不幸，事实证明这个预测过于乐观——就像后来其他一些时代关于新技术的所谓民主化能力的幻想一样。

20世纪60年代中期，作为“婴儿潮”一代的一名青少年，我的生活被一次偶然的相遇彻底改变了。我碰到了一群正在研读马歇尔·麦克卢汉（Marshall McLuhan）作品的人，这是他们的“社会学”课程的一部分，我从未听说过这个学科。于是我决定成为一名社会学家。但在我当时就读的那所相当老派的大学[①]里，他们似乎没有听说过麦克卢汉，也不认为媒介是一个严肃的研究课题。直到多年以后，当我在伯明翰当代文化研究中心（CCCS）跟随斯图亚特·霍尔（Stuart Hall）读研究生时，我才找到了一个环境，可以很好地继续我与麦克卢汉邂逅时被激发的对媒介问题的兴趣。此外，在那里，我学到了一件事：做研究有时候与其说是试图找到已有问题的答案，不如说是重新思考所研究的问题本身，并试图发现更好的问题——这正是本书要做的。

历史问题

当然，从文化研究的角度来看，麦克卢汉因其过于简单化的技术决定论和对社会文化背景的忽视而受到相当中肯的批评。因此，30年后，当我看到他被赋予数字时代先知的身份并重新流行起来

① The London School of Economics and Political Science，伦敦政治经济学院。——译者注

时，我有些惊讶。作为一个花了多年时间研究受众在理解和使用各种媒体方式上存在的复杂性的人，我发现确实很难把麦克卢汉那些有关易于预测的媒体（或媒介）“效果”的简单概念当真。事实上，冒着一概而论的风险，我意识到很多关于新媒体/数字媒体的研究都做出了相当惊人的假设，认为这些媒体比之前的任何媒体都强大得多——但这好像与每个人对自己所处媒体时代感到的焦虑没什么不同。就我个人而言，我认为像林恩·斯皮格尔（Lynn Spigel，1992）和卡罗琳·马尔温（Carolyn Marvin，1990）这样的学者已经相当明确地肯定，在这些问题上，“新奇”是一个历史常态，而“喜新”是一个常态化的危险。也许只有通过对西格弗里德·齐林斯基（Siegfried Zielinski，1999）所称的媒体历史的“深层时间”（deep time）的考古研究，我们才能避免对当下的“魅力”的致命迷恋，以及弗朗索瓦·阿赫托格（François Hartog，2017）在对“历史性体制”的分析中所称的“文化当下主义”的危险。

回溯：从麦克卢汉到伊尼斯

尽管如此，这些天来，我确实发现自己有时会回到麦克卢汉的著述中聚焦交通问题的那部分——比如当他把轮子当作一种“媒介”时，最好将其理解为脚的延伸。这种观点源于麦克卢汉的加拿大前辈哈罗德·伊尼斯（Harold Innis）更早的分析（虽然鲜为人知，但可能更深刻）。最重要的是，伊尼斯的独创性在于指出了铁路和邮政服务等媒介在跨空间社区和国家构成中的作用（Innis，1951）。

伊尼斯对媒介的基本区分在于，一种媒介非常适合在空间上扩展（由于它们具备因轻便而易于运输的优点），另一种媒介更适合在时间上扩展（因为它们具备坚固性和耐久性的优点）。几年前，当一位日本同事访问伦敦时，我强烈地意识到这一点，他向我介绍了当时在东京发生的关于所谓的“便利贴”（post-it），或者更确切地说是“后信息技术”（post-IT）社会的辩论。他所说的社会并不是指我们把小黄纸贴在东西上的时代之后出现的社会，而是指当我们现在所依赖的信息技术的脆弱性成为关键节点之后出现的社会。在日本，这一点是在 2011 年福岛地震引发的海啸导致核泄漏之后出现的。随即许多机构发现，它们那些依赖稳定的电力供应的计算机系统在洪水过后完全停止运行，导致存储在其中的大量数据永久丢失，从而使它们陷入瘫痪。当然，不必“劳驾”洪水导致自己的电子数据丢失——仅仅设计过程中技术淘汰的逻辑都意味着我们有大量的数据仅仅是因为它们不再与我们不断“升级”的机器的新格式兼容而无法访问……

在我的日本朋友的描述中，其中一个重要的发现——当然是会让伊尼斯着迷的——是一块古老的石碑（如果不移动就能世代长存），它在山坡上一个杂草丛生的墓地里，碑面刻着一条警告，即任何建筑都不应该低于它的位置。因为这个地区多年来从未发生过洪水，此前的人们也没有注意到这个细节。事实上，在遥远的过去，人们已经知道大海能够淹没到那个高点。稍后我将回到不同类型的媒体和通信基础设施的脆弱性或持久性问题。

传播与媒介

正如我在本书后面解释的那样，对我来说，传播是一个超然的概念，媒介研究在其中构成一个子领域。《牛津英语词典》对“传播”的定义包含了其他的可能性：“传递信息”；“交往”；“公共的出入口”；“两地之间的通道、公路、铁路或电报”。这一定义不仅涵盖了象征领域——我们现在谈论传播时一般会想到的领域，还包括运输研究领域。正是本着这种精神，马克思将传播定义得足够广泛，包括商品、人员、信息和资本的流动——因此其领域内不仅包括传输信息的工具，还包括物质运输基础设施（Marx，1939）。对他来说，传递信息的技术与运送商品和人员的技术之间的联系，都是更广泛的地缘政治“领土科学”的一部分。显然，如今很多领域和技术既是物质的，也是虚拟的。然而，对我来说，关键的一点是通信基础设施的物质方面及其地理环境的持续重要性。

这就是为什么在本书接下来的内容中，我坚持采用一种较为唯物主义的传播定义，也是我为什么广泛地关注人口统计学问题——特别是在流动性正成为不平等的一个关键维度的时代，不同的人有着不同程度的流动性。基于这种唯物主义的观点，我认为全球化不能仅仅被理解为电子邮件、卫星和网络通信的问题，因为这些虚拟系统的基础是它们所依赖的物质基础设施，比如海底电缆。这更是为什么我认为，需要将传播地理学这门学科从目前被忽视的状态中拯救出来，正如《流动性》（*Mobilities*）杂志的学者近年来所证明的那样。这门学科告诉我们一些至关重要的问题，比如我们所有人消费的货物都依赖于世界各地集装箱航线每天的运输状况。2020年，一艘名为“Evergiven”的集装箱船在苏伊士运河被困，使整个世界贸易陷入了僵局，这一点便是很好的证明。我们最近又看到了这种中断，在2023年底，巴拿马运河因气候变化开始限行，与此同时，由于中东冲突导致航运危险加剧，苏伊士运河再次变得难以航行。

正如我在本书中所说的那样，运输行业集装箱化历史中最有趣的一件事是，它涉及我们当下在分析数字化媒介时遇到的许多相同的争论。就像数字时代的“融合”媒介一样，它是一个多式联运系统，在这个系统中，相同的单元（此处指标准尺寸和形状的集装箱）可以很容易地在不同的运输平台上流动，包括铁路、公路或水路。在某种程度上，20世纪60年代集装箱在运输业中的出现与最近媒体行业的转型有明显的相似之处。它们现在还朝着跨模式多平台配置系统迈进——以标准化的形式为基础，此处指跨不同媒介平台转换的数字化信息单元。

超越媒体中心主义

作为这些开场白的一部分，我还必须重申我要使用我所理解的“去媒体中心化”传播研究方法。对此我已经研究了一些年了（Morley，2009）。我提出这一论点的意图绝不是否认媒体的重要性，而是坚持认为，只有将它们置于完整的社会文化和历史背景中，我们才能更好地理解它们究竟是如何行使权力和发挥影响的。也就是说，如果我们迫不及待地关注事件的原因和后果问题，而没有充分了解实际的运作过程是怎样的，那么，利害攸关的核心理论政策问题就无法得到令人满意的构想，更不用说回答了。

这就是为什么在早些时候，我自己的媒体受众研究参与了关于各种媒体和信息技术“驯化”的辩论：我想更好地理解媒体消费和使用的过程和实践，而不是假设它们有任何必然产生的——或容易预见的——“效果”。虽然我一直对那些夸大受众逃避或重新解释媒体灌输的强大意识形态的能力的研究者持批评态度，但我的立场是，对这些问题的分析，必须在微观层面上仔细研究所涉及的日常实践，而不是假设（任何形式的）媒体具有容易预测的效果。在这方面，我试图建立一种既适用于地缘政治的大战略又适用于栖居环境的小策略的分析模式，尽管只取得了部分成功。

解决方案：应对什么问题？

这种“去媒体中心化”方法的另一个方面是抵制技术决定论，即不再关注技术的推陈出新和假定的有效性。这只是对传统的科学社会学方法的重新表述，该方法询问社会-文化背景如何形塑技术的发展。这也是为了扭转传统问题，并询问这些技术可以被视为哪些问题的解决方案。在这一点上，伊丽莎白·肖夫（Elizabeth Shove，2003）的社会学研究提供了一个有用的出发点。她把智能手机这样的技术简单地称为“处理设备”，它使人们能够在一个混乱的世界中尝试一切并掌握一切。在这里，我们也可以想到以紧缩、不平等、放松管制和私有化为特征的晚期资本主义（或后福特主义）社会的普通公民所需要的各种形式的多任务处理。从这个角度来看，人们可以简单地将智能手机视为一个必要的“推动者”，为的是实现任何临时工合同雇佣基础上的个性化生活方式。这是一项必要的发明，因为过去时代更安全、更易预测、更稳定的社会框架被广泛破坏——在某种程度上，它实际上成为有效公民身份的必要条件（作为义肢）。［稍后见蒂姆·克雷斯韦尔（Tim Creswell）对此的解释。］

让我们以当代英国的火车旅行为例。在此前的时代，我可能会通过查阅公布的时刻表来计划我的旅程，然后出发，确信我的计划只会在特殊情况下被打乱，我有理由相信广播新闻媒体会提前向我发出提醒。然而，在目前的情况下，如果没有电子仪器不断地为你提供所有交通选择的最新信息就开启旅程，那将是非常愚蠢的。如今，默认的立场是，相关的基础设施一直处于不稳定的状态，公民有责任作为“改良自我”（Rose，1998），用相关的义肢技术装备起来，以自己的方式解决自己遇到的任何困难。

当下……

考虑到某种变化是一个历史常态，还有一个问题是，在任何一个时期，是什么变化证明了这是一个与以前截然不同的时代？关于年代划分的问题，可能在任何历史编纂中都是最难的部分。虽然我们认识到出于比较目的而采用分期法的生产力，但正如我前面指出的，避免过分强调所谓的剧变是很重要的。在这种背景下，有必要回顾一下，不久前，诸如戴维·冈特利特（David Gauntlett）之类的学者正在争论他们所谓的“媒体研究 2.0”的必要性，理由是数字媒体被认为与之前的一切都有着根本的不同（并且更强大），我们需要从头开始我们的工作（Gauntlett，2014）。

显然，这种观点冒失地低估而非高估了我们一蹴而就地从一个时代进入另一个时代的难度，我们应该认识到，正如布鲁诺·拉图尔 1993 年所说的那样，我们都是“时代的调制者和酿造者”（Bruno Latour，1993），总是与混合文化以及技术有关。否则，正如我在其他地方所指出的那样，我们可能冒着简单化对比所涉及的所有危险：一个是广播/懒散（slouch back）媒体的模拟时代；另一个是互联网/流媒体的“美丽的数字新世界”（brave new digital world）。前者被围坐在电视的“有害”屏幕（bad screen）前的被动的“沙发土豆”消费；后者被忙碌地敲着键盘点击电脑屏幕的过度活跃的生产消费者占据。

混合和杂糅

一段时间以来，我们一直被告知电视是一种即将消亡的媒体，因为我们都从广播世界转向了流媒体世界。在这种背景下，凯茜·约翰逊（Cathy Johnson）和她的同事研究了英国新冠病毒大流行期间的媒体消费，这一工作非常有趣（Johnson，2020）。研究表明，如果把正在发生的事情看作从一种媒体消费形式向另一种媒体消费形式的简单转变，那就大错特错了。首先，他们的研究显示，一旦消费电视的社会文化背景因疫情而改变，作为一种具有可信度的媒体，人们对电视这种“传统”形式的依赖程度就会大大增加。其次，他们的研究还表明，在后疫情时代，许多旧的集群式媒体（collective media）消费模式重新受到青睐，并发展起混合使用广播和流媒体服务的新模式。

正如书中后来提到的，戴维·埃杰顿（David Edgerton，2006）在《旧的冲击：20 世纪以来的技术和全球历史》中指出，我们经常被告知，变化正在以不断加快的速度发生，由于日益强大的技术的影响，我们正在进入一个新的时代。然而，正如他所指出的那样，从比较以及比例的角度来看，19 世纪后期的流动性和技术变革速度的增长远远大于我们现在这个时代的增长。在这种意义上，我们可以说，相对而言，我们生活在一个技术停滞的时代。此外，他认为，对技术的描述往往是不平衡的，因为人们倾向于关注发明而不是使用，关注获取而不是维护，而也许更重要的是，随着技术的使用环境从一种转移到另一种，人们更关注它们是如何以混合或以克里奥尔（creole）化的方式被转化和重新发明的。

去西方化领域

在这一点上，对现代主义、技术中心主义和欧洲中心主义的批评走到了一起。思考使用中的技术的历史，关注它们的适应和维护，使我们能够将注意力从贾里德·戴蒙德（Jared Diamond，2012）所称的 WEIRD 社会的大规模的、壮观的、男性化的、享有盛誉的技术中转移开来。WEIRD，指的是西方的（western）、受过教育的（educated）、工业化的（industrialized ）、富裕的（rich）和民主的（democratic），它们拥有财富、相对稳定的民主制度和帝国主义的根系，但没有一个能代表整个世界。相反，他的观点认为，我们应该把重点放在小规模的、世俗的、女性化的、往往是克里奥尔化的技术上，这些技术来自南方贫穷城市的郊区自建房（bidonvilles）、棚户区和超大贫民窟，而世界上很多人口实际上居住在这些地方。

现在关于去西方化媒体理论的问题经常名不副实，其中大部分仍然主要基于只能被认为在北温带相对富裕的城市地区适用的条件。从这个角度来看，对“剩余者”（rests）的研究只是提供了异国情调的例子，并与西方范式进行了生动的对比。正是在这种背景下，布莱恩·拉金（Brian Larkin，2008）在其著作《信号与噪音：尼日利亚的媒体、基础设施与都市文化》中试图发展适用于西方大都市以外条件的媒体理论形式。他的研究旨在让人们对那些理所当然的假设产生陌生感，通常在比较和对比中，这些假设提供了一种潜在的“规范”——即使在南南对比更加有效的情况下。

正如拉金的书名所示，南北之间的一个关键区别在于，什么样的基础设施可以存在于什么样的环境中。由苏珊·利·斯塔尔（Susan Leigh Star，2009）等学者提出的传统基础设施模型认为，除非发生故障，否则基础设施通常是不可见的。从曼哈顿富裕居民的角度来看，这些设施的存在理所当然，但在迈克·戴维斯（Mike Davis，2006）所说的“贫民窟星球”的世界里，情况正好相反。在那里，互联网及其所依赖的电力基础设施的脆弱性和不可靠性一直存在，在这种情况下基础设施就需要被时时关注和维护。

各种不稳定——贫民窟的基础设施

现有的媒体技术模式是，它们被设计成在相对较短的时间内失效，然后被替换或升级，而不是被修复。然而，正如戴维·内默（David Nemer，2022）在《被压迫者的技术》（*Technology of the Oppressed*）一书中所指出的那样，这种模式与巴西贫民窟等地的居民完全无关，在那里，互联网提供商根本不愿意投入必要的资金来建立必要的基础设施。

因此，在贫民窟，崩溃和故障根本不是富裕地区的人们想象的所谓偏离正常的情况。对于贫民窟的人而言，与其说他们的“常态”是以技术上功能不间断为特征，不如说他们的“常态”是不断变差的信号、坏掉的键盘和失灵的杂牌手机。因此，基础设施崩溃只是贫民窟居民必须应对的普遍的不确定性和不稳定状况的另一个方面。在制度化忽略基础设施的背景下，贫民窟的居民必须习惯于持续崩溃的功能失调的“技术常态”。对他们来说，停电或宽带连接故障是他们日常生活的组成部分——面对这种条件，他们不断编织一张打满补丁的脆弱的网，以使自己能够生存。

公民“义肢”身份技术

从这个角度来看，我们需要了解这个时代的技术在不同的背景下是如何被驯化和规范化的，人们被认为掌握了哪些不同形式的技术资本和能力。正如我在后面的章节中更详细地解释的那样，蒂姆·克雷斯韦尔（Tim Creswell，2006）对 2005 年新奥尔良卡特里娜飓风之后的洪水中他所说的“低流动性”的人的命运的分析，提供了一个有价值的起点。他指出，要想在洪水中幸存下来，公民必须拥有特定的通信和运输技术。简单地说，那些“低流动性”——技术上没有有效的信息获取手段、没有私人交通工具（比如私家车或船）的人，实际上被困在了洪水中。这是地方政府假设拥有这些技术是每个公民的“常态化”能力的结果——抛弃了所有缺乏这些技术的人。因此，克雷斯韦尔所说的“当代公民的义肢技术”的微观地理的不平衡决定了不同类别的人可以进入的“活动空间”的范围（Hagerstrand，1967）。

从“婴儿潮”到崩塌论

当我开始承认我自己“婴儿潮”一代的身份时，我将对历史分期问题再置一辞以作为结语。在 2008 年全球金融危机余波未平之际，我们可以更清楚地看到，1946 年至 2007 年的“战后欧洲增长年”只是历史上的一个例外。整个欧洲互通有无的乐观时期只从

1989年持续到2016年的“移民危机”。随着战争在欧洲和巴尔干地区卷土重来，尤其是自俄乌战争以来，1989年所谓的“冷战后的和平红利”所带来的经济效益预期显然已不复存在。

我以提醒作为这篇序言的结语，反对那种过于直接地将技术作为社会文化变革的主要原因的决定论方法。相比之下，我倾向于以媒体技术运作所处的社会学和地缘政治学框架的各个方面的一系列变化进行分期。尽管伊本·赫勒敦早些时候曾对猜测未来的困难有言在先，但仍有人试图考虑这个领域。

在英国，最近有人声称，在未来的一段时间里，最好将二战后的欧洲历史理解为前疫情和后疫情两个时代。如果将新冠病毒大流行视为唯一的决定因素，那么可能过于简单化了。然而，我们可以很容易地将其与我们环境中的一系列其他重大变化联系起来——这些变化与20世纪末建立的全球化体系中正在浮现的各种矛盾有关。回到集装箱化的问题上来，人们不禁会想到我之前举的例子——苏伊士运河被暂时封锁，整个当地贸易体系因此迅速陷入危机。我们还可以考虑这样一个事实，即为了保持运输速度，从而提高系统的盈利能力，任何港口都只有大约2%的集装箱能够被搜查。这表明，在所谓的“禁毒战争”中，取得成功的可能性非常有限，现如今，毒品交易是世界贸易“黑色经济”的核心。

在2019年新冠病毒大流行之后，人们越来越清楚地认识到，全球长途运输系统——海运和空运——不仅能够在全球范围内快速有效地运输“好东西”（物品，goods），也能在全球范围内传播“坏东西”（bads）。当然，这并不是一个全新的问题——在中世纪，正是来自黑海的长途航运将瘟疫带到了欧洲。帝国运输系统这把双刃剑也是20世纪初欧洲列强关注的议题。因此，批评家们已经注意到，虽然德国计划修建柏林到巴格达的铁路，英国发展通过苏伊士运河到印度的大规模军队运输，或许有助于加强两国的地缘政治地位，但它们也可能成为将以前未知的热带疾病输入西方大都市的方式。

最近，交通运输也成了新冠病毒大流行的重要因素——这不仅仅是洲际交通将病毒传播到世界各地的问题。因此，我们必须始终关注国内和国际交通的关联，以及不断变化的人口流动模式。除了不受欢迎的“坏东西”的跨境流动所产生的焦虑之外，我们还必须关注许多国家民粹主义反移民运动的兴起——其中大多数国家的底层逻辑都是英国脱欧运动的核心口号“夺回控制权”中所表现出来的仇外情绪。各种不同形式的边境管制如今的确成了一宗大生意——就像在政治领域一样，保护主义经济政策现在阻碍了近年来乐观的全球化幻想。

现在越来越明显的是，富裕的西方国家在新冠病毒感染疫情前所谓的正常状态，只不过是一种短暂（且不可持续）的社会组织形式。让·皮埃尔·杜普伊（Jean Pierre Dupuy，2022）认为我们现在生活在一个他所说的“崩塌”的时代。他指出，灾难时代涉及一种“逆时间性”——因此，一旦以前被认为不可能发生的事情发生了，再回头去看，以前时代的假设本身很明显就站不住脚了。在某种程度上，在新冠病毒感染疫情之后，现在更明确的是，我们已经不可能回到长期以来所认为的许多旧的“常态”。新冠病毒感染疫情本身也不太可能是一个单一的事件，它仅仅是商业活动对传统野生动物栖息地的侵犯所引发的一系列新病毒的一个例子。正如布鲁诺·拉图尔（Bruno Latour，2022）所指出的那样，这场特殊的流行病危机本身植根于其他更大、更棘手的生态危机中，而许多国家的政府政策仍然只是敷衍了事。

关键问题是，20世纪20年代末，主要在欧洲/美国发展起来的媒体和传播研究的许多假设，都是以一系列非常特殊的文化、法律、经济和政治环境为前提的，这种特殊性超出了所有人的认知，而现在这些环境已经不复存在。在某种程度上，我们现在必须惊觉重新制定理论和模型的必要性，以便更好地应对现实情况的遽变。因此，我们必须认识到，在一个特定的时代，我们研究领域中的既定模型和理论在很大程度上始终依赖于也因此局限于特定时代下世界的一隅，而这个时代即将迎来尾声。

参考文献

B. Larkin（2008）*Signal and Noise*，Duke University Press.

B. Latour（1993）*We have Never Been Modern*，Harvard University Press.

B. Latour（2022）*After Lockdown: A Metamorphosis*，Cambridge University Press.

C. Johnson（2020）*Routes to Content: VOD and TV Viewing in the UK*，University of Huddersfield Publications.

C. Marvin（1990）*When Old Technologies Were New*，Oxford University Press.

D. Edgerton（2006）*The Shock of the Old*，Profile Books.

D. Gauntlett（2014）*Making Media Studies*，Google Books.

D. Lerner（1958）*The Passing of Traditional Society*，Free Press.

D. Morley（2009）For a Materialistic，Non Media-Centric Media Studies，

Television and New Media **10** (1).

D. Nemer (2022) *Technology of the Oppressed*, MIT Press.

E. Durkheim (1893) *The Division of Labour in Society*, Alcan.

E. Shove (2003) *Comfort, Cleanliness and Convenience: The Social Organisation of Normalcy*, Berg Publishers.

F. Hartog (2017) *Regimes of Historicity*, Columbia University Press.

H. Innis (1951) *The Bias of Communication*, University of Toronto Press.

J. Diamond (2012) *The World until Yesterday*, Viking Press.

J. P. Dupuy (2022) *How to Think about Catastrophes*, Michigan State University Press.

K. Marx (1939) *Grundrisse*, Foreign Language Publishers.

L. Spigel (1992) *Make Room for Television*, University of Chicago Press.

M. Davis (2006) *Planet of Slums*, Verso Books.

M. McLuhan (1967) *The Medium is the Message*, Penguin Press.

N. Rose (1998) *Inventing Ourselves*, Cambridge University Press.

S. L. Star (2009) *Standards and Their Stories*, Cornell University Press.

S. Zielinski (1999) *Audiovisions*, University of Amsterdam Press.

T. Creswell (2006) *On the Move*, Routledge.

T. Hagerstrand (1967) *Innovation Diffusion as a Spatial Process*, University of Chicago Press.

关于中文版的说明

在将我的早期作品《电视、受众与文化研究》（*Television，Audiences and Cultural Studies*）和《传媒、现代性和科技："新"的地理学》（*Media，Modernity and Technology*）翻译给中国读者时，我承认那时我对中国缺乏专门的了解。2010年短暂访问北京的那次亲身经历，使我对中国的这个城市有了些许认识，尽管如此，我所知道的大部分关于中国的信息仍主要来自英国媒体，以及我在伦敦大学金史密斯学院教授的中国留学生的补充。

当然，对于一个作者来说，看到自己的作品值得被翻译成另一种语言并出版，总是令人愉快的。由于多种原因，这本书能被翻译成中文，让我尤其高兴。多年来，中国发生的日新月异的社会、经济、政治和文化的改变有目共睹，英国媒体中有着对中国当代发展重要性的各种预测。从我的角度来看，这一个案中最有趣的是，理解那些正在东亚等地区迅速发展的新的、非西方的现代化形式，而非仅仅通过西方知识模板来对其加以解读。显然，鉴于中国在社会、经济、政治和文化变革方面的非凡速度，再加上其庞大的体量，中国不能再被视为西方当代争鸣的某种“附录”；相反，考虑到中国的实际情况，这些讨论本身必须被重新组织。

大多数西方媒体理论仍然是自我吸收式的，甚至是狭隘的，通常是基于几个相同的欧美语境下的论据而推导出来的普遍的媒体理论。显然，将美国和英国等地的特殊经验“普遍化”是相当荒谬的，就好像这些富裕、稳定的国家以及它们的新教历史和帝国纠葛的特殊经历能代表整个世界一样。因此，在媒体研究领域，“去西方化”或“国际化”的迫切需要已经成为一个共识。可以确定的是，以西方国家的特殊情况作为前提的分析框架，不应该不加批判地“输出”到当代中国的语境中，这些西方理论预设的背景在中国难以成立。

自从我参与该领域研究开始，关于中国的最佳讨论就是从这样的前提出发的：要探讨的问题不是“资本主义可能对中国做什么”，而是基于其巨大的规模和进入全球市场的历史意义，讨论“中国可能对资本主义做什么”。同样的道理也适用于英国媒体和文化研究工作。我希望学者和学生将眼前的这份研究仅作为用以分析他们面对的特殊情况、满足他们特定需求的部分理论来源，而不是觉得这项工作提供了一些通用的知识模板，可以随时应用于中国的语境。在这种背景下，有趣的问题是中国对媒体和文化研究做了什么。随着相关学术研究的发展，我期待在未来几年里发现这个问题的答案。

在我撰写的“中文版序”中，我概述了自己对媒体与传播未来的看法，并以传记形式开头，提到自己作为1949年出生的欧洲“婴儿潮”一代，目的是将我的思想观点置于历史和地理的背景之中。在此之后，我进一步指出了我的个人经历背景与本书的中国当代读者之间的显著差异。然而，值得注意的是，我所处的年代与中国的老一辈相似，他们的生命历程与1949年胜利以来创建的中华人民共和国的兴起和发展同步（正如王心远[①]最近在其关于代际与技术使用的研究中所探讨的）。因此，当讨论这本书最初在英国出版与当下在中国出版之间的深刻地缘政治差异时，我们必须认识到，尽管存在差异，但欧美与中国在这些问题上的观点可能存在某些相似之处和重叠之处。

显然，在这些方面，我只能希望这里所介绍的作品能够对中国的学生和学者有所帮助，帮助他们探索一种适应当代中国语境的综合分析模式。

致　谢

感谢詹姆斯·勒尔（James Lull）在他的著作《打开中国：电视、改革与抵抗》（*China Turned on: Television, Reform and Resistance*）中介绍了他以20世纪80年代电视进入中国家庭为背景所做的开创性的民族志研究。这项研究提出了一系列与我当时正在进行的欧洲受众研究相关的有趣问题，也激励着我尝试打破媒体研究

① X. Y. Wang（2016）*Social Media in Industrial China*，UCL Press. ——译者注

的“欧美中心主义”。我也要感谢詹姆斯将陈光兴介绍给我——感谢陈光兴和他在《亚际文化研究》(*Inter-Asia Cultural Studies: Movement*)的同事们让我了解媒体和传播问题的各种非西方视角。感谢我曾经的合著者凯文·罗宾斯(Kevin Robins)，感谢他参与我们在《认同的空间：全球媒体、电子世界景观与文化边界》(*Spaces of Identity: Global Media, Electronic Landscapes and Cultural Boundaries*)一书中的合作。在书中，我们提出了“技术东方主义”(techno-orientalism)的概念，以此作为理解西方对当代亚洲所持观点的一种方式。

我要感谢中国北京语言大学的黄卓越教授和他的同事们，感谢他们在2010年盛情邀请我访问他们的学校，使我有机会讨论中国语境中的文化研究。

最重要的是，我要感谢本书的译者王鑫教授，没有她的热情、敬业和开拓精神，本书所表达的思想就仅为英语读者所知。

目 录

第三部分
人员、信息和商品的流动：传播地理学的案例研究

绪论：重新定义传播

这本放在你们面前的书涵盖了非常宽泛的话题领域，其中仅有部分为媒体学和传播学学者所熟知。它是旨在汇集媒体研究、科学和技术研究、运输研究、社会学和文化地理学对当代世界的流动性、领土、通信和运输问题等的研究的综合性文本。从写作意图来说，本书是“有预谋”的，字里行间也带有某种规劝：我意在说服读者，假如将这种更开阔的跨学科视角用于解决当代文化与政治领域中的一些紧要问题，它们就能被更好地理解。为此，书中包含大量来自不同领域的典型案例，我希望通过这些例子来阐明书中提供的视角所带来的好处。 1

正如在第一章中将进一步阐释的那样，我的雄心是重新定义媒体和传播研究的相关问题，特别是对传播的定义进行（再）扩展，以便能把物的流动、交通运输以及地理等内容涵盖进来（历史上传播就包括这些内容）。因此，在许多地方，我援引了有关地缘政治、权力和领土的术语——当然，现在人们所关注的领土既有物质层面的，也有虚拟层面的，既有线上的，也有线下的。与该领域多数乌托邦未来主义式的研究（主要聚焦于虚拟方面）不同，我关心的是通过考虑这两个地理维度现今如何在日益复杂的共生模式中相互联结，从而恢复研究的物质向度。

为了建立一个更宏大的理论框架，以便在此之内理解本书的具体论点，我在下面列出了引导本次写作的一些假设、定论和观点。

就我在其他地方阐述的对媒体中心主义、欧洲中心主义和文化现代主义的批评而言，我的研究思路从某种意义上说是消极的。[1]而我把阿芒·马特拉（Armand Mattelart）、伊夫·德拉哈耶（Yves de la Haye）、哈罗德·伊尼斯、詹姆斯·凯瑞（James Carey）、约
2 翰·杜海姆·彼得斯（John Durham Peters）[2]所代表的欧洲和北美的传播理论的物质性传统与“新流动”范式所提供的观点[3]，以及在跨国研究[4]、文化地理学[5]和运输研究[6]方面的成果结合起来做出的考量，则是更积极的。从学术争鸣的角度来说，我的研究立场处在以弗里德里希·基特勒（Friedrich Kittler）、斯科特·拉什（Scott Lash）、列夫·马诺维奇（Lev Manovich）的作品为代表的“新媒体”理论的对立面。[7]在我看来，他们的方法落入了“技术决定论”的窠臼。在进一步介绍本书余下的章节之前，我想更全面地阐述这一观点。

技术决定论和语境主义

常常有人这样告诉我们，在新技术影响下的全球化时代，我们生活在一个日益无国界的世界里，这个世界以前所未有的技术变革速度和流动性以及新的时空压缩模式为特征。在全球化故事的诸多

版本中，我们被灌输了一个抽象的后现代主义社会学版本：毫无问题的“我们”“如今”平等地居住在一个全球大同的世界上，而我们的生活越来越多地被新媒体带来的影响改变（似乎是自动改变）。然而，这些说法的技术决定论性质与自20世纪80年代中期以来的大量受众研究背道而驰，这些研究展示了媒体技术如何被用户以复杂而多样的方式解释和使用。我个人的观点是，与其接受这些概括的和抽象的方法，不如了解各种新旧媒体技术是如何融入不同的文化背景并在其中发挥作用的。

詹妮弗·布莱斯（Jennifer Bryce）界定了用于研究技术变革问题的“语境主义”方法。这种方法不是从一项技术的内部“本质”入手，然后试图从技术条件推断它的“效果”，而是从分析特定情境中的互动系统入手，然后研究这项特定技术是如何融入其中的。[8]显然，尽管不同的技术有各自特定的功能和可供性，但没有任何技术能够造成直接的影响——更为重要的是，人们必须先看到某种特定技术（不同）的潜在相关性，以及他们如何在自己所处的特定文化背景下使用它。也就是说，语境不是我们在分析过程最后“可选的额外内容”，而最好被视为一个“起点”，因为它对生产和消费都有决定性的影响。[9]所以，与其专注于抽象的数字化或网络空间，不如研究在特定文化、经济和政治环境下建立在特定地点的特定类型的虚拟空间。说到这儿，毫无疑问，我遵循了雷蒙·威廉斯（Ray- 3
mond Williams）最初研究电视技术的发展如何受到其运行环境影响的思路。[10]这样说来，我也沿袭了丹尼尔·米勒（Daniel Miller）和唐·斯莱特（Don Slater）对特立尼达岛互联网的研究——以此来理解虚拟世界和现实世界在特定背景下是如何整合的。[11]

这并不是说某一具体技术或基础设施的具体功能和可供性无足轻重、不值一提。接下来的大部分内容——无论是第一部分关于运输基础设施的论述，还是第二部分关于各种控制技术的研究，抑或是第三部分关于手机和集装箱的讨论——都是对其特定功能进行更细致的分析。对我来说，问题在于如何将这些力量的操作（与限制）放在具体语境下分析。读过米歇尔·德塞都（Michel de Certeau）的著作之后，我意识到，最具启发性的时刻往往是那些强大的操盘者、机构及其技术策略与他们希望控制的那些情况博弈的时候，他们必须从提供给他们的具体技术中做出选择，然后"将计就计"，尽可能为达到自己的目的而调动这些资源。[12]因为在不同的情况下权力的平衡是存在差异的，所以每种情况下的结果都必须具体考虑——毕竟这些冲突的结果并不是总能被预测到。

技术全球化：国家和地区

出于重视基础理论的优先性和同时强调特殊性的文化研究传统，我并不热衷于抽象出"放之四海而皆准"的全球性技术理论分析，因为这会将整个历史坍缩成一个去地域化也无文化个性的"大故事"（big story）。在这方面，也许不同地区、国家和不同历史时期观点之间的差异对我们更有用。尽管如此，技术全球化的话语仍然重复着这样的说法，即国家将（以某种方式）因新技术的进步而消失。不过，卡伊·哈菲兹（Kai Hafez）严肃警告了夸大媒体全球化实际程度的危险，并对媒体上发布的各种简单线性的全球化观点表示质疑。[13]他还坚持认为，我们应当持续关注国家或地区边界在有效构建新旧媒体市场中的意义。不仅电视节目（特别是新闻类节目），还有大量的互联网信息都仍然在文化和语言边界内流动，而不是跨越边界流动。尽管全球化趋势日益明显，但诸如此类的边界及其政治表现形式仍然具有重要意义。同样，如果你查阅“脸书” 4
应用程序（Facebook App）上的“脸书故事”，可以很容易地看到互联网“好友关系”的结构和模式是如何沿着国家、文化、语言和政治边界所铺设的可以预见的规定路径形成的。[14]

人类学媒体研究：反对欧美中心主义

这些问题也必须与媒体和传播研究中一直存在的欧美中心主义问题一起加以考虑。[15]这里有几个难点。正如约翰·唐宁（John Downing）和布莱恩·拉金等人指出的，这些理论大多数是从白人、中产阶级、欧美世界的特殊技术文化条件中发展出来的，因此不仅仅存在统计上的失误，更确切地说它们是特别倾向于白人的（white）①、受过教育的（educated）、工业化的（industrialized）、富裕的（rich）和（或多或少是）民主的（democratic）社会的——也被称为WEIRD。问题在于，它们往往被全部照搬，而未能被因地制宜地使用。[16]从北大西洋以外的视角来看，这意味着媒体研究由于没有认识到自身历史具有特殊性而越发变得狭隘。[17]

因此，我们需要发展一种更倾向于国际比较的视野，如果我

① 原文作者用的是白人（white），但该词原初是“西方的”（western）。——译者注

们总是以西方视角为基准（而所有其他的情况都只被视为补充，甚至是外来的），那么民族中心主义问题便不会得到解决。西方标准下的小修小补无法为这个基本的认识论问题提供令人满意的解决方案。在这方面，一些人类学观点可能会有所帮助。在新的千年里，将人类学的观点纳入媒体讨论的研究出现了可喜的发展，而把这项研究统一起来的是它对文化确定性的相对化的坚持。[18]

去中心化的媒介化现代性

这里涉及的相对化的尺度令人生畏，这不仅仅是因为对媒体和传播的讨论不可避免地会把对现代性及其核心机构（如城市）的性质的各种强有力的（通常是以欧美为中心的）假设作为背景。在世界上富裕的西北半球，我们倾向于通过城市的规模和财富来评估城市，并理所当然地认为它们拥有特定设施和基础设施（如市政交通和污水处理系统）。然而，从经验上讲，世界上大多数发展较快相
5 对而言又比较差的城市，并没有这些传统特征。就像孟买和拉各斯这样的城市，它们的发展是在没有普遍工业化、全面基础设施建设或大量正式就业机会的情况下实现的。这些地方“颠覆了所谓现代城市的每一个基本特征”。它们不是在“追赶”西方，相反，它们迫使我们重新思考什么是“现代”城市，或者成为现代城市还有怎样的可能。[19]

本着同样的精神，布莱恩·拉金在对尼日利亚北部新兴媒介文化的研究中（这为我后来在本书第八章讨论与手机有关的问题提供

了重要背景)，一开始就问：如果媒介理论的出发点是媒体在尼日利亚当代城市卡诺这样的地方的实际运作情况，那么媒介理论会是什么样子？故而，他有意将尼日利亚媒体置于具体机构、基础设施、技术以及宇宙论的背景下，并在此语境中使用自己的概念进行研究。[20]拉金意在对西方的假设进行陌生化处理，并有效地“中断”我们使用的那些习以为常的方法。就假定西方社会政治结构的普遍常态来说，拉金通过提供一面否定的镜子，照出了我们认为是理所当然的做法的“扭曲”光影。[21]

在此后展开的论述中，我同意多琳·马西(Doreen Massey)所坚持的观点：在媒介无处不在的世界，我们必须关注地理、区域和空间的可变性。然而，这并不是要把地理学局限于当地的、经验性的和非理论化的方面，而是要和她一同认识到，没有任何“纯粹”属于当地的东西。“空间化”媒介理论意味着承认其多重性和开放性。正如马西所观察到的，对空间多重性的识别是识别时间开放性的先决条件，这样就可以为未来的其他故事“腾出”空间。[22]

文化当下主义：历史的问题

然而，正如林恩·斯皮格尔所说的那样，我们越多地谈及未来学，就越需要从历史的角度看待当代的变化。[23]不过问题是，目前的许多媒体和传播研究遭遇了一个时间急剧缩短的历史视角，从而表现出一种被格雷厄姆·默多克（Graham Murdock）和迈克尔·皮克林（Michael Pickering）称为“文化当下主义”的模式。[24]在数字化、技术融合、个性化和交互式媒体等新模式并存的时代，我们迫切需要将所有问题置于一个更有效的历史框架中。令人高兴的是，现在有一些迹象表明，这些不足正在得到弥补。西格弗里德·齐林斯基所做的关于媒体历史“深层时间”的开创性工作，有助于将电影和电视的特殊发展重新脉络化，在他眼中，这些发展不过是视听
6 媒体历史这部长剧中的一个个“幕间休息”。[25]归根结底，正如芭芭拉·斯塔福德（Barbara Stafford）和弗朗西丝·特帕克（Frances Terpak）关于保罗·盖蒂博物馆“奇观”的书中所揭示的那样，所有这一切都涉及一段非常悠久的历史。这里的连续性显然可以追溯到“魔镜”和便携式 Wunderkabinett（今天笔记本电脑或平板电脑的前身?）以及自动机、魔法灯笼和照相机暗箱的世界。[26]最近一段时间，所谓的“媒体考古学”的发展开始将这种历史化的视角转向先前缺乏相对性的媒体研究的各个方面，而之前并未体会到相对性的益处，人们只对当下的魅力着迷。[27]

加速的历史：旧的未来？

常常有人告诉我们，我们正在进入一个新的历史时代，在日益强大的技术影响之下，日新月异的变化正以前所未有的速度发生着。[28]然而，相较于 19 世纪末（无线电、电影、摄影、轮船、铁路和飞机发明的时代）的技术变革速度而言，可以肯定地说，我们生活在一个技术停滞的时代。就本书第二部分讨论的流动模式的变化而言，史蒂文·克恩（Steven Kern）对 19 世纪后期时空文化的分析表明，当时旅行人数和他们旅行距离增加的比例比近年来所经历

的任何变化都大。这些问题，我将在本书第三章更详细地进行讨论。[29]

谈到很多西方富裕国家的日常生活习惯，记者西蒙·詹金斯（Simon Jenkins）记录到，他剃须时仍然用肥皂和剃须刀，穿棉布和羊毛做的衣服，看报纸，喝的是用煤气或电加热的咖啡，坐由汽油或者内燃机驱动的交通工具上班，然后敲着 QWERT 键盘，坐在办公室里吹中央空调。[30]正如他指出的，在过去一个世纪里，这些活动都没有显著改变，而在此前的百年中，日常生活的变化程度则是始料未及的。同样地，如果说我们这些当代人生活在数字时代，汤姆·斯丹迪奇（Tom Standage）坚定地认为，它起码要从 19 世纪中叶，当电报作为第一种将所有信息浓缩为二进制代码的技术被发明时开始算起。[31]

上述争论在如何划分时代这个永远令人头疼的问题上又给我们增添了困难。正如雷蒙·威廉斯指出的，剩余的、主流的和新兴的文化形态总是共存于任何一个历史时期；费尔南·布罗代尔（Fernand Braudel）也始终坚信，需要认识到不同暂时性的同时存在；布鲁诺·拉图尔则认为任何纯粹形式的“现代”从未存在过，我们不可避免地生活在技术交织的时代之中。[32] 7

转向目前技术未来的愿景，理查德·巴布鲁克（Richard Barbrook）观察到，让人感到奇怪的是，技术未来主义的想象是静态的，1964 年纽约世界博览会上的景象与 21 世纪初高科技乌托邦向我们描绘的蓝图竟异常相似。[33]在文森特·莫斯可（Vincent Mosco）所谓的“赛博枝蔓”（cyberbole）的当代话语中，人们倾向于将未来视为逻辑、技术理性和线性进步的纯粹延伸。就像我们将在本书第五章中看到的，不同时代的技术往往会引发同样的“救赎”愿景。[34]

这里引申出来的一个问题是，学者们倾向于只关注新技术，而在现实中，旧技术继续主宰着我们的生活。不仅如此，我们对技术的描述从根本上说也是不平衡的，我们倾向于把重点放在发明而非使用、获取而非维护、必然而非选择上[35]，然而，更重要的是技术如何使用和由谁使用的问题，以及它们如何在新的文化背景下以混合或克里奥尔形式发生跨文化的迁移和“重生”。

对技术应用史的思考——以及将重点放在对技术的适应、操作和维护上——给了我们一个与以创新为中心的模式截然不同的视角。最重要的是，它为我们提供了一段全球化的历史，正如埃杰顿所说，通过这段历史，我们可以将注意力从富裕白人世界的大规模的、壮观的、男性化的、享有盛誉的技术转移开来，同时关注小规模的、世俗的、女性化的，且往往是从贫民窟和棚户区的世界中跨文化迁移的技术。[36]这些“棚户区技术”往往涉及对原先引进技术的改造，并赋予其新的生命，以适应当地的使用（例如铁皮鼓，在巴西贫民窟中被压成屋顶或墙壁，而在泰国则被做成摩托动力、人力混用的 Tuk-Tuk 出租车的车厢）。这些技术是发展最快的城市如拉各斯和孟买的核心——正如前面所指出的，未来的现代化已初现端倪。

媒体中心主义以及传播的物质性

在概述了我对后面各章中一般性问题的理论关切之后，现在，我来谈谈媒体中心主义的问题。在其他地方我已详细说明，对传播研究中不适当的媒体中心主义预设，我持保留意见。[37]本书大部分内容都在试图勾勒非媒体中心主义的研究方法将会是什么样子——运 8
用更加广泛的、包括物质向度的传播概念。对于后一问题，我的论点也许可以从最近传播研究中所谓的“物质主义转向”的角度来理解。就我个人而言，则是已故的艾伦·塞库拉（Alan Sekula）的激烈谴责使我走上了这条道路。他认为，那种关于电子邮件和航空旅行是全球化的主要基础的信条在很大程度上是有问题的。正是他关于集装箱运输作为贸易基本的“可能条件”在全球经济中发挥中心作用的研究，为本书第九章的分析带来了最初的灵感。这种对物质性和基础设施的强调也可以从该领域最近的“物质转向”中看到，这种转向反映在诸如丽莎·帕克斯（Lisa Parks）和妮科尔·斯塔洛西尔斯基（Nicole Starosielski）等其他学者的研究中。[38]

读者导引

从结构上讲，本书分为三个部分：第一部分提出我所倡导的方法的理论和概念问题，侧重于通信和运输技术在不同规模的社区构成中的作用；第二部分在新的流动形式和（虚拟）地理这一更广阔的背景下重新界定媒体研究的关注点，这些流动形式被认为是当代世界的特征；第三部分提供一组案例研究，用以说明上述观点如何帮助我们更好地理解我所选择的作为我们时代象征的三个符号——移民、手机与集装箱。

然而，在这里我也必须表明对我所持论点的谨慎态度。考虑到这本书所涵盖的主题和范围，为了简洁起见，我不得不收起运用我的方法将我所调查的分支领域尽数写清的野心。因此，我的样本和案例研究只能是指向性的，而不是结论性的。此外，当我围绕一组反复出现的聚焦于虚实两种地理学不同表达形式的主题，将论点编织在一起试图在各个问题上展示多维视角的优点时，就不可避免地会遇到一些重复的风险。这种努力是否值得，最终还得由读者来判断。[39]

第一部分：地缘政治的回归

第一章“传播、运输与领土”，首先从修辞和话语层面概述由
9 于“传播”的含义逐渐窄化而产生的问题，进而提出恢复符号传播和物质传播（包括运输和流动的物质形式）之间的联系的理由。所有这些论述更深远的意图在于超越社会科学传统中的“反流动”视角（通常限于特定民族国家的领土），并提供一种运输和流动的研究思路，从而更好地解决其在社会文化和政治层面的问题，而不仅仅是单一经济功能的问题。

第二章“欧洲的组成：帝国、国家和技术区”，探讨传播和运输技术在社区建构中的作用。在这一章里，我们特别注意到，它们在欧洲国家和帝国形成过程中，如何使权力在越来越远的距离内发挥作用。其核心观点最初是由 18 世纪法国的“重农主义者”提出的，即运输系统实现的“自由流动”在确保国家经济健康方面发挥了关键作用——这一论点与当今世界形成强烈共鸣。除了这些历史实例外，我在这一章的结尾把重点放在欧盟作为一个跨国社区的当代建

构上，或者用安德鲁·巴里（Andrew Barry）的话说是一个基于社区建设和边境管制的特殊实践，涉及贸易、技术和人口问题的“技术区”[40]。

第二部分：重新定义传播：流动性与地理

第三章“定居主义、游牧学和‘新流动性’”主要探究“新流动”范式的潜力，并从流动系统的历史演变角度重新定义传播研究。[41]通过参照有关社区、地方和流动性概念，将这些问题置于语境中加以讨论，我提出一种研究方法，旨在超越游牧主义和定居主义在这些议题上毫无结果的对立，并对这一领域的传统历史进行批判，这些传统历史主要聚焦于技术驱动速度的持续提高，因而常常产生一种简单化叙事。[42]本章探讨流动性的各个历史时期，以及每个时代的技术在何种程度上产生了特定的主体模式。本章还重新考量在早期时空压缩和全球化背景下，特别是在 19 世纪末 20 世纪初，关于当代流动性的“新颖性”说法。

正如第四章的标题“分解流动性：分区、排斥和遏制”所表明的，这一章关注的是超越抽象的形而上学的流动性，把流动性的不同形式分解开来。这涉及区分不同类别的人所享有的流动 10
性，以及全球商品流动不断增加与对某些类别的人口流动的控制不断增强之间产生的脱节。因此，我们的重点在于不断变化的物质和虚拟边界形式、流动等级和相对流动速度、关于等待的政治，以及适用于不同类别的人员和实体流动的各种监视、排斥和遏制模式。

第五章“地理、地形和拓扑学：网络和基础设施”，重点关注的是随着技术连接的网络化模式的发展而出现的新形式“哲学地理学”[43]。现在，人们常常认为地理接近的问题已被拓扑连接的问题取代，因此绝对的空间或距离变得不那么重要了，重要的是通过各种形式的虚拟网络所建立的联系。本章将有关网络作为一种“去领土化”形式的争论重新置于历史的角度，认识到“通过网络拯救”的意识形态并不是新现象。本章首先回顾“流动地理”的出现过程，并讨论物质基础设施的持续意义[44]；进而研究互联网的具体地理位置，其本身表现为“数字地区”等现象——在这些现象中，我们今天的“新技术”公司实际上都集中在特定的地理位置。本章还要考察这些虚拟世界在多大程度上越来越多地表现出以前文化产业熟悉的等级形式，而不是表现出扁平或根茎状结构，并且少数大型公司控制着大部分的虚拟活动。

第六章“虚拟和现实：在场、离身与去领土化”，涉及当代关于虚拟地理与实际地理关系变化的争论。本章首先探讨通信技术的历史，而这些技术有能力将物理缺位（或距离）转化为虚拟在场，接着重点讨论当代数字技术能力为我们提供“一人多地”（place polygamy）的经验。这些技术经常被认为能够把我们从自然地理的物质世界中“解放”出来。不过，虽然我知道我们所生活的新电子景观世界的重要性[45]，但我对通信技术“消灭地方”能力的说法依旧持怀疑态度[46]。在这方面，我将探讨虚拟地理和实际地理之间日益相互依赖的关系，例如今天地理空间网络的“位置媒介”（locative media）的发展。本章还将探讨不同媒介的沟通模式在持续的物理

“强迫接近”和虚拟信任形式的不确定性方面的能力（和局限性）。[47]

第三部分：人员、信息和商品的流动：传播地理学的案例研究

第七章“移民：范式转变、具身移动以及物质实践”，阐述关于历史移民和当代移民变化模式（和类型）的考古学，它们作为不同的物质实践，在迥异的背景下构成阿尔君·阿帕杜莱（Arjun Appadurai）所说的复杂多元的新“民族景观”。[48]在这方面，我将探讨与多栖家庭和网络散居发展有关的问题，以及越来越多的移民正在进行的“一人多地”和跨地区主体性的实践。本章首先回顾我先前关于移民经常给“东道国”造成本体论危机的一些担忧[49]，因为在最近欧洲和中东难民及寻求庇护者危机的背景下，所有这些都被赋予了新的意义。本章进而讨论在英国的具体情况下，如何重新界定某一特定社区的人与非法“外来者”，而不是像过去那样基于我们熟悉的种族和族裔进行区分。接着本章从潜在移民出发，提供一个以“底层地缘政治”的观点来解决这些问题的思路。因此，我集中研究在非正规经济中发展起来的用于支持长途移民的各种智慧和资源。在这方面，我将考虑资本、数据、商品和移民在不同速度的流动中，其“逃离路线”（lines of flight）中的各种渠道（和阻塞）。以非洲移民的具体情况为例，考察那些试图跨越将北非与欧洲隔开的“绝望海峡”的人员的情况。乌尔苏拉·比曼（Ursula Biemann）试图扭转通常的“受害者视角”，即移民只在他们被捕（或失败）的那一刻才被示众。此后，我还调查了撒哈拉以南非洲的移民被带领穿越沙漠到北非海岸的复杂路线，在这一路线的设计中，图阿雷格（Tuareg）游牧民族将传统的沙 11

漠旅行技术与最新的 GPS 和四轮驱动技术巧妙地结合起来。[50]

第八章“移动通信与无处不在的连接：变革的技术?”，重点探讨关于手机变革力量的争论。[51]在这里，我把手机当作一种开启装置，围绕它汇集了关于我们这个时代文化和政治的重要争论。就此而言，“手机”可能已经成为我们这个时代的“象征”技术之一——就像汽车和电视机是以前时代的象征一样。在这里，我将论及手机的
12 可供性，特别关注其潜在作用（以及它所涉及的其他移动通信技术），例如作为一种民主手段，它能够在政治斗争的时刻赋予被剥夺者表达的权利和发声的机会。相反，我也谈到它在其他情况下的隐藏意义，例如作为一种“分离”或“封装”技术，它具有使社会纽带日益萎缩的能力。[52]我认为，不需要从任何技术“本质”的角度来理解手机，而是要从它在我们周围“不显眼但无所不在”的媒体技术总体中的位置来理解它。[53]本章在先前对欧洲中心主义批判的基础上，从“语境主义”的角度考察手机在世界上一些社会、人口、技术、政治和基础设施不同于富裕的西北地区的地方是如何发展起来的。在这方面，我将讨论手机在“适应”第三世界的穷人及其在融入游牧或宗教社会而非定居或世俗社会时的意义。

为了更好地阐明第七章和第八章的关切，在本部分的结论中，我转而讨论手机在移民世界中的具体功能——在他们的生活中，作为“移动先锋”的手机已经被认为与移民的生活有着重要的“选择性亲缘关系”。在这方面，我关注多栖家庭和跨地区主体性在移民经验中日益增长的重要性，以及移动通信形式作为维系移民及其家庭的“社会黏合剂”的特殊意义。[54]

第九章“作为全球化的集装箱运输：商品的流动”，以艾伦·塞库拉对“理想主义”全球化观点忽视全球经济的物质基础——跨海货物运输的批判为出发点[55]，重点讨论集装箱化技术在多大程度上改变了商品形式的物的流动[56]。在研究（多式联运）集装箱发展中的“标准化”这一有争议的问题时，我还发现了一个富有启发性的关于（跨平台）数字融合技术在媒体领域和通信领域的当代争论的“历史回声”。通过关注支撑这些运输系统的物质实践（以及它们内部尚未解决的紧张关系和矛盾），我们可以更好地避免任何抽象的或非物质化的观点对全球化的影响。集装箱本身越来越被认为是我们时代的核心象征之一，它的故事通过英国广播公司（BBC）的“箱子”项目的描述而戏剧化。在这个案例中，一个集装箱的环球旅行提供了一种关于我们现在非常依赖的多式联运系统的多平台叙述。本章也对快速增长的物流业进行了批判性的思考，最近一段时间，物流业作为管理全球经济不同部分的远程供应链，变得十分重要。在这方面，我还考虑了最近各种形式（高科技）的海盗行为 13
的兴起，以及“证券化”战略对全球航运的影响，这些孤注一掷的战略部署，到目前为止，只产生了部分打击效果。

最后，本章还通过审视标准化过程本身在何种程度上一直是矛盾的和有争议的，因此从来没有被普遍落实过，来质疑集装箱作为一种必然的变革性技术的传统叙事。我们还必须认识到集装箱在全球不同地区被重新广泛使用：现在它不仅仅是用于商品运输的集装箱，在某些情况下，还有可能作为临时住所、低成本住房使用，或者作为军事营地、监狱、教育机构和大规模全球市场的“建筑模块”之一来使用。因此，我们通过探索“箱子”放在不同地方的多重目的来结束“箱子”的故事。

回到开头……

作为这些介绍性的论述（暂时）的总结，让我们回顾一下英文原书封面上的图片，它汇集了本书的许多关键主题。在照片中，我们看到一群非法移民正在乘船偷渡，并被暂时留在海滩上——在这一刻，他们都抓住机会将手机朝向天空（就像某种仪式形式的恳求），希望收到电话信号，也许这样他们就可以和家人交流，或者联系到在下一阶段行程结束时等待他们的人。当这个令人心酸的场景上演时，他们下船的那艘船被隐藏起来了——在屏幕之外。

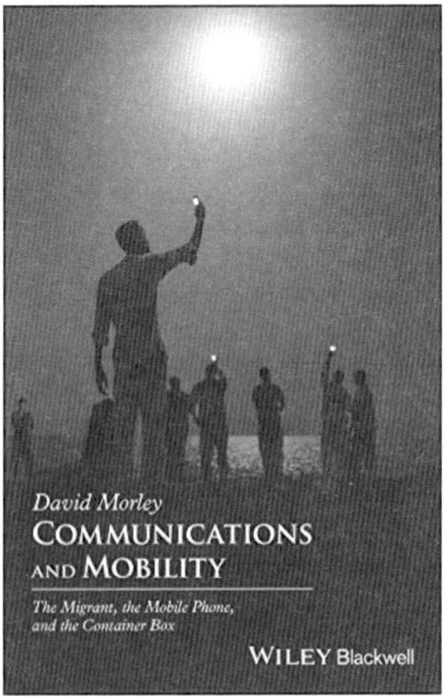

然而，除了这里所涉及的个人戏剧性事件的微观政治之外，还

有地缘政治问题：海滩本身就在吉布提，位于亚丁湾狭窄的曼德海峡（Bab el Mandeb）。这里是全球贸易中重要的地缘政治“关键点”之一，世界上很大一部分的集装箱货轮航行都要途经此处。事实上，全世界有30%的航运在往返苏伊士运河的过程中经过这里。近年来，吉布提的战略重要性得到了进一步提升，因为它现在已经成为实施国际“反海盗”战略的重要基地，对包括法国（作为吉布提的前宗主国），以及德国、日本、美国在内的国家来说，这里还是实施反恐战略的核心。

注　释

1 D. Morley (2009) For a Materialist, Non Media-Centric Media Studies, *Television and New Media* **10** (1); and D. Morley (2012) Television, Technology and Culture: A Contextualist Approach, *Communication Review* **15**.

2 A. Mattelart (1996) *The Invention of Communication*, University of Minnesota Press; Y. de la Haye (1979) *Marx and Engels On the Means of Communication*, International General; H. Innis (1950) *Empire and Communications*, Oxford University Press; J. Carey (1989) *Communication as Culture*, Unwin Hyman; J. D. Peters (1999) *Speaking into the Air*, University of Chicago Press.

3 这一范式在2006年创办的《流动性》(*Mobilities*) 杂志中得到了发展。

4 A. Appadurai (1996) *Modernity at Large*, University of Minnesota Press.

5 T. Cresswell (2006) *On the Move*, Routledge.

6 R. Knowles, J. Shaw, and I. Docherty (eds.) (2008) *Transport Geographies*, Blackwell.

7 F. Kittler (1999) *Gramophone, Film, Typewriter*, Stanford University Press; Scott Lash (1994) *Economies of Signs and Spaces*, Sage; and L. Manovich (2002) *The Language of New Media*, MIT Press.

8 J. Bryce (1987) Family Time and Television Use, in T. Lindlof (ed.), *Natural Audiences*, Ablex Books.

9 这一重点与斯图亚特·霍尔和他在开放大学的同事们开发的“文化回路”模型相似。请参阅：P. du Gay，S. Hall，L. James，et al. （1996）*Doing Cultural Studies*，Open University Press.

10 请参阅：R. Williams（1974）*Television*，*Technology and Cultural Form*，Fontana Books. 另见后续学者有关“技术的社会形塑”路径的研究：D. Mckenzie and J. Wajcman（eds.）（1999）*The Social Shaping of Technology*，Open University Press. 对这一路径的批判，详见其他研究：M. Lister，J. Dovey，S. Giddings，et al. （2008）*The New Media: A Critical Introduction*，Routledge.

11 D. Miller and D. Slater（2000）*The Internet: An Ethnographic Approach*，Berg.

12 M. de Certeau（1984）*The Practice of Everyday Life*，University of California Press.

13 K. Hafez（2007）*The Myth of Media Globalisation*，Polity Press.

14 “脸书故事”网址：www. facebookstories. com/stories.

15 术语“欧美中心主义”最早见于 20 世纪 80—90 年代日本学界，反映了日本视角下文化差异性的缺失。请参阅：D. Morley and K. Robins（1995）*Spaces of Identity*，Routledge，Ch. 8.

16 J. Downing（2005）*Internationalising Media Theory*，Sage；B. Larkin（2008）*Signal and Noise Media*，*Infrastructure and Urban Culture in Nigeria*，Duke University Press；J. Diamond（2013）*The World Until Yesterday*，Penguin. 关于这些问题，另见：J. Curran and M.-J. Park（eds.）（2000）*De-Westernising Media Studies*，Routledge.

17 关于这一点，汪琪（Georgette Wang）举了一个典型的例子。他指出哈贝马斯（Habermas）的“公共领域”这一概念，是为了描述 18 世纪欧洲的一种特定话语空间而提出的，不加较大修改，是不能简单挪用到不同政治文化历史下的其他场所中的。G. Wang（2011）After the Fall of the Tower of Babel，in *De-Westernising Communication Research*，Routledge.

18 K. Askew and R. Wilk（eds.）（2002）*The Anthropology of Media*，Blackwell；F. Ginsburg，L. Abu-Lughod，and B. Larkin（eds.）（2002）*Media Worlds*，University of California Press；J. X. Inda and R. Rosaldo（eds.）（2002）*The Anthropology of Globalisation*，Blackwell；E. Rothenbuhler and M. Coman（eds.）（2005）*Media Anthropology*，Sage.

19 R. Koolhaas et al. （eds.）（2004）*Mutations*，Actar Publications.

20 Larkin，*Signal and Noise*；P. Mankekar（2015）*Unsettling India: Afect*，*Temporality*，*Transnationality*，Duke University Press.

21 A. Abbas and J. Erni（eds.）（2005）Introduction, in *Internationalising Cultural Studies*, Blackwell.

22 D. Massey（1994）*Space, Place and Gender*, Polity Press; D. Massey（2005）*For Space*, Sage.

23 L. Spigel（2004）Introduction, in L. Spigel and J. Olsson（eds.）*Television After TV*, Duke University Press.

24 G. Murdock and M. Pickering（2009）The Birth of Distance, in M. Bailey（ed.）*Narrating Media History*, Routledge.

25 S. Zielinski（1999）*Audiovisions: Cinema and Television as Entractes in History*, University of Amsterdam Press; S. Zielinski（2008）*The Deep Time of the Media: Towards an Archeology of Hearing and Seeing by Technical Means*, MIT Press.

26 B. Stafford and F. Terpak（2001）*Devices of Wonder: From the World in a Box to Images on a Screen*, Getty Institute.

27 J. Parikka（ed.）（2011）*Media Natures*, Open Humanities Press; J. Parikka（2012）*What is Media Archeology?* Polity Press.

28 D. Edgerton（2006）*The Shock of the Old*, Profile Books.

29 S. Kern（2003）*The Culture of Time and Space 1880－1918*, Harvard University Press. 经济学家张夏准（Ha-Joon Chang）准确表达了这一点。正如他所观察到的，电报的发明使得信息由大西洋此岸传送到大西洋彼岸的时间从两周减少到惊人的两分钟，用时几乎缩短至原来的万分之一，堪称奇迹。反之，目前互联网将传送一页文件的时间从传真机需要的 10 秒减少到 1 秒（的几分之一），仅减少到原来的 10%，其时间缩短的显著程度大大降低。H.-J. Chen（2010）The Net Isn't as Important as We Think, *The Observer New Review*（August 29）.

30 S. Jenkins（2007）The Age of Technological Revolution is 100 Years Dead, *The Guardian*（January 24）.

31 T. Standage（1998）*The Victorian Internet*, Walker and Co. 亚马逊和 eBay 或许提升了以往远程零售模式的速度——诸如邮政购物提供的基于目录的邮购系统常见于 20 世纪 60 年代已完成工业化的西方——但它们显然并非这种模式的发明者。早在 19 世纪中期，西尔斯·罗巴克目录（the Sears Roebuck catalog）就已经使住在美国北部偏远农场的农民接触到琳琅满目的消费品，这在以前就是天方夜谭。站在历史的角度上，就消费文化的发展而言，150 年前这一系统的启用，其革命性远远超过近年来亚马逊取得的成就。

32 R. Williams（1965）*The Long Revolution*，Penguin；Williams，*Television Technology and Cultural Form*；F. Braudel（1995）*A History of Civilisations*，Penguin；B. Latour（1993）*We Have Never Been Modern*，Harvester Wheatsheaf.

33 R. Barbrook（2007）*Imaginary Futures*，Pluto Press.

34 V. Mosco（2004）*The Digital Sublime*，MIT Press；A. Mattelart（2000）*Networking the World*，University of Minnesota Press.

35 B. Winston（2005）*Media，Technology and Society*，Routledge.

36 Edgerton，*Shock of the Old*，pp. xi-xiii；P. Oliver（2003）*Dwellings: The Vernacular House Worldwide*，Phaidon Books；P. Chamoiseaux（1997）*Texaco*，Granta Books.

37 Morley，For a Materialist.

38 请参阅：A. Sekula（1996）*Fish Story*，Richter Verlag. 另见其“论文电影”：A. Sekula（2006）*The Lottery of the Sea*，Icarus Films；N. Burch and A. Sekula（2010）*The Forgotten Space*，Doc. Eye Film with Wild Art Film. 关于“物质转向”，请参阅：L. Parks（2005）*Cultures in Orbit: Satellites and the Televisual*，Duke University Press；L. Parks and N. Starosielski（eds.）（2014）*Signal Traffic: Critical Studies of Media Infiastructures*，University of Illinois Press；N. Starosielski（2015）*The Undersea Network*，Duke University Press.

39 顺便一提，在这一背景下我应当感谢在某种程度上被我不知不觉当成榜样的、由居斯塔夫·福楼拜（Gustave Flaubert）虚构出来的两位抄写员——布瓦尔（Bouvard）和佩库歇（Pécuchet），确切地说，他们本着狄德罗（Diderot）“百科全书”式的雄心壮志，力图尽数了解和掌握世界必需的全部学科。当然，由于一切形式的知识必然无法尽收囊中，他们以理想破灭的笑谈告终，并被智力无法解决的复杂性淹没，在抄下所有已知事物这一不可能完成的任务中，重新沦为两个绝望的抄写员。写这本书时，我常有一种强烈的感觉，即对他们感同身受。［G. Flaubert（1954）*Bouvard and Pécuchet*，New Directions，with an introduction by Lionel Trilling.］

40 A. Barry（2001）*Political Machines*，Athlone Press.

41 J. Urry（2007）*Mobilities*，Polity Press.

42 J. Tomlinson（2007）*The Culture of Speed*，Sage.

43 M. Serres and B. Latour（1995）*Conversations on Science，Culture and Time*，University of Michigan Press.

44 请参阅：Parks，*Cultures in Orbit*；Parks and Starosielski，*Signal Trafic*.

45 Morley and Robins, *Spaces of Identity*.

46 J. Meyrowitz (1985) *No Sense of Place*, Oxford University Press.

47 D. Boden and H. Molotch (1994) The Compulsions of Proximity, in R. Friedland and D. Boden (eds.), *Now Here: Space, Time and Modernity*, University of California Press.

48 Appadurai, *Modernity at Large*.

49 D. Morley (2000) *Home Territories*, Routledge.

50 U. Biemann (2010) *Mission Reports*, Bildmuseet/Arnolfini Gallery.

51 Appadurai, *Modernity at Large* re "technoscapes."

52 S. Graham and S. Marvin (1998) *Net Effects*, Comedia/Demos; L. de Cauter (2005) *The Capsular Civilisation*, Reflect Books.

53 H. Bausinger (1990) *Folk Culture in a World of Technology*, Indiana University Press.

54 S. Vertovec (2004) Cheap Calls: The Social Glue of Migrant Transnationalism, *Global Networks* **4**; M. Madianiou and D. Miller (2013) *Migration and New Media*, Routledge.

55 Sekula, *Fish Story*; Sekula, *Lottery of the Sea*; Burch and Sekula, *The Forgotten Space*.

56 M. Levinson (2006) *The Box*, Princeton University Press.

第一部分 | 地缘政治的回归

第一章 传播、运输与领土

引 言

我家里的一本老字典如此定义“传播”：“告知行为（尤指新 21
闻）；传递信息；交往；公共的出入口，两地之间的通道、公路、铁路或电报。”[1]这一古老的定义不仅包括我们现在一谈到传播问题就首先想到的符号领域，也包括运输研究。正是基于这种理念，马克思和恩格斯给“传播”下了一个十分广泛的定义，包括商品、人员、信息和资本的流动——不仅包含传递信息的工具，也包含物质运输的基础设施。正如马克思所说，交换物质条件的创造，特别是铁路，成为19世纪资本主义发展的必要前提，产品被运输到其产地以外更遥远的地区，就从产品转化为“背井离乡”的商品。从这种意义上说，“铁路之于旅行，就像工业之于制造”。在《政治经济学批判大纲》中，马克思指出，正是不同地理位置之间的运输活动将物品转化为商品：这种位置上的移动——将产品带入市场这一行为，是流通必要的前提，更准确地说，是将物品转化为商品[2]。

马克思和恩格斯关心的是信息传播技术与商品、人员流动之间的联系，而所有这些都被视为广义的地缘政治“领土科学”的一部分——这一系列的思考很容易被重新纳入当代关于“去领土化”与“再领土化”的辩论中。很明显，有关当今领土和技术的虚拟与实体的考量大体相仿，但我要说的是，我们远非生活在所谓的“后地理”时代，物质地理从某种意义上来讲如今仍旧重
22 要，只是作用方式不同而已。在这种情况下，我认为需要重新挖掘研究的传统，并延续马克思和恩格斯对通信和运输构成权力系统的关注。[3]

隐喻的力量

1933 年，艺术历史学家罗尔夫·阿恩海姆（Rolf Arnheim）提出，对电视这种新发明最好用隐喻的方式来理解，即作为一种“分发手段”，它涉及物理传输问题——虽然运输的是图像和声音，而不是物品或人员。他认为在这种情况下，电视作为“心灵的交通工具”在本质上与汽车和飞机等交通工具是相通的。[4]显然，阿恩海姆的论证适合从隐喻层面来理解，他将物理运输模式的功能转移到虚拟领域，在虚拟领域，被运输的实体——图像和思想——本身是无形的。如果我们追溯“隐喻”一词的词源，就会发现它在希腊语中的最初含义正是“运输”或“携带”——之后才引申为一个名称或

描述性术语，作为从一个意义领域转移到另一个意义领域的修辞。正如乔纳森·斯特恩（Jonathan Sterne）注意到的，我们讨论这些问题所用的一些核心术语援引了“传播是流动的亚种”这一概念。因此，布鲁诺·拉图尔指出，“隐喻这个词写在希腊所有［家具-DM］搬运车上”，原因很简单，英语单词“隐喻”（metaphor）来源于希腊语中的“运输或携带”。[5]又如，西方大都市的出租车司机很多是来自其他地方的移民，他们从事的工作是为城市居民提供交通服务，那么“隐喻”的过程就在这些移民出租车司机的形象中得到了双重的浓缩。[6]本·巴赫迈尔（Ben Bachmair）进一步拓展了阿恩海姆的主张，他关注的是汽车和电视作为“移动”媒体之间的特殊关系——它们结合在一起改变了20世纪社会生活的节奏、模式和规模。[7]巴赫迈尔认为，电视很和谐地融入并拓展了汽车所支持的移动生活方式。不仅如此，他还坚信电视和汽车之间的共生关系与早期电报和铁路系统之间的共生关系相似。[8]

乘客、读者、司机和观众

在英语中，“传播”一词可以指人或物从A地移动到B地这种物质形式的运动，也可以指非物质的过程，例如一部小说的读者在精神上被“转移”到另一个领域（在这种情况下是虚构的）。这两 23
个不同的维度随着19世纪英国铁路的发展被显著地结合在一起，从而形成了“被动/舒适”的特殊旅行模式，这种模式为火车阅读创造了一个市场——出现了基于火车站这一平台的报刊代理。

从此之后，铁路乘客就可以在“行万里路”的同时“读万卷书”。[9]在沃尔夫冈·希弗尔布施（Wolfgang Schivelbusch）关于铁路出现初期的研究中，他展示了高速穿越景观的新体验如何为“坐地日行八万里”的乘客创造出一种不同形式的“原生电影”。在这种情况下，可以看出火车（包括后来的汽车）以及各种形式的界面媒体对加强视觉刺激这一具体的现代主体性发展而言，功不可没。[10]

如果说“电影院为观众提供了一种虚拟的流动性，使其产生了到其他时间和空间的错觉”，那么司机的体验也是如此，他们也是不动的，坐在车子这辆舒适的“视听茧房”中穿梭于物质空间，而“周围的实地景观就像电视屏幕中的镜头一般徐徐［展开］”。

在媒体和电影研究领域，一些研究者，如玛格丽特·莫尔斯（Margaret Morse）和安妮·弗里德伯格（Anne Friedberg）开始通过汽车、船、火车或飞机的窗户观看风景，探讨身体移动的视觉体验与移动图像的媒体观看形式之间的关系。莫尔斯认为在高速公路上透过汽车挡风玻璃观景，在商场透过商店橱窗走马观花，与电视屏幕提供的视觉体验类似。弗里德伯格同样关注汽车司机和影视观众的视觉体验之间的类似之处。她认为从鲍德里亚（Baudrillard）和维利里奥（Virilio）的有关著述中可以看出，如果说“电影院为观众提供了一种虚拟的流动性，使其产生了到其他时间和空间的错觉”，那么司机的体验也是如此，他们也是不动的，坐在车子这辆舒适的“视听茧房”中穿梭于物质空间，而“周围的实地景观就像电视屏幕中的镜头一般徐徐［展开］”。由此，她探究了汽车挡风玻璃、电影院、电视和计算机屏幕中所谓的“框架视觉”（framed visuality）。作为一种观看方式，它们是由与屏幕/窗口的建构方式的关系塑造的。[11]

从这一点来说，我认为探究这些隐喻，将以前被忽视的传播和运输维度联系起来，可能会有不错的收获。[12]然而，如果像乔治·拉科夫（George Lakoff）多年前所说的那样，隐喻是我们“赖以生存的”东西，因为它从最根本处建构我们的思想[13]，那么我们在使用隐喻时确实需要小心谨慎，因为有时它隐含的东西与它所表露的东西一样多。正如之后我谈到萨拉·艾哈迈德（Sara Ahmed），我们应该警惕，要避免将物质迁移过程简化为抽象“流动”，甚至将这种隐喻误以为是世界的“本质”，即使是出于隐喻的需要。人们并不都是以同样的方式流动的，我在本书的目标是要阐明，在不同形式的虚拟流动和实际流动与停滞过程中各种参与者之间存在着显著差异。[14]

谈及关于实际和引申的距离问题，如伯吉塔·弗雷洛（Birgit- 24
ta Frello）所说，我们一定会关注到其所具有的特定的社会维度，根据这些维度，流动被赋予了意义——而这一过程总是发生在特定的权力关系中。这并不是简单地凭经验对诸如距离、速度、运输工具等物质问题进行“白描”。这也是一个社会建构的话语问题，通过这些话语，地方——以及它们之间的差异和距离——被定义为“此处”或“彼处”。这时的问题则是“在哪里、发生了什么或者有多远”[15]。再进一步的问题则涉及地理上的远近是如何与归属感和熟悉感的概念或者相异性和陌生感的概念相联系的。对弗雷洛来说，关键的问题是某些形式的活动涉及不同的参与——她认为，正是这一点，而不仅仅是对物理距离的跨越，使得它们被定义为“流动”。

她举了一个电视纪录片的例子，用以说明丹麦非洲裔公民目前居住地与其非洲祖先居住地的地理距离是无关紧要的，在这种意义上可以说其移动是一次寻根之旅。相反，哥本哈根的一个以黑人移民为主的居住区，尽管在空间上距离很近，但对大多数丹麦人来说，却是一个陌生的文明交流飞地。因此，在第一种情况下，物理距离被转化为隐喻的“接近”，而在第二种情况下，物理接近又被表达为隐喻的“距离”。[16]

传播和地理——欧洲和北美传统

欧洲伟大的地理学家费尔南·布罗代尔谈及“传播的首要意义”时指出“没有流动，任何文明都无法生存”，事实上，文明本身在很大程度上就是“一个有关道路、港口和码头的问题”。[17]此外，在欧洲马克思主义传统中也有一段传播的历史，在从封建主义的地方经济向资本主义世界市场更广阔空间的过渡中，传播发挥了核心和结构性作用，“信息（当年）对资本而言就像润滑剂对机器一样”。这一传统近年来被阿芒·马特拉发扬光大。[18]他从这样一个前提出发，即当代媒体理论因其在传统中失去了历史根源而受到困扰，而这一历史根源最初包括航运、运河、道路系统和铁路的文化、经济和政治作用。[19]我认为，这种观点的现代版本对分析（物质
25 和虚拟）传播和运输网络及其在当今由线上线下领土组成的世界地缘政治方面的作用有很多帮助。[20]

如果说马克思和恩格斯、德拉哈耶以及马特拉构成了欧洲唯

物主义传播理论的文脉，那么哈罗德·伊尼斯、詹姆斯·凯瑞等人则形成了迥然不同的北美学术传统——这一传统在凯瑞去世之后被新一代的学者重拾。[21]凯瑞关于电报发明在历史上象征着传播首次脱离物质运输局限的杰作，在近几年被视为唯物主义传播研究历史脉络新转向上的一个隐形的“里程碑”。[22]绪论中提到的近来丽莎·帕克斯和妮科尔·斯塔洛西尔斯基的研究工作强调了所有形式的传播信号分发所依赖的物质基础设施的重要性——“资源、技术、劳动力……是塑造……和维持视听信息在全球、国家和地方层面上进行分发所必需的”，并注意这些基础设施“与环境和地缘政治条件的纠缠”及其“集中在特定地点并扩散到遥远距离”的倾向。[23]

不过，早在1937年纽约世界博览会筹备委员会（New York World's Fair Planning Committee）主席格罗弗·惠伦（Grover Whalen）就为美国的广播、电影、汽车和飞机如何融汇成一种新式民主国家文化构想了一个喜人的愿景：这个时代以连通性和与日俱增的流动性为特征，是一个“超级互联时代”。[24]他写道，20世纪初，“网络建设出现的戏剧性的加速，表现为高速公路和广播信号纵横交错，将家庭和日常生活接入复杂的社会网络中”。在这个过程中，人们不仅被纳入一个国家社群之内，也被缀入道路和广播信号织成的互补网络中，包括广播网络、无线电制造商、汽车制造商和航空公司提供的整体通信基础设施，都是由沥青、钢铁以及电磁信号连接的。在这一视角下，“汽车、广播、铁路和报纸等技术通常是以彼此为背景的”，它们作为互补的联结方式，保障、扩展和管理新的信息、人员和商品流动。[25]这种方法建立在关于传播的广泛定义的基础上，即传播涉及所有“流动通路，借助这些渠道，一个实体，无论是口头话语还是满载货物的厢式汽车，都可以从一个点
26 流动到另一个点”。其最大优势是使我们能够理解各种技术的动态，这些技术都显示出在“聚合的传播媒体网络”中跨各种通信和传输平台“组合和集成”的能力，它们可以将空灵的、媒介化的接触与物理形式的扩展流动结合在一起。[26]

然而，近年来，传播学实际上已经完全集中在传播的媒介符号、体制以及信息传输的技术层面。这种方法简单地将传播与其符号或修辞维度等同起来，它基于传播是一个涉及无形现象的非物质过程的本体论假设。从这个角度来说，今天对传播的定义只是遵循了狄德罗提出的在话语层面上以“修辞”为传播学的最初程式。[27]

如今，对人员和商品流动的分析在很大程度上被归入交通（运输）研究学科，而这一领域仍然为传播学者所忽视。对此我持有不同看法。[28]如果我们采取以媒体为中心的方法，而不是将其放在更广阔的社会、经济、政治、文化，尤其是运输问题的背景下，就不可能理解传播技术的全部内涵。[29]乔纳森·斯特恩最近也提出了类似的观点，他主张将传播研究的领域定义为涉及各种物质和非物质形式的“有组织的运行和活动”。这个观点也是对科林·迪瓦尔（Colin Divall）和乔治·雷维尔（George Revill）的论点的支持，他们认为“交通运输本身是一种建立秩序的中介……是物品、

如果我们采取以媒体为中心的方法，而不是将其放在更广阔的社会、经济、政治、文化，尤其是运输问题的背景下，就不可能理解传播技术的全部内涵。

场所、流动和人员的组织者、监管者和创造者”[30]。

运输不能简化为一组狭义的功能性经济计算，运输政策有许多非经济的决定因素。回顾惠伦对通信基础设施的看法，很明显，根据 1956 年《联邦高速公路法》（Federal Highways Act）建设的北美公路系统，受到艾森豪威尔总统战后对德国高速公路系统经验借鉴的严重影响，只有在这一背景下才能充分理解这一公路系统的建设。与阿尔·戈尔（Al Gore）著名的“信息高速公路”（information super highways）的隐喻相反，鲁珀特·康韦尔（Rupert Cornwell）认为“就像早期的沥青混凝土版本的互联网，这些崭露头角的超级公路连接了［美洲的］大陆［并］帮助创造了单一的国家市场，释放了战后美国经济的活力”[31]。美国的州际公路系统及后来的互联网基础设施最初都是根据国家安全问题来规划的，而空运也是如此，开始也是作为实现有关国家或帝国领土一体化政治目标的方式而发展起来的——因此，在后殖民时期，许多新独立的国家将创建自己的航空公司作为优先事项。[32]

对基础设施的传统看法始于这样一个前提，即它构成了日常生 27
活机制所依赖的（通常看不见的）基础——使家庭供水系统正常运行的地下管线和下水道，或者电脑、电视最终依赖的电缆。然而，布莱恩·拉金最近认为，不可见性只是基础设施的一个方面——在其他一些时刻，他所谓的基础设施的“诗意”功能也会显现出来。他认为，就基础设施往往隐喻并构成进步或现代性等理想属性而言，情况就是如此。拉金认为，就这一点而言，我们还应该意识到，在世界上的许多地方，其国家政策中表现出各种各样的基础设施崇拜，这些政策旨在通过他所说的对高度可见技术的“富有想象性的投资”，在民众中产生敬畏和迷恋的政治效应。这在世界上屡见不鲜：阿尔巴尼亚政府在很少有汽车行驶的情况下修建了数英里的空旷公路；印度尼西亚和黎巴嫩火箭科学家为了在“太空竞赛”时代取得象征性优势，早早就研究起了国家卫星技术。对此，拉金表示，除了功能上的效益，基础设施也应该被理解为“一种元实用主义的对象，它们的符号被安排在特定的循环系统中，以建立一系列的影响——主要是让公民对他们国家的现代化感到自豪”。事实上，他将英国在尼日利亚建设铁路、通信塔和发电大坝等基础设施的政策描述为一种“产生特殊的现代殖民主体的方式……技术娴熟、思维超前、易变，这一主体是由新的纵横交错的传播网络形成的。铁路、公路和无线电广播……将形成一个以技术为媒介的主体……向沿着这种新的通信结构传播的教育、知识和思想敞开大门”[33]。

传播、运输和流动[①]：十字路口

我同意马特拉的观点，主张恢复对传播含义的广泛理解，而非将其简化为意义、表征和意义产生的过程，支持重新思考传播作为地方和领土生产的一种物质要素，作为促进人员、物品和文化顺利
28 流动的手段的含义。[34]从这一角度来说，传播是符号和物质技术在社会空间生产中的编排和组合过程，是构建（和抑制）不同话语以及互动和流动的模式。[35]在这里，运输网络和服务必须被理解为通过使

① 根据语境，有时也翻译为“移动”。——译者注

特定地点更易到达或更不易到达来“塑造（着）不同可达性和……价值的景观”。[36]

我将在第二章关于运输和通信网络在欧洲政治社区建设中的作用的分析部分更详细地讨论这些问题。

在这个更广泛的框架内，我们不仅可以关注人员、物品和符号的显著流动，也可以关注相关体制和基础设施框架在不那么直接可见的情况下，如何在赋能和引导方面发挥影响，并对这些行为进行监督。[37]以“移动”技术研究为例，凯瑟琳·海勒斯（Katherine Hayles）认为，关键问题是移动技术与定位基础设施的相互关系。正如海勒斯所指出的，我们不应仅仅关注如何使用 GPS 及移动设备，我们还必须认识到它们的功能（容量、接收质量和可靠性）完全取决于物理定位的基础设施。关键问题是，“基础设施位于何处，在何种领土范围内，谁拥有它，谁经营它”[38]。因此，除了研究手机用户之外，我们还需要对实现和塑造移动交互的基础设施进行地理学研究。

物质网络与虚拟网络

虽然列菲弗尔（Lefebvre）在说“道路比驶过它们的交通工具更重要，因为它们一直存在”[39]时使用的表达过于绝对，但他的观点在很多意义上是正确的。由地理和媒体景观构成的路线，可能以不同的方式塑造了我们在世界上的活动：第一种方式是调节人力以及资源的实际消耗，以克服现实和社会距离带来的“摩擦”；第二种方式是构建一个符号学表征网络，这些表征构成了指导我们日常生活的理所当然的路径，关注并且优先认识事物的某种可能性，反过来，也限制或模糊了我们对其他可能性的认识。[40]

我们不应仅仅关注传播的象征性层面，并将交通运输置于功能性的地位，我们必须像斯特恩那样认识到，传播与运输（都）有工具性和结构性两个维度。就传播的结构性功能而言，时间和空间的“消灭”在不同阶段可不同程度地归因于电报、电话、卫星、互
29 联网等通信技术，以及火车、公路网、远洋班轮和航空运输等交通技术。因此，我们的研究对象必须从这两个维度加以界定。也因此，雷蒙·威廉斯的关键概念“移动私有化”不仅仅指象征性通信技术，而且正如斯特恩所观察到的那样，也指“汽车、照相机、电器、电线、电波、建筑、信息、运动、图像、想法和声音……它们形成了一整套复杂的社会实践综合体”[41]。

如果我们以铁路为例，有关它的发明就不能被简单地理解为技术装置的发明。相反，克里斯蒂安·沃尔马（Christian Wolmar）所描述的关键创新——“将蒸汽机放置在定制的轨道上”，必须在工业革命更广泛的社会和金融变革（如科学发明投资的新资本供应）的背景下加以理解。从这个角度来看，铁路最好被理解为一个“机器集成”，不仅包括实际的车厢、动力装置和所运行的铁轨，还包括一系列用以沟通的操作系统，如时间表、票务、信号和通信。[42] 最后，所有形式的传播都必须被理解为混合了传播技术和运输系统的“组合体”，如“火车和电报线、无线电和电话线路……为了日益增加的电话和有线电视而设置的综合同轴电缆……以及高速公路

和后来的卫星……还有为了利用弃置的铁路通行权而制订的网络基础设施计划”[43]。

无论是物理运输还是通信媒体都不是简单的机器。技术也不是孤立于社会进程之外而存在的。它不是简单地由空间中的事物组成的，而是“通过社会制度和意义暂时稳定而实现的空间实践”[44]。因此，印刷和任何其他技术一样，“不仅仅是一种……技术……还是一系列促进各种行动者进入异质网络的活动”。同样，“电话不仅仅是一种设备，还是一种将或远方或近处、或陌生或熟悉的人折叠在一起的手段”。它的“发明”也涉及各种嵌入在“专利、实验室、电话簿和会计系统”中的社会关系的发展。以此类推，互联网最好被视为“程序、用户控制的硬件、基础设施共享、协议、文件、代码、技能、任务主导的知识、‘网络礼仪’、风险资本、企业投资、消费者支出和各种其他组成部分”。当然，任何技术设备的功能都会因文化背景而有所不同，因为媒介不是简单地由其技术能力来定义的，而是一个由“人、技术、资本、思想和地方要素之间的关系构成的复杂的异质网络”[45]。

无论是物理运输还是通信媒体都不是简单的机器。技术也不是孤立于社会进程之外而存在的。它不是简单地由空间中的事物组成的，而是“通过社会制度和意义暂时稳定而实现的空间实践”。

实际上，如果将传播和文化进程置于物质景观和有形景观中，我们仍然应该避免约翰·杜海姆·彼得斯所提到的“修辞勒索”，其涉及一种“比你更唯物”的欺凌，用以指责“唯心论者”没有抓 30
住所谓传播的“现实政治”。[46]我们的任务不是为了支持政治、经济和技术的“现实世界”而拒绝文本性和意义性的问题，而是既要把握符号话语的实质性，又要把握实际的物质对象和结构的符号维度。此外，必须指出，在所谓的经济进程底线之下，存在一个信任的文化框架，没有它，经济过程就无法进行。[47]总之，我主要试图表明，恢复符号和物理传播模式之间的联系，可以获得什么样的分析好处。不过，在主张更好地整合符号传播和物质运输形式分析的同时，我并不主张将它们简化为一些统一的分析法则。[48]

复杂网络的多维性/同时性

从我提出的角度来看，分析对象应该是同一空间不同维度中各种传播模式/网络的多重存在。只有这样，我们才能有效地构建一个传播和移动的多维模型，包括地下的、地面的和地上的等各种形式。理查德·温特沃思（Richard Wentworth）的展览为这种方法提供了一个很好的范例，探讨了仍然共存于伦敦国王十字区的不同历史时期的传播和运输网络的重叠路径：下水道、隧道、地下河、运河、公路、铁路、公共汽车和出租车路线、酒吧小径——以及它们上方的天桥等。[49]然而，即使是这个范例，也仍然只涉及物理层面的运输之间的联系，理想情况下，还应辅之以对其中所有的“符号传播”的研究，这样就要把所有的电线、电话线、电报线以及在特定空间内纵横交错的 Wi-Fi 网络都算在内。正如 NL 设计团队指出的：“一旦我们通过无线电话、航空旅行、电视在境外海域购物或宣示权利，就会出现规模庞大的‘空中’贸易。波频、航线和建筑物上方的空间［现在］是投机贸易的产物……处在［一场］领空战争的‘前线’。”[50]

显然，试图详尽分析所有情况是不切实际的，因为它会复制任何乌托邦式的、对日常生活中所有传播维度进行“整体”研究所隐含的全部困难。虽然在任何特定情况下都必须选择应该侧重什么，但我们也必须认识到从中抽象出某些特定沟通维度的环境的复杂性——只有这样，才能对我们的分析的局限性 31
进行反思。瑞士影像艺术家乌尔苏拉·比曼的作品，与温特沃思锋芒毕露的移动/流动各种维度同时性模型有异曲同工之妙。比曼的作品涉及数据、商品、技术、自然资源和人的流动的交叉，她的抱负是展示当地微观地理的动态日常如何与全球和跨国系统交织在一起。

谈到边境作为研究不同流动形态的缩影，她列举了流动中名副其实的“瓶颈”——直布罗陀海峡。正如她指出的，如下物品和人员的流动，都经过该地区：

> 从西非到地中海的集装箱船，在危险的夜间旅行中运送移民的船只，直升机巡逻队，无线电波和雷达，为欧盟市场采摘蔬菜的流动短工，去安达卢西亚参议员家工作的通勤女佣，控制山口的边境警卫，运送摩洛哥妇女到丹吉尔的公共汽车——她们在那里把荷兰虾剥皮后运回荷兰……从中国采购货物的海盗，以及把这些货物藏到裙子下面带到麦地那的走私妇女。[51]

她与温特沃思一样，需要一种多视角的方法，以便看到不同的流动维度是如何在微观和宏观层面相互交流的（或者实际上是如何冲突的）。

注 释

1 *Concise Oxford Dictionary of Current English*, s. v. "Communications" (1964).

2 A. Trachtenberg, Foreword, in W. Schivelbusch (1977) *The Railway Journey*, University of California Press, pp. xiv, 40, 121; K. Marx (1972) *Grundrisse*, Penguin, p. 534.

3 Y. de la Haye (ed) (1980) *Marx & Engels on the Means of Communication*, International General.

4 R. Arnheim (1933) *Film as Art*, quoted in C. D. Rath (1985) The Invisible Network, in P. Drummond and R. Paterson (eds.), *Television in Transition*, British Film Institute, p. 199.

5 J. Sterne (2006) Transportation and Communication, in J. Packer and C. Robertson (eds.), *Thinking with James Carey*, Peter Lang, p. 118; B. Latour (1996) *Aramis or The Love of Technology*, Harvard University Press, p. 59.

6 Sarah Sharma (2008) Taxis As Media: A Temporal Materialist Reading of the Taxi, *Social Identities* **14** (4), 459-460.

7 McLuhan (1964) *Understanding Media*, McGraw Hill.

8 显然，关键的区别在于，汽车和电视（以及作为其消费场景的客厅）涉及私人/个性化的消费模式；而铁路和电报从根本上说，则是公共的传播模式。[B. Bachmair (1991) From the Motor Car to Television, *Media Culture and Society* **13**, 522, 525.]

9 请参阅：T. Davies (1984) Transports of Pleasure, in T. Bennett (ed.), *Formations of Pleasure*, Routledge. 关于这个例子，我要感谢比尔·施瓦茨（Bill Schwarz）。这些问题同样在概念艺术家凯蒂·帕特森（Katie Paterson）的作品中得到了探索，她为隐喻性转换的本质提供了有趣的深思。她的作品将宇宙的运行，诸如天体的运转（月亮、星星或闪电的运动）转换为平时常见的物流运输（联邦快递包裹、手机消息、路灯）。布莱恩·狄龙（Brian Dillon）在对她作品的评论中写道，这些隐喻"就像好奇心、求知欲和有关发现的冒险，将我们抽离自身，置于遥远的'彼方'，或者让远处的事物看起来近在眼前"。[B. Dillon (2013) *Signs and Wonders: On Katie Paterson's "In Another Time,"* Mead Gallery, Warwick University, unpaginated.]

10 保罗·索鲁（Paul Theroux）是这样论述火车旅行的经历的：途中，火车车窗“框住”了掠过的田园风光，仿佛是一幅精心布置的画作：“车窗将场景瞬间留住，把它变成了一幅画作。”［P. Theroux（1975）*The Great Railway Bazaar*，Hamish Hamilton，p. 28.］在描述 19 世纪密西西比河上乘坐明轮汽船旅行的经历时，乘客们反映，他们对掠过的风景有一种看“走马灯”的感觉——就好像是风景在移动，而不是他们在移动。另见：G. Votalato（2007）*Transport Design*，Reaktion Books，p. 106.

11 Jean Baudrillard quoted in A. Friedberg（2002）Urban Mobility and Cinematic Visuality，*Journal of Visual Culture* **1**（2），186；M. Morse（1990）An Ontology of Everyday Distraction，in P. Mellencamp（ed.），*The Logics of Television*，Indiana University Press. 另见建筑师伊丽莎白·迪勒（Elisabeth Diller）与里卡多·斯科菲迪奥（Ricardo Scofdio）有关“开窗法”和视觉化建筑的作品，请参阅：A. Betsky，L. Anderson，and K. Hays（eds.）（2003）*Scanning The Aberant Archtecures of diller + scofidio*，Whitney Museum of American Art. 在航空旅行的情况下，基于屏幕的机上娱乐系统旨在通过分割一成不变的航程，并转变乘客的心态，使其更加愉悦，让乘客的情感离开逼仄的座位空间获得重新定位，从而将乘客从单调的飞行中“拯救”出来。请参阅：N. Govil（2004）Something Spatial in the Air，in N. Couldry and A. McCarthy（eds.），*Media Space*，Routledge，pp. 233 - 252.

12 请参阅我在本章后文的讨论。鲁珀特·康韦尔将物质形式的“高速公路”与信息“高速公路”在国家和社区结构中的作用进行了类比。

13 G. Lakoff（1980）*Metaphors We Live By*，University of Chicago Press.

14 关于这一点的进一步讨论，请参见第三章，也可参见：S. Ahmed（1999）Home and Away：Narratives of Migration and Estrangement，*International Journal of Cultural Studies* **2**（3）.

15 B. Frello（2008）Towards a Discursive and Analytics of Movement，*Mobilities* **3**（1），27.

16 Frello，Towards a Discursive and Analytics of Movement，29，35 - 47；海德格尔有关万物“既不亲近也不遥远”的“消除远距离的世界”参见：M. Heidegger（1971）The Thing，in *Poetry，Language，Thought*，Harper and Row. 关于为什么如果地理距离将我们分开，那么超越空间的传播技术只能“将我们聚集在一起”，请参阅：K. Robins and F. Webster（1999）*Times of the Technoculture*，Routledge.

17 F. Braudel（1995）*A History of Civilisations*，Penguin，pp. 10，5.

18 De la Haye，*Marx & Engels*，p. 29；A. Mattelart（1996）*The Invention of Communication*，University of Minnesota Press；A. Mattelart（2000）*Net-*

working the World 1794 - 2000, University of Minnesota Press.

19 W. Schivelbusch (1977) *The Railway Journey*, University of California Press; F. Ratzel (1897) *Politische Geographie*, quoted in Mattelart, *Invention of Communication*, p. 209.

20 G. O. Tuathail, S. Dalby, and P. Routledge (1998) *The Geopolitics Reader*, Routledge.

21 J. Packer and C. Robertson (eds.) (2006) *Thinking with James Carey*, Peter Lang; J. Packer and S. B. Crofts Wiley (eds.) (2012) *Communication Matters*, Routledge.

22 J. Durham Peters (2006) Technology and Ideology: The Case of the Telegraph Reconsidered, in Packer and Robertson, *Thinking with James Carey*, pp. 137 - 155.

23 L. Parks and N. Starosielski (eds.) (2014) Introduction, in *Signal Traffic: Critical Studies of Media Infrastructures*, University of Illinois Press.

24 （该想法）可与当代的永久连接（perpetual contact）观念相媲美。G. Whalen, quoted on p. 459 in R. Popp (2011) Machine Age Communication: Media, Transportation and Contact in the Interwar United States, *Technology and Culture* **52** (3) (July), 459 - 484.

25 Popp, Machine Age Communication, 462, 471, 476, 474, 460.

26 Popp, Machine Age Communication, 460; Burgess, quoted in Popp, Machine Age Communication, 465.

27 J. Packer and S. B. Crofts Wiley (2012) The Materiality of Communication, in *Communication Matters*, Routledge; Mattelart, *Invention of Communication*, p. 193.

28 D. Morley (2009) For a Materialist, Non Media-Centric Media Studies, *Television and New Media* **10** (1).

29 另见：P. D. Murphy (2005) Fielding the Study of Reception, *Popular Communication: The International Journal of Media and Culture* **3**, 167 - 180.

30 Sterne, *Transportation and Communication*, p. 118; C. Divall and G. Revill (2005) Cultures of Transport, *Journal of Transport History* **26** (1), 105; M. Akrich and B. Latour (1992) A Summary of a Convenient Vocabulary for the Semiotics of Human and Nonhuman Assemblies, in W. Bijker and J. Law (eds.), *Shaping Technology/Building Society*, Cambridge, MIT Press; quoted in Divall and Revill, *Cultures of Transport*, pp. 99 - 111. 这种方法也符合阿克里奇（Akrich）和拉图尔关于“物质符号学”的提议，即研究“意义是如何……在原始的非文本、非语言中被建构的：绿色通道是如何

从无数的可能性中建立起来的”，集中涉及“秩序构建……或路径构建的研究”。

31 R. Cornwell (2006) The US Salutes the Super-Highway, *Independent on Sunday* (July 2), 40. 显然，即使无法断言获得了如此惊人的成果，同样的分析模式也可以应用于始于 20 世纪 60 年代的英国高速公路系统的后期建设。

32 J. P. Rodrigue, C. Comtois, and B. Slack (2006) *The Geography of Transport Systems*, Routledge, pp. 109, 228.

33 B. Larkin (2013) The Politics and Poetics of Infrastructure, *Annual Review of Anthropology* **42**, 333, 336; B. Larkin (2008) *Signal and Noise: Media, Infrastructure and Urban Culture in Nigeria*, Duke University Press, p. 21.

34 Mattelart, *The Invention of Communication*; J. Packer and S. B. Crofts Wiley, *Communication Matters*, pp. 11 - 12.

35 J. Hay (2006) Between Cultural Materialism and Spatial Materialism, in Packer and Robertson (eds.), *Thinking with James Carey*, p. 48.

36 D. McKinnon, G. Pirie, and M. Gather (2008) Transport and Economic Development, in R. Knowles, J. Shaw, and I. Docherty (eds.), *Transport Geographies*, Blackwell.

37 S. B. Crofts Wiley and J. Packer (2010) Rethinking Communication after the Mobilities Turn, *The Communication Review* **13**, 263 - 268.

38 K. Hayles (2012) Media, Materiality and the Human, in Packer and Crofts Wiley, *Communication Matters*, p. 29.

39 H. Lefebvre (1991) *The Production of Space*, Oxford University Press, p. 118.

40 G. Brolin (2006) Electronic Geographies, in J. Falkheimer and A. Jansson (eds.), *Geographies of Communication*, Nordicom, pp. 75 - 76. 当然，这并不是假定这些预先建立的路径一定能完全限制其目标用户的实际“行程”。

41 Sterne, *Transportation and Communication*, p. 124.

42 Schivelbusch, *Railway Journey*; C. Wolmar (2010) *Blood, Iron and Gold: How the Railways Transformed the World*, Atlantic Books.

43 Sterne, *Transportation and Communication*, pp. 129, 121.

44 P. Adams (2009) *Geographies of Media and Communication*, Wiley Blackwell, p. 191.

45 Adams, *Geographies of Media*, pp. 212, 31, 39, 57. 非洲大陆大部分地区没有有效的固定电话技术，这对非洲移动电话的发展产生了独特影响。

46 参见物理结构的虚拟维度，以及建筑在引导其居民活动中的作用的修辞维度。

47 J. Durham Peters（2012）Becoming Mollusk，in Packer and Crofts Wiley，*Communication Matters*，p. 41.

48 M. Serres and B Latour（1995）*Conversations on Science*，*Culture and Time*，University of Michigan Press，p. 91ff. 在这一点上，我们应注意到米歇尔·塞尔（Michel Serres）的提醒，即“最好的结合发生在差异最大的领域”，他对所谓的“万能钥匙”分析的“懒惰”形式的危险发出了相应的警告，即在高度抽象的层面上，现成的解释被冒认成所有问题的解决方案。相反，正如他所观察到的，如果“一把钥匙无法打开所有的锁”以及“最好的解决方案是局部的、单一的、特定的”，那么“每次你试图打开不同的锁，你都必须配一把特定的钥匙”。

49 R. Wentworth（2002）*An Area of Outstanding Unnatural Beauty*，Artangel.

50 NL Design Collective（2003）Mobile Minded，in A. Hoete（ed.），*ROAM: A Reader on the Aesthetics of Mobility*，Black Dog Publishing，p. 320.

51 U. Biemann（2010）Logging the Border：Europlex，in *Mission Reports: Artistic Practices in the Field/Video Works 1998 - 2008*，Bildsmuseet/Arnolfini Gallery，p. 48.

第二章 欧洲的组成：帝国、国家和技术区

传播与帝国：电报、电缆和网络

现在，我将把论述聚焦于前文提及的理论观点，以便更详细地 37
探讨传播在构建国家——尤其是帝国——和地区中的作用。如果要重构传播研究的范式，那么很大程度上需要采用历史的视角，以便超越其（目前通常是排他的）对最新的通信技术的关注。尽管如我在绪论中所说，写下本书的初心之一是为了避免欧美中心主义，但我还是把传播和运输在欧洲建设中的历史作用作为本章研究的案例。就像我在其他文章中提到的，继迪佩什·查卡拉巴提（Dipesh Chakrabarty）之后，我们没必要忽视“欧洲地方化”项目，即将它从我们习以为常的中心地位降级，而要从另外的视角重新看待我们觉得理所当然的这件事情。在这方面，我不仅认同布莱恩·拉金所倡导的“相对性”人类学观点，而且沿袭布罗代尔的历史观点。布罗代尔主张，如果我们带着不同的眼光，将欧洲大陆熟悉的面貌

置于对其他地区研究的语境之中，那么我们将另有所获。[1]

格雷厄姆·默多克和迈克尔·皮克林尖锐批评了许多媒体理论中缺乏历史视角的问题，他们正确地指出，这些理论对我们这个时代传播技术奇迹的过分强调大多属于“文化预设”，它们往往忽视了仍然塑造当代发展的深刻历史连续性。[2]同样，德韦恩·温塞克（Dwayne Winseck）和罗伯特·派克（Robert Pike）指出，无线电话和洲际电话的出现远远没有使19世纪末作为国际电报基础而建
38 立的海底电缆系统（现在是光纤形式）过时，现在它们仍然是我们当代全球通信系统的基础。[3]在这方面，詹姆斯·凯瑞关于电报发明作为传播最初有效地与运输分离的关键节点的经典研究也为汤姆·斯丹迪奇的论述提供了灵感——因为莫尔斯电码的点和线构成了所有信息最初的“二元化”，数字时代的曙光本应追溯到19世纪中叶。[4]

正如吉尔·希尔斯（Jill Hills）所说，电报的加入使信息实现跨国传输，“彻底改变了海外贸易和投资的机制”，引发了传播领域的重大范式转变，扩大了“帝国的疆域”，可以被视为开创了我们今天所说的全球化时代的第一阶段。她阐述了这些制度体系和规范一直以来是如何通过不断变化的国际关系结构，尤其是在过去150年间欧美之间权力平衡的转变而塑造的。与希尔斯相似，温塞克和派克也认为：“19世纪制定的政策在我们这个时代继续塑造着全球媒体和帝国之间的关系。”他们关注的是由海底电缆、国内电报系统和全球新闻机构组成的全球媒介系统的形成时期。对于希尔斯等人而言，19世纪末20世纪初，直至第一次

世界大战爆发这一时期，可以看作早期全球化的“美丽时代”。他们不仅坚定地认为“这个时代的媒介比人们通常认为的更具全球性和组织性”，同时也认为今天的全球媒介系统是在此时初具规模，作为电报业的主要参与者，它们通过滚雪球式的发展，在国内确立了顶尖优势。[5]

虽然在19世纪后期这些电报网络的国际版本开始出现，尤其是国际海底电报电缆也已开始铺设，但它们都以伦敦这个世界经济的主要城市为中心。英国维多利亚时代的帝国霸权通过铺设连接英国各个分散属地的海底电缆而“实体化”。在这一点上，正如马特拉所说，当时维多利亚帝国的电缆系统“占世界电缆的三分之二”，这进一步巩固了英国海军和伦敦商业航运公司先前确立的霸主地位。

正是在这个以伦敦为中心的大规模通信网络发展的背景下，19世纪末20世纪初的主要国际冲突才得以酝酿。尤其是德国（如普鲁士政治家俾斯麦所说）希望在主要的远程通信网络中超过伦敦在 39
国际上的主导地位，特别是跳过英国对苏伊士运河的控制，建立一条通往印度和远东的陆路通道。德国的帝国计划是利用柏林在欧洲的中心地位，将其作为南北和东西铁路的主要十字路口，建造一条柏林—拜占庭—巴格达铁路，终点巴士拉，从而与孟买建立海外联系。德国因此在第一次世界大战之前与衰落的奥斯曼帝国结盟。为了绕过苏伊士运河，德国兴建了从柏林通过土耳其到巴格达，再到波斯湾的电缆和铁路，从而破坏了英国对印度洋的控制。从这里我们看出其国家政策反映了弗里德里希·拉策尔（Friedrich Ratzel）

所阐述的战略，即建设基础设施以促进“人员和物品从一个地方流动到另一个地方”是“掌握空间”的根本，这也是德国地缘政治学派的核心思想。[6]控制通信和运输线路的斗争是第一次世界大战的核心：事实上，英国切断连接德国和西方的跨大西洋电缆是这场战争的第一次（高度象征性的）官方行为的一部分。

提高流动性：用运河、公路和铁路建设国家

在阿芒·马特拉对欧洲传播史的研究中，他坚持在理性、进步、社会完善、空间意义上的政府等更广泛的观念背景下构建传播理论。他以 17 世纪以来法国的发展为例，展示了法国是如何改善传播路线的：起初是通过运河和道路，后来通过铁路构成了国内市场统一的基础，从而连缀起整个国家。正如他所说，在这一过程中，通信网络技术的速度和效率逐渐成为衡量“发展”本身的关键标准。[7]

这种对最广义上的传播的强调最初是由弗朗索瓦·魁奈和法国 18 世纪后期的重农主义者提出的，他们强调改善交通以促进财富流动的重要性，正如丹尼斯·狄德罗强调把思想和观点的自由交流作为“振兴”国家的一种手段的重要性一样。重农主义者的口号“自由放任，自由通行”不仅适用于自由贸易，以及商品和劳动力的自由流动，而且适用于信息的自由流动。显然，这种关于改善交通的重要性的模型是基于解剖学的隐喻，即血液的自由循环对身体
40 健康十分重要。一旦人们认识到，正是“缺乏流动和连贯的传播系

统”构成了社会和经济发展的主要障碍，就会制定新的交通运输政策，首先通过运河连接国家的航道。[8]这些河流和运河一旦相互连接，就构成了一个以国家首都为中心的星状放射网络，为以后国家实体运输网络的形成提供了模板，无论是公路还是铁路。在这方面，只要运河、公路、桥梁和铁路的建设被认为是国家统一的关键，工程师就被视为“理性的特权仆人”，因为他促进了国家发展所必需的传播的进步。[9]显然，整个发展路线是基于这样一个假设：“传播、交往和流动带给人启示和进步”，孤立和脱节是文明、进步必须克服的障碍，就像人们认为“社会机构的健康和活力”依赖于有效的循环系统一样。因此，19 世纪末的所有“万国博览会”都强调了传播和交通行业的进步为文明做出的贡献。[10]

在大革命后的法国，国家特别强调民族习俗和语言的统一，以打破特定地方文化和语言造成的障碍，从而巩固民族团结。在这一切中，传播技术发挥了关键作用，旗语电报［由沙普（Chappe）兄弟在 1794 年发明］将首都和国内其他主要城镇联系起来，尤其是与其边关要塞联系起来。这一创新被理解为在自己的国土上“通过允许各方的密切、快速接触来巩固共和国的统一的一种手段”[11]。为统一国家和克服各省的孤立状态而制定的战略，取决于它们在实体和虚拟领域的实施。新政策与新道路大踏步发展，将地区差异消融弥合。要实现统一，国家不仅要“书同文”，而且要统一度量衡、货币标准，以推行公共标准来取代原来地方上各自的标准。它的目的是确保整个国家“对大小轻重有相同的概念”，从而创造“‘四海之内皆兄弟’式的新纽带”。[12]

铁路不仅被理解为一种特殊的交通方式，而且被理解为基于流动加速原则对生活世界进行普遍重塑的一部分，不仅重塑了信息（电报）的流动，还重塑了商品（百货公司的诞生）、行人和机动交通工具的流动。

在传播基础设施层面，通过发展以国家标准轨距为基础的国家铁路系统，以及协调这些系统所必需的国家标准化时间，这一统一进程在19世纪整个欧洲国家中得到进一步加强。此外，铁路不仅被理解为一种特殊的交通方式，而且被理解为基于流动加速原
41 则对生活世界进行普遍重塑的一部分，不仅重塑了信息（电报）的流动，还重塑了商品（百货公司的诞生）、行人和机动交通工具的流动。人们常常对其不吝赞美之词。皮埃尔·拉鲁斯（Pierre Larousse）声称，“铁路”一词有着“神圣的光环”，它是文明进步和博爱的同义词。朱尔斯·米舍莱（Jules Michelet）说，这条铁路“供每个人使用，使法国走到一起，使里昂和巴黎相互交流”[13]。同样，歌德也是德国统一发展高效运输系统的早期支持者，他在1824年写道：“铁路、快递邮件、汽船和所有可能的通信手段都是文明世界所追求的。”在德国，铁路在将39个州转变为一个国家的过程中发挥了特别重要的作用。

一些早期的评论家报以乌托邦式的希望，即乘坐火车的公共旅行能够“激发平等、自由的情感……促使社会各阶层一起旅行……（从而）推进社会大同”[14]。然而，交通运输的发展层级分明，通过不同价位享受不同服务，使这种美好期待化为泡影。因此，到了19世纪中叶，无政府主义者皮埃尔-约瑟夫·蒲鲁东（Pierre-Joseph Proudhon）已经在嘲笑那些认为铁路的建立将实现普遍和平的人——他们曾认为提高铁路交通的速度不仅可以有效地缩短地方之

间的距离，还可以缩短阶级之间的社会距离。[15]

由此可见，新的远程传播系统，如铁路和电报，当时不仅被理解为技术设施，而且被理解为国家“更高形式”的团结基础，只要公民能够即刻向对方传达他们的消息和愿望，就能有效地在国内再现当年希腊城邦的盛景。这个梦想经久不衰，可以说，在20世纪，法国（毅然国有化）早期互联网系统“Minitel”也是以同样的构想设计的。

作为“历史枢纽”的欧洲？建设欧元区

回到前面概述的国际地缘政治的视角，值得注意的是，1904年，英国帝国主义地理学家元老哈尔福德·麦金德（Halford Mackinder）在一篇文章里把欧洲称为历史上的“地理支点”。他说，更准确地讲，“世界政治的枢纽地区”是“那片船舶无法进入的广 42
阔的欧亚大陆。……在古代，（它）向骑马游牧民族（的入侵）敞开了大门，在今天又覆盖一张铁路网”。麦金德并不认为欧洲是一个独立的实体，而认为“欧洲历史从属于亚洲”，从蒙古入侵和“十字军东征”时期开始，欧洲文明就是在亚洲入侵的威胁下形成的。当然，这一切都因哥伦布“大发现时代”欧洲海上力量的发展而发生了巨大的变化，这使欧洲列强能够在东方击败他们的敌人。流动性是麦金德分析的核心——无论是骑马、乘大划艇、乘帆船，还是后期坐火车和轮船，对他来说，地缘政治动态的划时代变化都涉及新的运输方式在地理区域之间和区域内形成的权力关系中所起的作用。[16]

在整个 20 世纪后期，欧洲的重建可以用类似地缘政治术语来诠释，尽管这些术语没有那么戏剧化。这样说来，20 世纪 90 年代初在欧洲建立单一市场是一项战略，旨在建立一个规模足够大的超国家市场，使欧洲能够更好地抵御来自北美和新兴东亚经济体的夹击。[17]

这一欧元战略与重农主义者及其继任者制定的早期国家建设政策异曲同工，他们当年的目的是减少国内关税壁垒和通行费，实施标准化税收制度，以及在法国制定详细的单一法典。早在 19 世纪初，圣西门（Saint Simon）就提出了"欧洲共同体重组"计划，作为拿破仑战争后保障和平的一种模式。[18]事实上，"欧洲堡垒"的当代理念也有一个不幸的历史根源，即希特勒在 1944 年的"405 号指令"中提出的"欧洲堡垒"设想[19]。在当代，"欧洲"不仅是一种自然地理上的事实，还是一种松散的话语结构，主要由欧盟的经济政策和移民政策构成，这些政策体现在单一市场的概念中，也体现在欧盟制定的各种文化和媒体政策中，而这些政策的目的是促进形成一种旨在鼓励全欧洲公民意识的特定叙事。

正如吉内特·韦斯特拉特（Ginette Verstraete）所说，从 20 世纪 90 年代开始，为了实现这些目标，欧盟采取了一系列政策，旨在加强传播和运输网络，并提高某些主体（欧洲人）、客体（欧元）、图像（欧盟事务的媒体报道）、符号（欧盟旗帜）以及地方（文化首都）的流动性和可达性。[20]这些政策的目的是创造一个对欧洲人和国际旅游业都有吸引力的文化空间——一个"无边界的文化多样性欧洲”，构建将欧洲特性与人为的“文化遗产地理”联系起来的叙事。从营销和旅游的角度来看，“一种欧洲意识……被投射 43
到特定的……重新排序的城市、地区和景观上”。因此，“欧洲文化之都”计划的目的是“通过呈现一种普适且丰富的文化来统一成员国人民”。通过这一计划，所有欧洲人都可以更容易地接触到每个城市的文化，同时也提高了整个欧洲文化的形象。[21]我们可以把这理解为一个“欧洲化”的过程，在这个过程中，政府有意识地试图建立一个“想象共同体”，鼓励欧洲国民参与各种形式的欧洲内部文化旅游，例如由“欧洲文化之都”计划赞助的旅游，该计划的明确目标之一是使每个欧洲国家的文化为其他国家的公民所熟知。从某种意义上说，整个计划可以被视为早期欧洲贵族享受的（更专有的）欧洲其他国家主要文化遗址的大型旅游传统的普及版本，目的是构建一个特殊的想象中的欧洲共同文化地理。

在文化层面上，欧盟的视听政策也支持发展目前已确立的跨欧洲广播模式，例如一年一度的“欧洲电视网歌唱大赛”（Eurovision Song Contest），多年来，它吸引了大量的观众（即使相当一部分观众对它所展示的欧洲文化的媚俗视野持讽刺态度）。[22]

如果说当代欧洲计划涉及一系列旨在培养新一代流动的欧洲公民的技术和实践改革，那么教育政策也是如此。在欧盟的“伊拉斯谟”（Erasmus）项目支持下，现已有两代欧洲学生得到补贴，可以在其他欧洲国家学习，该项目正如翁贝托·埃科（Umberto Eco）在其成立之初所预见的那样，它更深远的影响体现在提高年轻欧洲人之间的跨国婚姻率方面。在评价“伊拉斯谟”项目取得的成功时，埃科将其描述为一场席卷欧洲年轻一代的“性革命”，随着时间的推移，这将改变亲缘关系模式——继而是对整个欧洲大陆态度的改变。事实上，基于他对创造“新型欧洲”计划变革潜力的察觉，埃科认为这种改变会从根本上扩展到其他类型的欧洲公民以及工人阶层。2014 年秋，欧盟委员会发表了一份报告，证明他的判断基本上是对的，因为参加“伊拉斯谟”项目的超过四分之一的人已经在国外留学期间找到了长期伴侣，有 100 万婴儿的父母来自欧盟不同成员国——这是欧洲婚恋市场的一个巨大转变。[23]

44 最近的欧盟政策从本质上讲是基于“流动性与移民的结合，以及对欧洲人的自由与对……（局外人）遏制的结合”，即允许拥有适当财产的欧洲公民（主要是白人）“在没有内部边界的欧洲空间自由流动”。所有这些都在《申根协定》中得到了明确的落实，该协议旨在“尽量减少交通拥堵和身份检查造成的延误；刺激竞争和商品、货币及人员流动；建立一个规模化的欧洲共同市场，以提高生产力、分配和消费”[24]。在《申根协定》之后，欧洲的流动性不仅受欧盟的经济政策和移民政策影响，也受其文化政策和媒体政策影响，例如对视听生产和发行网络的补贴，在意图促进全欧洲公民意识的“欧洲影像”（Eurimages）计划中制度化。这些政策的目标是培养新一代的人，他们共同的身份感不仅体现在所有的话语和意识形态层面，也体现在更日常的政策倡议中，如“通用驾驶执照、通用医疗保健协议以及无国界移动电话传输区”。[25]这些影响是通过鼓励以白人/基督徒（或基督教文化的，最好是拥有财产的）为主的欧洲人的内部流动来实现的。就像吉内特·韦斯特拉特所观察到的那样，这些人共同忠于一套以欧元为象征的特定的经济政策；他们也忠于某些主题和标志，如欧盟旗帜现在作为一个“设备标识”被用于汽车注册和跨国的公民建筑上；他们还忠于一种基于他们都熟悉的某些类型的欧洲意象和媒体对欧洲事务的报道的“共同文化”。[26]因此，欧盟的政策侧重于采取一系列措施，旨在建设高速公路、铁路、电信、港口（理想情况下是无障碍的）等流动基础设施——这种基础设施，正如韦斯特拉特所观察到的，通常以桥梁和网关的图标著称，这些图标在欧盟硬币上占据着显眼的位置，代表了一个平稳连接的跨欧洲空间的理想化愿景。[27]

欧洲人在路上：高速网络

欧盟还做出了相当大的努力，通过对所有主要运输服务的标准化和同步，来实现更宏大的欧洲一体化。其中一项重要举措是在法国、丹麦、荷兰和意大利之间发展跨欧洲高铁（TGV/ICE）网络，
以替代航空运输，其原则是使在北欧主要城市之间出差的商人，做 45
完一天的工作之后能在晚上及时回家吃饭。这种连接欧洲大陆西北部主要首都城市的一体化高铁系统无疑提高了它们的连接程度。然而，同样地，它也强化了对所有外围区域的排斥，因为这些高速网络无疑将枢纽之间的空间降为次等空间。[28]从这种意义上来说，欧洲实际的中心正被重新划分，而不利于所有外围地区，如英格兰北部、西班牙南部和意大利南部。[29]

而法国城市里尔由于在一个更广泛的网络中占据重要位置，因

而变得极为引人注目。该城市作为欧洲高铁网络中的战略节点（或“中转休息室”）的新功能将曾经只是一个省级、区域中心的地方变成了具有更重要意义的空间，成为欧洲各个密集的“超级城市”（uber-urbanisms）的连接点。[30]正如尼克·巴利（Nick Barley）指出的："欧洲里尔的重要性不在于它在哪里，而在于它通向哪里，以及到达那里需要多长时间。"[31]因此，随着城市根据其连接基础设施的发展速度而相互靠近或远离，欧洲大陆在空间和时间上正在进行洗牌重组。

现在，除了欧洲本身的边界外，还建立了互联互通的跨欧洲运输系统，其重点是更长距离的连接以及改进跨境互动。[32]尽管如此，这些政策仍然受到一些因素的阻碍，比如仍然存在的国家铁路轨距差异，限制了成员国铁路系统的互动性。就像西班牙政府选择与欧洲其他地区不同的铁路轨距这一决定，长期以来一直在抑制西班牙的经济增长，也制约了其充分进入作为欧盟核心项目的传播和运输系统。[33]

欧洲结构：机场、桥梁和边境

我们现在越来越多地看到建设跨欧洲多式联运走廊的项目，包括铁路、公路、管道和电信线路。然而，在所有这些项目中，边界维护问题不断出现。以欧洲航空要塞阿姆斯特丹的斯希普霍尔机场（Schiphol Airport）为例，蒂姆·克雷斯韦尔的分析表明，为了实现《申根协定》规定的国内和国际旅客之间新的区别，必须重建其

客流系统。这需要对机场内的旅客进行一系列新的检查，以便区分 46
那些在《申根协定》约定的“欧洲”管辖范围内旅行的人和那些从国外进入的人。[34]为满足欧洲大陆政治协议的要求而在微观尺度上重新设计机场的这一例子表明，新欧洲身份的抽象目标是如何通过一系列流动技术和实践来完成的。因此，旨在刺激市场力量自由流动的新的“大陆”形式内部无边界空间，只能“通过大量的地方空间重组和监管实现”，只有基于这一点，“申根空间才能建立并落到实处”。[35]

这种欧洲航空运输的重组是一系列技术和实践的更广泛改革的一部分，意在通过取消边境口岸的海关检查，以及在斯希普霍尔等机场提供专门的欧盟通道，使新一代的欧洲公民“流动”起来。[36]在这里，我们看到了流动的政治重要性（和用途），它可以打破各种形式的地方主义，促进建立更广泛的联系和共享（community）——无论是在联邦国家（如美国）层面还是在大陆（如欧盟）层面。如果说航空运输系统连接世界的能力对全球秩序的产生至关重要，那么它正是通过多种特定交通方式的同步化，才得到有效构成和控制的。[37]

在某些情况下，交通运输设施在连接或分隔不同领土方面的实际效率和象征价值以特别引人注目的方式交织在一起。我们可以从厄勒海峡大桥（Oresund Bridge）的积极影响上看到这一点，该大桥的建造是为了更有效地将丹麦的哥本哈根和瑞典南部的马尔默以及周边的斯科讷地区连接起来，创造一个更加一体化的地区。今天，这座桥（因丹麦电视剧《桥》而为许多欧洲电视观众所熟悉）

象征并实际构成了一个新的“跨波罗的海”社会、文化和经济的“活动空间”。然而，对于17世纪丹麦人通过“土地掠夺”征服瑞典南部时期的历史敏感性，如今又闯进瑞典人的焦虑之中：他们有可能“失去自己的身份”，因为他们越来越多地被纳入以“大哥本哈根”重新命名的地区。[38]相反，谈到巴尔干半岛的情况，人们会想到在1992年南斯拉夫解体期间，位于莫斯塔尔的内雷特瓦河（Neretva River）上那座16世纪的老桥被毁的破坏性后果，它以前连接了该城的克罗地亚和波斯尼亚地区。该镇的“老桥”是这个地区
47 在奥斯曼时期文化包容性的伟大象征之一，战后的修复不仅是一个庆祝的活动，而且是重新考虑这种建筑形式在文化生活中的意义的契机。[39]

在考虑巴尔干地区的运输基础设施时，我们还必须注意到E5高速公路的重要历史作用。这条高速公路从南欧边界贯穿整个南斯拉夫，从萨格勒布到贝尔格莱德，直到希腊和土耳其。这条特殊的公路在近代欧洲历史中占据了一个几乎神话般的位置。这条宏伟的公路被称为国际欧洲E5高速公路，也被南斯拉夫国家正式命名为“兄弟团结之路”（统一不同的民族地区和群体），它被几代移民的孩子们通俗地称为“高速公路”（Autoput）和“无聊之路”（Boredom Road）。每年夏天，他们都从南欧驾车到巴尔干，开始他们一年一度的“返乡”之旅。[40]

1949—1985年，出于民族自豪感，也出于一种实际的需要，这条路作为一项意识形态工程得以修建起来。它最初是由德国为二战期间基础设施受损的国家提供的赔偿资助的，在海外的年轻志愿

者组建的理想主义大队的帮助下，由铁托的共产主义青年建造。[41]这条公路在南斯拉夫的宪法中也发挥了关键作用。正如在安吉拉·梅里托普洛斯（Angela Melitopoulos）“时间的风景”（Timespaces）项目中一个受访者所说：“公路连接了（不同的）共和国，同样也连接了人们的观念。”因此，他记得，它产生了“成为南斯拉夫的感觉……（它是）一个结识不同人的地方。……年轻人正在……建造铁路、汽车旅馆、公路，以及第二次世界大战结束时重建南斯拉夫所需的一切”[42]。这条连接各共和国的公路因 20 世纪 90 年代该地区的战争而遭到严重破坏，而现在它年久失修的状态同时为南斯拉夫民族“兄弟情谊”的毁灭提供了深刻象征和实际体现。最近（自 2015 年夏天以来），这条公路获得了一种新的功能，成为出了名的长途朝圣路线，沿着这条路，来自中东和非洲混乱地区的成群结队的难民徒步向北，希望在欧盟东南边境获得庇护。

作为技术区的欧洲：技术的政治

安德鲁·巴里从福柯主义的视角出发，以欧盟最近的通信和运输政策为案例，来检验政府治理如何不可避免地成为一个管理通信基础设施的技术问题，以最大限度地增加一个地区的“生产性”流动。[43]他关注的是如何在技术方面形成跨国治理区（如欧盟单一市场等）的边界。巴里指出，为了使任何地区都能顺畅地运转，需要颁
布统一的标准，使相关的技术设备（插头插座、电话线、铁路等） 48
在操作上能够兼容。因此，欧盟自 20 世纪 80 年代末以来的政策都

试图建立一个框架，在这个框架内，以前各不相同的大量技术活动现在或多或少地采取了标准化的形式。[44]因此，如果说不同国家和地区通过使相关技术兼容而连接起来，那么“标准化……首先是一个政治项目”。从这个角度来看，我们不应该仅仅从政治或货币联盟的概念来看待欧盟，也不应该仅仅把它看作一个地理实体——因为“今天的欧洲政治在许多方面是一种技术政治……［而且］……欧洲本身就是一种技术装置”[45]。

“一体化”政策是20世纪80年代欧共体的中心议题，在1992年建立单一市场的过程中，人们关心的是如何超越《罗马条约》中庄严记载的“同化”的简单概念，这一概念是欧洲共同体成立的基础。巴里认为，在那之前，欧洲只是“一个被一系列法律、行政、技术和语言障碍破坏的空间”，其中“人员、物品和信息的流动受到反映国家特性的琐碎官僚规则的限制”。这是一个充满障碍和杂质的空间，1992年的项目旨在消除这些障碍，以便尽可能建立一个生产性贸易和流动无摩擦的地带。在这方面，关键问题在于欧洲需要更高效的信息和通信基础设施，以便有效地与北美已经存在的信息高速公路竞争。因此，欧盟发挥了国家倡导者的作用，尽可能改善通信的物质基础设施、协调各项议定书和技术标准，以便使消费者和市民能够作为更活跃的欧洲公民有效地参与各种新的网络，从而增加整个欧洲大陆的信息流和服务的密度。[46]

对于欧盟这样通过特定形式的技术标准化协议构建的国家或政治体来说，共同体不是通过简单地注册形成的，而是通过技术形式产生的。例如，曼纽尔·卡斯特[47]指出了欧盟委员会决定在欧洲实施单一移动电话技术标准（GSM：全球移动通信系统）的具体效果：与美国相比，欧盟的“电信密度”明显非常高。美国不兼容的技术标准“分裂”了市场，导致其与许多其他国家相比，移动电话的初始占有率较低。由于缺乏网络间的兼容性，“手机”的总体好处对美国的潜在用户来说不那么有吸引力。 49

城墙和边界：欧洲的界限及其他

如果说今天的欧洲边界既是一种物理事实，也是一种由计算机和 GPS 技术监管的虚拟事实，那么我们仍然应该记住它的原型：罗马帝国周围的实体边界。这是由莱茵河和多瑙河之间的堡垒以及位于爱尔兰海和北海之间的哈德良长城造就的，两者共同封锁了罗马帝国的北部边界。无论在什么情况下，欧洲总是通过参考“他者”来定义自身，不管是参考东北的日耳曼人、“未开化的”凯尔特人、西伯利亚大草原的“亚洲部落”，还是参考奥斯曼人和穆斯林。“欧洲”的概念第一次被提到是公元 8 世纪查理·马特（Charles Martel）在普瓦提埃战胜伊斯兰势力的时候，而教皇庇护三世（Pope Pius Ⅲ）在 1458 年将犹太人驱逐出西班牙并在新世界和非洲发动帝国征服战之后不久，就明确地将欧洲与基督教世界联系起来，并进一步巩固了这一定义。事实上，这些都是当今欧洲定义的历史渊源——近年来，欧盟感受到来自传统天主教势力的压力，更明确地承认了这一改变欧洲大陆的“基督教根源”。[48]

如果说今天的欧洲边界既是一种物理事实，也是一种由计算机和 GPS 技术监管的虚拟事实，那么我们仍然应该记住它的原型：罗马帝国周围的实体边界。

在今天看来，欧洲在冷战结束后似乎没有像福山等乌托邦式的市场自由论者所预想的那样进入“历史的终结”，在欧洲所看到的更像是一系列非常古老的历史的复仇。[49]如前所述，我们必须始终注意旧的历史模式现在往往以新的技术形式重演。因此，丽莎·帕克斯在对巴尔干地区卫星和电话系统的研究中指出，在南斯拉夫作为一个联邦国家解体之后，随着德国和奥地利公司的重组和（实际上）以电子形式“重绘”（remap）曾经属于奥匈帝国的地理领土，在那里建立的无线网络覆盖区（wireless footprints）有效地恢复了一些非常古老的政治联盟。[50]不用说，这些系统显然是为了优先考虑旅游业的需要而不是当地居民的需要。[51]

在这方面，斯坦尼斯拉夫·穆哈（Stanislav Mucha）的电影《中心》（*Die Mitte*）[52]描绘了他在电影中寻访各个声称是欧洲“中心”的城镇时所经历的“奥德赛之旅”，其中包括乌克兰西部拉希德镇（Rachid），该镇声称自 1887 年以来“正式”成为欧洲中心。这一电影与苏珊·希勒（Susan Hiller）的“犹太街”（J-Street）摄影项目有着某种不寻常的呼应关系，该项目记录了保留在德国的以犹太人名字命名的 300 条街道（当然，大部分街道上没有犹太人），
50 穆哈的电影向我们介绍了这个城镇最后一个幸存的哈西德派犹太人。这些项目表明，欧洲不仅是由其内部存在的东西构成的，也是由那些显著缺失的方面构成的——希勒的项目中那些被载入史册的曾经被压迫的人（在街道名称中）的虚拟存在就体现了这一点。在类似的意义上，乌尔丽克·奥廷格（Ulrike Ottinger）的视频三部曲《东南通道》（*South-East Passage*，德国，2002 年）记录了她

所描述的“欧洲地图的新空白点”，因为她将欧洲被遗忘和被排斥的他者的痕迹带到了人们的视野中，这些痕迹在波兰南部、黑海沿岸、敖德萨和伊斯坦布尔等地仍然可以找到。[53]安德烈·斯塔休克（Andrej Stasiuk）在幽暗的“他者欧洲”（Other Europe）的旅行中，来到了沃斯科波亚（Voskopoje），如今是阿尔巴尼亚农村地区的一个闭塞小镇，但它曾经是奥斯曼帝国欧洲地区最大的城市，人口达 3 万人。那是商队在穿越波兰、匈牙利、萨克森、康斯坦提亚、威尼斯和君士坦丁堡的探险路线上交叉的地方。正如他所指出的，这里也是 300 年前制造的巴尔干半岛第一台印刷机的所在地，这再次证明虚拟和实际通信方式总是对应和共生的。[54]

超越欧洲：“B 区”未曾讲述的故事

经济危机已经困扰了欧元区 10 年，在处于不利地位和对欧盟不抱幻想的群体中出现各种形式的反移民民族主义的背景下，欧盟项目所带来的严重限制和矛盾显而易见。例如，在既有形式下，西北欧较富裕的地区试图为自己构建一种身份认同以“净化”自己的身份，因为其他各种人的存在可能会破坏其作为世界“文明”中心地带的平静而自信的传统形象。[55]然而，我们现在必须把目光投向我们所知道的欧洲之外，投向韦斯特拉特所称的“小欧洲”的“另一片”领土。在这片领土上，我们看到了一些被取代的地理位置，它们位于欧洲失落的和在历史放逐中被抛弃的后台“B 区”（巴尔干、土耳其、高加索）——那里发生的事情未被看见，未被关注，也没有产生影响和记录，它们与“在摄像机前的国际舞台上或在旅游走廊的线路上发生的事情”完全不同。通过这些与传统欧洲历史相反的叙事，我们发现了“欧洲一直在努力忘记的历史——由一系列冲突的边界、障碍、流动以及不可翻译的故事拼凑的历史”[56]。只有从这一更广阔和更具包容性的角度出发，我们才能理解在任何可预见的未来“欧洲”可能意味着什么。

51 如前所述，如果欧洲的宪法只能在其与重要外部国家关系的背景下理解，而欧洲的历史长期笼罩在来自东方威胁的阴影中，那么，处在欧洲和亚洲“中间”地带的巴尔干半岛则值得仔细研究。[57]这一地区可以被认为同时发挥着欧盟的扩张空间、安置麻烦人口的边远地区和游客的潜在游乐场的各种功能。[58]它也可以被当作一个实验场，在这个空间里，当代欧洲历史以奇特的顺序被埋下伏笔。正如安吉拉·梅里托普洛斯的“X 走廊”（Corridor X）研究项目中的一位巴尔干受访者所说：“不知何故，巴尔干地区一直是那种实验场。我们有［一种］‘轮值主席’的集体主席制度，正如欧盟主席目前使用的那样……目前在欧盟使用的‘地方性’概念来自［以前］南斯拉夫使用的系统。”[59]

正是在这一背景下，我们才能最大限度地理解欧盟的决定，即把建设贯穿巴尔干半岛和中东直至中国的通信基础设施和“走廊”作为其“扩张”政策的中心。像这样的运输走廊的建设规划仍然是欧盟计划的核心，正如前面所指出的，其根源在于俾斯麦的梦想，即建设一条承载着德国打开东方野心的铁路。事实上，历史的幽灵始终在这些举措中徘徊。欧盟计划已久的“8 号走廊”项目，旨在提供公路和铁路、石油和天然气管道、电力和电信网络的组合，以连接保加利亚黑海沿岸和阿尔巴尼亚的亚得里亚海，而这很容易被认为是试图重建丝绸之路的欧洲部分（通过众所周知的埃格那提亚），圣彼得曾沿着这段丝绸之路旅行，将早期的罗马与中东连接起来。[60]这条路线具有巨大的历史意义，它被罗马帝国建成一条军事道路，后来被用来连接拜占庭帝国的两个部分，从萨洛尼卡延伸到君士坦丁堡。同样，巴库—第比利斯—杰伊汉（BTC）输油管道项目对西方控制高加索地区能源供应的计划至关重要，该项目最近被描述为“超级丝绸之路”的一部分，其最终计划是提供一个横跨黑海、高加索和里海而连接欧洲和中亚的综合运输系统。[61]由此，我们看到，单一市场项目最初（现在仍然）以创建高效通信和运输联系的前景为中心，使其组成部分之间能够实现理想的无缝连接，尤其是，正如韦斯特拉特所说，以“运输（道路、水、空气）能源（电力、天然气、石油）和电信（电子服务、电子学习、移动通信）”的“TENs”（跨欧洲网络）形式实现无缝连接。[62]

欧洲未来的困境

基于这样的政策，21 世纪初人们对欧洲的未来相当乐观。除 52
其他因素外，这种乐观情绪还基于生活在欧盟成员国的 5 亿人口构成了世界上除中国和印度以外人口最多的政治共同体这一事实。人口数量所提供的“规模经济”确实是其创始者在 20 世纪 50 年代建立“共同市场”的最初理由。欧盟的“扩张计划”随后使其规模迅速扩大，先是扩张到以前被包围在苏联势力范围内的东欧国家，接着扩张到巴尔干半岛北端的国家。在欧元成功启用后，马克·伦纳德（Mark Leonard）等人热情地宣布，欧洲大陆在世界舞台上拥有很大的潜力和光明的未来。[63]但正如我（2015 年 8 月）所写的，它的前景似乎较为黯淡。或许更有可能的是，我们迟早会看到一个“两极”欧洲的出现：欧洲北部更富裕的经济体不仅围绕着单一的货币系统（以德国马克为基础?）联合在一起，而且有一套完整协调的财政政策；当然，这需要最终驱逐南方（希腊和西班牙）的一些“落后”（低效、低产能的）领土。就意大利来说，它甚至会卷入其北方联盟长期倡导的政策，即通过将一切都交给罗马以南地区而走向分裂的命运，最终国家解体。这类战略将涉及重塑一个与汉萨同盟（Hanseatic League）差不多的地区，在前一个时代，汉萨同盟集结了北欧和斯堪的纳维亚的富裕城市。所有这些似乎都表明了一种新的倾向，即对下个世纪的欧洲勾勒出一个更具“防御性的”、有限的和排他性的愿景。[64]

注　　释

1 D. Chakrabarty (2001) Europe as a Problem of Indian History, *Traces* **1**, 159－182; B. Larkin (2008) *Signal and Noise Media, Infrastructure and Urban Culture in Nigeria*, Duke University Press; F. Braudel (1995) *A History of Civilisations*, Penguin.

2 G. Murdock and M. Pickering (2009) The Birth of Distance, in M. Bailey (ed.), *Narrating Media History*, Routledge, pp. 9, 1.

3 D. R. Winseck and R. M. Pike (2007) *Communication and Empire*, Duke University Press. 另见本书第五章关于安德鲁·布卢姆的观点的讨论：

A. Blum (2012) *Tubes: Behind the Scenes at the Internet*, Viking.

4 T. Standage (1998) *The Victorian Internet*, Weidenfeld and Nicholson.

5 Winseck and Pike, *Communication and Empire*, pp. 31, 9－10, 28, 30.

6 A. Mattelart (1996) *The Invention of Communication*, University of Minnesota Press, pp. 169, 205; A. Mattelart (2000) *Networking the World*, University of Minnesota Press, p. 14; F. Ratzel (1988) *Geographie Politique*, Editions Européennes, quoted in Mattelart, *Invention of Communication*, p. 212.

7 Mattelart, *Invention of Communication*.

8 例如，建于17世纪的米迪运河（the grand Midi canal），其战略目标是使法国海军舰队绕过英国在直布罗陀的驻军，从大西洋驶入地中海。

9 Mattelart, *The Invention of Communication*, pp. 6, 11. 参考20世纪作为当代法国“大型项目”的高速列车及其相关建设。

10 W. Schivelbusch (1977) *The Railway Journey*, University of California Press, pp. 197, 195, 194.

11 Mattelart, *Networking the World*, p. 4.

12 Mattelart, *The Invention of Communication*, p. 43; Mattelart, *Networking the World*, p. 5.

13 Pierre Larousse and Jules Michelet quoted in C. Wolmar (2010) *Blood, Iron and Gold: How the Railways Transformed the World*, Atlantic Books, p. 23.

14 Goethe quoted in C. Wolmar (2010) *Blood, Iron and Gold: How the Railways Transformed the World*, Atlantic Books, pp. 25, 32; Constantine Pecquer (1839) quoted in Schivelbusch, *Railway Journey*, p. 70.

15 Mattelart, *The Invention of Communication*, pp. 106, 146. 关于这一观点的当代写照，另请参阅本书第四章伊瓦伊洛·迪切夫对体现巴尔干列车上的阶级划分的论述。

16 H. Mackinder (1904) The Geographical Pivot of History, *The Geographical Journal* **23** (4), 434, 423, 428. 关于欧洲长期受到威胁的东部边境以及哈布斯堡王朝在基督教欧洲抵御奥斯曼人方面的关键作用，请参阅：S. Winder (2013) *Danubia*, Picador.

17 这件事发生在密特朗总统（President Mitterrand）将欧洲人定义为“在日本电视上看美国肥皂剧的人”之后不久。

18 Mattelart, *The Invention of Communication*, p. 89.

19 Quoted in I. Salovaara-Moring (2006) Fortress Europe, in J. Falkheimer and A. Jansson (eds.), *Geographies of Communication*, Nordicom, p. 114.

20 G. Verstraete (2010) *Tracking Europe: Mobility, Diaspoara and the Poli-*

tics of Location, Duke University Press, p. 8.

21 Verstraete, *Tracking Europe*, pp. 4, 10, 88; Greg Richards quoted in Verstraete, *Tracking Europe*, p. 61.

22 M. Georgiou and C. Sandvoss (eds.) (2008) *Popular Culture* **6** (3) special issue on Eurovisions: Identity and Politics in the Eurovision Song Contest.

23 C. Green (2014) Forget Dating Sites, Erasmus is the Place to Find True Love, *The Independent* (September 24); T. Garton Ash, Let a New Generation Speak Up for Europe, *The Guardian* (December 8).

24 Verstraete, *Tracking Europe*, pp. 90, 93.

25 T. Cresswell (2006) *On the Move*, Routledge, p. 237.

26 Verstraete, *Tracking Europe*.

27 G. Verstrate (2009) Timescapes, *European Journal of Cultural Studies* **12** (2), 157–172.

28 正如早先一位法国评论员在谈到 19 世纪 40 年代的新火车系统时所说："铁路只服务于始发站、中转站和终点站，站与站之间大多相距甚远。对中间的部分，它们一无是处，它们轻蔑地穿过这些空间，只提供了一个无用的奇观。"——夏尔·迪努瓦耶（Charles Dunoyer）关于快速行驶的列车的论述，引自：Schivelbusch, *Railway Journey*, p. 38.

29 同理，参考关于英国拟建连接全国的"高铁 2 号"不同后果的辩论。另请参阅我在本书第七章中关于北非移民感受的讨论，即欧洲正在将西班牙进一步"拉"向北方，从而使其"遥不可及"。

30 A. Hoete (ed.) (2003) *ROAM: A Reader on the Aesthetics of Mobility*, Black Dog Publishing.

31 N. Barley People, in Hoete, *ROAM*, p. 188.

32 C. Charlton and T. Vowles (2008) Inter-urban and Regional Transport, in R. Knowies, J. Shaw, and I. Docherty (eds.), *Transport Geographies*, Blackwell.

33 C. Wolmar (2010) *Blood, Iron and Gold: How the Railways Transformed the World*, Atlantic Books, pp. 303, 38.

34 Cresswell, *On the Move*, pp. 232–237.

35 Cresswell, *On the Move*, pp. 233–234.

36 Cresswell, *On the Move*, p. 237.

37 正如布鲁诺·拉图尔的著名论断，即使是最大的网络，最终也是由许多细小的、脆弱的链接组成的。

38 D. Crouch (2015) Danish Land Grab Would Turn Part of Sweden into Grea-

ter Copenhagen, *The Guardian* (March 3).

39 T. Andric (1995) *The Bridge Over the Drina*, Harvill Press. (Originally published in Serbo-Croat in 1945.)

40 土耳其电影制作人通杰尔·库尔蒂兹（Tuncel Kurtiz）制作了一部优秀的电影 E5-Die Gastarbieterstrasse，以生动的细节记录了史诗般移民旅程中的物质性劳动，而这往往是依靠超载的、不可靠的旧车完成的。T. Kurtiz (1978) *E5-Die Gastarbierestrasse*, Swedish Television and Radio Corporation.

41 A. Melitopoulos (2005) Corridor X, in A. Franke (ed.), *B-Zone: Becoming Europe and Beyond*, Kunst Werke Berlin/Actar Publishing.

42 N. Vilic quoted in Verstraete, *Tracking Europe*, p. 150.

43 A. Barry (2001) *Political Machines: Governing a Technological Society*, Athlone Press.

44 Barry, *Political Machines*, pp. 19, 38, 13, 64.

45 Barry, *Political Machines*, pp. 26, 67, 20.

46 Barry, *Political Machines*, pp. 70 - 71, 91.

47 M. Castells, M. Fernandez-Ardevol, J. L. Qiu, and A. Sey (2007) *Mobile Communication and Society: A Global Perspective*, MIT Press.

48 S. Hall (2007) In, But Not Of, Europe, *Soundings* **22**; I. Black (2004) Christianity Bedevils Talks on EU Treaty, *The Guardian* (March 22); R. McKie (2005) Europe's Answer to the Great Wall of China, *The Observer* (March 20).

49 F. Fukuyama (1992) *The End of History*, Penguin.

50 L. Parks (2005) Postwar Footprints: Satellite and Wireless Stories in Slovenia and Croatia, in A. Franke (ed.), *B-Zone: Becoming Europe and Beyond*, Kunst Werke Berlin/Actar Publishing, pp. 306 - 347.

51 同样，彼得雷拉（Petrella）注意到，重新崭露头角的跨国/区域经济和政治组织模式，与中世纪控制北欧贸易的汉萨同盟港口网络非常相似。他甚至表示，事实上，我们正在进入一个基于“全球技术隔离”的“世界经济的新汉萨同盟阶段”。引自：Mattelart, *Invention of Communication*, p. 305. 类似的争议也发生于21世纪初：是否能够重新定义欧元区，以将欧洲北部相对富裕的经济体更紧密地联结起来，从而将南部的经济体排除在外？

52 S. Mucha (2003) *The Centre* [*Die Mitte*], Arte/Ventura Films, Germany.

53 S. Hiller (2005) *The J-Street Project*, DAAD; U. Ottinger (2002) *South-East Passage*, Ulrike Ottinger Filmproduction, Berlin.

54 A. Stasiuk（2012）*On the Road to Babadag: Travels in the Other Europe*，Vintage Books，p. 101.

55 K. Clarke（1969），*Civilisation*，British Broadcasting Corporation.

56 A. Franke（2005）Introduction，in *B-Zone: Becoming Europe and Beyond*，Kunst Werke Berlin/Actar Publishing，pp. 6 – 7；Verstraete，*Tracking Europe*，p. 145.

57 Mackinder，*Geographical Pivot*；D. Morley and K. Robins（1995）*Spaces of Identity*，Routledge；Winder，*Danubia*.

58 克罗地亚最近走红，成为欧洲富裕群体时常光顾的度假胜地。

59 N. Vilic，quoted in Verstraete，*Tracking Europe*，p. 151.

60 B. Despedov（2005）Corridor 8：Travel Notes by a Balkan Film-maker，in A. Franke（ed.），*B-Zone: Becoming Europe and Beyond*，Kunst Werke Berlin/Actar Publishing，p. 283. 贸易路线有着悠久的历史，通常起源于自然地理所确定的现实边界。虽然现代科技克服这些障碍更加容易，但它们产生的影响要比一般认为的更加重要。

61 U. Biemann（2010）Suspended in the Post-Humanist Lapse：Contained Mobility，in *Mission Reports: Artistic Practices in the Field/Video Works 1998 – 2008*，Umea University，pp. 55 – 61.

62 Verstraete，*Timescapes*，p. 159.

63 参见为欧洲光明未来开出的良方：M. Leonard（2005）*Why Europe Will Run the 21st Century*，Harper Collins. 另请参见：T. R. Reid（2004）*The United States of Europe: The New Superpower*，Penguin；J. Rifkin（2004）*The European Dream*，Penguin；T. Garton Ash（2004）*Free World: America，Europe and the Surprising Future of the West*，Random House；A. Giddens（2014）*Turbulent and Mighty Continent*，Polity.

64 诚然，我在这里说的每一句话都有可能随时被颠覆，但这个结论或许并不似看上去那般毫无根据。例如，汉萨同盟地区与那些在 2015 年金融危机期间极力推动希腊退出欧元区的政府的所在区域之间有着密切的联系，而对那些懒惰、贫穷/不负责任的欧洲南部邻国的各种“失败”则毫不留情。

第二部分　重新定义传播：流动性与地理

第三章　定居主义、游牧学和“新流动性”

引　　言

在本章以及在第二部分的后续章节中，我的讨论转移到更哲学/ 59
伦理的层面，我将提供进一步的理论思考，以构建我在本书第三部分中分析不同形式流动性个案的研究框架。

社区、地方和流动性：定居者的形而上学

当代关于流动性的争论往往围绕定居主义和游牧的形而上学之间的对立展开。前者关注传统和保守的、真正“扎根”的文化，验证地方的真实性和“居住的魅力”，同时将所有流动视为非本真性的来源——如果不是异化的来源的话。因此，定居主义的形而上学将流动性视为社会功能失调或病态，是对世界空间秩序的内在威胁。[1]

> 自愿流动是富人的专利，而被迫流动则是流浪者或弃儿的命运。

社区在传统上被理解为在日常的、面对面的邻近环境中产生并通过持续共处得以存在的地方；自愿流动是富人的专利，而被迫流动则是流浪者或弃儿的命运。在这种宇宙论中，物理距离上的邻近与社会和情感上的联系在很大程度上被看作是等量的，因此相近的事物联系必然也多。相反地，地理距离被等同于文化差异，因此物理距离遥远的世界也被认为是陌生的世界。[2]出于同样的原因，流动将个人从他们所在的社区中“剥离”，因此所有形式的
60 流动都被认为会破坏社会凝聚力。正如蒂姆·克雷斯韦尔指出的那样，流动性长期以来一直与“污染、破坏、灾难、危险和不稳定”联系在一起。[3]

人文地理学的传统观念与定居主义者关于地方的理想化观点异曲同工，即认为传承“扎根的”、道德的和真实的生活形态至关重要。从这个角度来看，地方的概念本身获得了一种积极的精神美德，而流动性则在本体论、认识论和规范性上受到污名化。从这个意义上说，早期文化研究学者如雷蒙·威廉斯和理查德·霍加特，以及一些保守文化理论家，如马修·阿诺德（Matthew Arnold）和 T. S. 艾略特（T. S. Eliot），尽管在政治上观点各异，但都认同定居主义。[4]对他们来说，文化取决于稳定、根基和连续性，而社区被认为以人员、物质和地方为中心，并且建立在紧密联系、以家庭为基础的邻里关系上，而最大的文化威胁则来自“外部”影响。

正如奥利·詹森（O. B. Jensen）观察到的，这些社会理论中的“定居主义”方法论也可以在芝加哥学派对城市现代性的重要分析

中得到印证，城市现代性是一个从主观感受出发的，以地方为基础的社区过渡到（异化的）无地方性状态的过程。对他们来说，“人类各种形式的联系最终都取决于位置”，“城市生活流动性频次的增加和强度的增强，往往不可避免地使人们迷失并堕落”。因此，流浪汉“不仅是一个无家可归的人，也是一个无所事事的人”[5]。现代城市的特征是变迁以及不稳定性，对从齐美尔（Georg Simmel）到芝加哥学派的社会学家来说，现代城市引起焦虑以及潜在的社会联系解体。因此，城市是病态流动的空间，也是无序的“堕落区……［涉及］……道德败坏、混乱和堕落”[6]。这个观点仍旧可以在一些著作中找到，例如罗伯特·普特南（Robert Putnam）认为扩张和流动是当代城市生活中导致社会产生不稳定和孤立感的主要原因，而理查德同样也认为流动摧毁了身份认同，导致脱离现实或真实的自我。[7]从这个观点来看，核心问题是关于当年美好岁月的（基于地方的）社会性的丧失。这个观点建立在这样一种信念之上：“将我们与社区及邻里联系在一起的那种紧密关系已经减弱了”，而且除了家庭、配偶和伴侣之外，对许多人来说，就像森尼特（Sennett）所说的那样，只有“简单的互联网熟悉感”[8]。

然而，与那些将社区等同于地方的观点形成对比，詹森认为，他们需要认识到身份、文化和社区不单单驻留在封闭的地方或静态飞地（家庭、地区或国家），还存在于中介之所或者人们往来不同地区经过的“枢纽”中。就流动而言，不仅仅是从 A 点到 B 点， 61
流动本身也涉及意义和身份的构建，在这个过程中，正如詹森所说，街道可以和广场一样重要。事实上，这一论点促使人们认识到，“集市”本身不一定是静态的和固定的（因此，例如火车上的对话可以理解为“流动集市”的一部分）。正是在这种背景下，如瓦尔特·本雅明（Walter Benjamin）所说的那样，拱廊街是“集体的住所……是配有家具的以及大众熟悉的内部”，简·雅各布斯（Jane Jacobs）认为街道不仅仅是流动空间，也是社会互动的关键场所。在这里，我们也可以想到雷姆·库哈斯（Rem Koolhaas）等人的观点。在当代第三世界城市中，公路往往不仅是交通路线，而且是各种社会互动和提供商业机会的多功能场所，从红绿灯处的乞丐和卖花者到成形的路边市场都可以聚集在这里。[9]

在当代第三世界城市中，公路往往不仅是交通路线，而且是各种社会互动和提供商业机会的多功能场所，从红绿灯处的乞丐和卖花者到成形的路边市场都可以聚集在这里。

游牧学：无摩擦的流动？

在一些当代评论中，保守传统中所展示的地方神圣化的镜像，是通过对游牧生活的理想化映现的。在那些观念看来，流动性是异化和反抗的实践——这一观点常常为反本质主义和反基础主义理论阐释提供支持。在这方面，人们会想到米歇尔·德塞都对抵抗权力和空间控制结构的流动实践的赞美［尤其是在约翰·费斯克（John Fiske）的作品中得到推广］以及米哈伊尔·巴赫金（Mikhail Bakhtin）对狂欢的瞬间和流动形式如何始终反对固定和不朽的“官方”文化形式的关注。[10]这种对自由运动与现代个人自由的认同，可能始于托马斯·霍布斯（Thomas Hobbes），他认为这种流动是一种绝对权利。在许多当代作品中，任何流动的或动态的内容往往被认为是进步的、令人振奋的和当代的；而静态的或有局限性的东西，则被认为既是迟钝的，也是保守的和过时的。[11]这种“游牧的形而上学”在受吉尔·德勒兹（Gilles Deleuze）和费利克斯·瓜塔里（Felix Guattari）影响的学界最为明显，在那里，统治的权力结构等同于固定性，而流动性则被看作非法的解放力量。[12]

这种对游牧者和/或根茎球般流动者逃避国家宰制的关注，当然也是对国家、科学和文明的“定居逻辑”的一种有价值的批判。[13]尽管如此，但卡伦·卡普兰（Caren Kaplan）已经注意到“将流动性浪漫化，将其作为一种自由流动的选择，以替代当地根深蒂固的传统”的偏向。[14]因此，游牧学往往倾向于把所有形式的“世界性”流动浪漫化，并当作事实上的“解放”或“顺从”。其局限性还在于它没有认识到一些人的流动（无论是以阶级、种族还是性别来定 62
义）往往取决于其他人的停滞。[15]正如人们经常看到的那样，不是每个人都有同样的机会进行流动，甚至当人们“在路上”时，也不是每个人都可以主宰自己的流动。因此，问题不仅在于谁去流动，还在于何时、如何以及在何种情况下流动。[16]阿帕杜莱警告说，说到第三世界，这个循环、基于浪漫化流动的意象是有问题的，尤其是因为“对城市中的贫民来说，安全保障——即使仅仅关系到一块小小的土地——绝对是他们的生存的核心”[17]。

超越定居者/游牧者的二元论

这些关于变化形式和流动速度的讨论当然也提到了周期的问

题。近年来，理论家戴维·哈维（David Harvey）、弗雷德里克·詹姆逊（Frederic Jameson）、安东尼·吉登斯（Anthony Giddens）和齐格蒙特·鲍曼（Zygmunt Bauman）都强调速度和流动不断提高所带来的社会文化效应，以及时空压缩技术在破坏、动摇和拆除已建立的社会结构方面的作用。[18]从这个角度来看，空间和地理不再被当作社会行为的限制因素。“第二次”（或反身性）现代化阶段的关键特征是社会的“液化”，在这样一种液态中，遍布全球的各种流动将以前的坚固结构溶解为稍纵即逝的形式。据说，这种高速流动会导致“社会结构及其类别的逐渐弱化，有利于形成一个围绕流动性而组织起来的世界”[19]。

然而从经验上讲，这一论点所依据的“全球”地理流动增长的观点是极具争议的。即使在今天，许多国家的大多数人口仍旧相对稳定地居住在各自的社区中。在英国超过50％的成年人仍然住在离他们出生地不到5英里（约8千米）的地方，75％的英国祖父母声称每周至少看望他们的孙辈一次，这说明两代人内部以及代际的流动性都很低。这种定居主义也不是英国独有的特征：阿帕杜莱指出，尽管历史证明美国是流动意识形态的“福地”，但是除了那些参与对外战争的士兵外，低收入群体很少流动到别的地方，更不用说流动到别的国家了。[20]的确，美国东北大学波士顿研究中心对200位北美手机用户进行跟踪调查发现，在六个月时间里，平均75％的用户主要在离居住地20英里（约32千米）的范围内活动，还有50％的用户在距居住地稍大于6英里（约10千米）的范围内活动，只有15％的少数用户活动半径平均超过40英里（约64千米）。该项目的负责人说道：“尽管我们认为自己的行动是自发的、不可预测的，但我们确实有相对固定的流动模式，而且就绝大多数人来说，只流动一段很短的距离。”[21]此外，虽然每人每天的平均路程有所增加，但每人每天的出行次数和出行时间却保持稳定。 63

如果定居主义元叙事的问题是其政治上的保守倾向，即将所有形式的流动病态化，那么“游牧主义”的相应问题则在于，它倾向于处理历史上的一些无稽之谈，这使特定地方和文化社群可获得的流动模式之间的所有重要差异变得扁平和模糊。在此意义上，我们或许更需要用一种模式来区分各种流动方式以及产生它们的特殊条件。正如约翰·波斯蒂尔（John Postill）所观察到的，尽管近期人们明显倾向于流通和流动性的隐喻，而不是有界性和固定性，但“诸如‘身份总是流动的和变动的’这样空洞的陈述实际上并不比相反的——同样荒谬的——‘身份总是固定的和不变的’有用”[22]。

移民的隐喻/作为隐喻的移民

萨拉·艾哈迈德认为，由伊恩·钱伯斯（Iain Chambers）和罗西·布拉伊多蒂（Rosie Braidotti）等理论家提出的移民和流动性理论等存在“隐喻化”的问题。在这里，我们必须回到第一章提出的关于隐喻在社会理论中的作用这个棘手问题。在这些理论中，有时移民、游牧者、流亡者——以及激进的文化理论家——的形象被混为一谈，从而创造出一个概念，即“我们”都是移民，共同跳脱令人窒息的“家园”界限，因为我们都打破（僭越）边界，不管是地理上的还是概念上的。正如艾哈迈德解释的那样，这里的问题是作为从具体化身份中解放出来的一种本体论形式，对这种流动的概括被认为是一种“越界伦理”，不恰当地将所有形式的隔阂进行普遍化。很明显，这样做就抹杀了流动群体所有的显著特性和差异，忽视了其流动范围、流动方式和流动原因的多样性，以及他们是否能控制自己的流动。[23]艾哈迈德认为布拉伊多蒂的作品“把字面意思翻译成隐喻……这样游牧者就开始从事一种特殊的理论工作，表现出与他们自身不符的内容。游牧人群的特殊性和差异性因此被暗示为一种启发，但随后被抹去”。最终，正如她所说，问题在于，尽管“真正的游牧者”和“游牧思想”的类比表面上很让人受启发，但实际上它们并不对等，而且它们的概念混淆只会模糊我们对这两种现象的理解。[24]

64 正如凯文·汉纳姆（Kevin Hannam）、米米·谢勒（Mimi Sheller）和约翰·厄里（John Urry）所说，我们需要对“社会科学中把地方、稳定和居住作为一种自然的稳定状态的定居主义方法，以及将迁移、流动或流通作为后现代或全球化普遍条件的新的‘宏大叙事’的去领土化方法提出质疑”。这里的问题涉及“怎样流动和定居，什么是可得到的，什么是被锁定的，谁能流动，而谁又被困住”[25]。在这种情况下，正如克雷斯韦尔所说：“要将定居主义和游牧主义更好地理解为‘传递出对流动性更具体、更本地化、更情境化的态度的元叙事’，并且必须始终将其视为在特定权力关系系统中运作。”[26]因此，就像多琳·马西“离心”场所模型所主张的一样，阿明（Amin）和奈杰尔·思瑞夫特（Nigel Thrift）认为，

“与其说地点是持续的场所，不如说它是相遇的‘时刻’”。詹森认为“地方是由关系地理学中的流动构成的”，它承认“我们的生活不仅仅存在于静态飞地中，而且存在于各个地方之间的所有中介和循环中”。我们也许应该从对“在运动中定居”（dwelling in motion）[27]的实践来分析思考，在这种实践中，文化和社区是在其实际和虚拟两个层面上产生的。游牧主义倾向于认为流动是几乎毫不费力和无摩擦的，与此相反的是我们需要更精准地理解人们是如何流动的，以及在多种物质条件下和不同类型的流动中涉及什么。[28]在这里，我们也许应该遵循卡尔·米勒（Carl Miller）的建议：“少一些乌托邦，少一些傲慢，少一些弥赛亚式的流动理论。一种积极的世界主义，［尽管如此，］仍然要认真地注意到地域和差异。”[29]

“新流动”理论

近年来“新流动”范式的出现，与社会学家如约翰·厄里、地理学家如蒂姆·克雷斯韦尔和文化理论家如卡伦·卡普兰的著作关系密切。[30]在这方面，汉纳姆等人坚持认为“当代空间是一个由在不同层面叠加和相互渗透的向量与网络构成的错综复杂的组合体，我们必须认识到复杂的交叉和不同组织的流动，以及它们以不同的速度在不同的范围内流动”[31]。同时，厄里也提出，随着流动日益成为当代社会生活结构的组成部分，我们需要一种流动社会学来区分身体旅行、想象旅行和虚拟旅行。[32]这种方法也试图阐明不同流动形式之间的区别和联系，例如物品的流动、观看电视时想象的旅行方式，或通过互联网参与虚拟社区。[33]

65 厄里给出了社会科学中的“流动性转向”（mobility turn）最抽象的定义，即“将对不同形式的旅行、运输和通信的分析，与经济和社会生活在不同时间、空间内表现和组织的多种方式联系起来”。他承认流动并非新现象，但他也认为，流动的当代规模、多样性和日益增强的互联性（在虚拟和现实维度上）是他所称的我们这个时代的“流动性情结”的特征所在。[34]他的方法是基于对传统社会学前提的否定，即社会可以有效地被理解为一个在民族国家框架内运行的社区，其人民由于定居在某一特定领土上而享有公民的权利和义务。与这些假设相反，厄里认为，我们必须分析各种全球性网络和流动对社会内生结构的破坏方式，因为当代社会是围绕人员、思想、信息和物品的流动组织起来的，而不是一组静态的关系、结构或制度。[35]他声称，我们需要分析的是人员、物品、货币、图像、信息和废弃物的各种流动之间的关系，以及它们的异质性、不平衡性、协同性和断裂性，还有它们通常不可预测的结果。[36]

正如约翰·肖（John Shaw）等人认为的，“交通运输系统的平常性往往意味着它们被认为是理所当然的”，但是，交通网络本身对“塑造不同可达性和……有价值的景观”有着深远影响，它使各类人几乎都能到达其特定目的地。[37]

在这里，我们还必须认识到有必要超越运输研究和社会研究之间的对立，“将社会关系纳入交通领域，通过远距离通信将不同形式的交通与复杂的社会经验联系起来”[38]。过去，运输研究的方法论在很大程度上是“不合群的”，被看作一套中性的功能性技术，其关注点在很大程度上局限于体积、效率和速度等方面。不幸的是，这种“不合群的”运输模式经常被辅以一种“流动”的社会科学，正如我在前面的讨论中提到的定居主义模型，认为社会是同质的、自我封闭的、连续的街区，整齐地“包含”在由民族国家独自管制的单一文化中，并且假定文化、社会和领土在同构模型中是完全一致的。凯文·罗宾斯和阿苏·阿克索伊（Asu Aksoy）将这种传统描述为基于“方法论民族主义”原则，从而保留了国家作为社会生活的“容器”的形象。[39]然而，有充分的理由认为这些假设是基于过时的本体论：毕竟，正如多琳·马西指出的那样，从起源上讲，它 66
只是自 1648 年《威斯特发里亚和约》编纂国家间关系体系以来，在欧洲占主导地位的特殊的社会想象方式。[40]

流动性系统与历史时空压缩

“新流动”范式的前提是“不同的社会以一个或另一个流动系统的支配为特征”，主要的流动系统包括步行、马车、火车、汽车和飞机等。流动系统涉及“不同的流通模式和不同形式的流动资本”，并涉及以不同的空间范围和速度沿着结构化的路线（如小路、人行道、自行车道、铁路、电话线、公路、林荫大道、计算机网络或机场）分配人员、活动、物品和信息。这些系统可以在较长的时间内保持稳定，而这一论点的“加强”版本声称，在这段时间内，人们在某种程度上“被困在”系统所设定的特定路径中。[41]

从这个角度来看，铁路系统的发展就不能被简单地理解为交通科技创新，还应被视为19世纪社会世界重构的一部分，其基础是加速的流动——人员（尤其是在城市）、物品和信息的流动，并与“邮费统一以及电报发明”一样被认为是“社会进步的一大引擎”。[42]

因此，19世纪欧洲现代工业体系的诞生催生了强大的机器系统，这不仅创造了新的可能性，也潜在地改变了文化敏感性。[43]在英国，电报、国家邮政系统、铁路时刻表和定期远洋轮船服务都在1839年到1843年之间开始使用，这些技术使人们大规模地“……去以前无法想象的地方做事”成为可能，节省了经济成本，扩大了贸易往来范围。[44]因此，正如克雷斯韦尔认为的那样，如果在19世纪初期，流动是由“马的速度、水流的速度或风速”限制的，那么到20世纪初时，“世界大部分地区是由铁路网络和定期横跨大西洋的汽船连接的”。[45]特别是铁路，它被看作“现代化的标志”，而火车头则被看作进步和乌托邦的象征，表明了速度作为公共生活观念的新中心地位。[46]

67 这些新的通信技术不仅使人们能够比以往走得更远，还催生了新的主观体验模式。但一些评论家认为，这实际上使旅行者失去了作为人的个性。他们认为，当铁路旅客被纳入这个系统后，人们实际上就失去了个性，“在这个流动过程中，人不再是人，而是变成了一个物体、一件货物”[47]。正如约翰·拉斯金（John Ruskin）所说，铁路系统“把一个人从一个旅行者变成了一个活的包裹”[48]，个人以商品的形式作为

当铁路旅客被纳入这个系统后，人们实际上就失去了个性，“在这个流动过程中，人不再是人，而是变成了一个物体、一件货物”。

包裹“通过铁路把自己送到目的地”[49]。在这方面，铁路旅行“就是参与工业过程的一种形式”。在新结构中，时间表可预测、机械统一、可计算，流动跟之前相比变得更容易。[50]因此这些新技术在生产新的具有自我意识的“流动性”主体中发挥了重要作用。[51]

在19世纪早期的英国，随着公路网络的显著改善，旅行花费的时间开始大幅减少。到1860年，新的铁路网意味着从首都伦敦到英国任何一个地方的旅行时间都控制在10个小时之内。[52]尤其是铁路系统的出现为地区之间提供了一种系统化的和机械化的新联系，并在当时形成了一个新的网络，其中包括可能的目的地以及人员、物品和服务的流通方式。这里至关重要的是一种新的秩序感：作为“强大的治理体系”的一部分，“现代铁路时刻表”的“客观的时钟时间”带来了一种守时的新观念，它影响了整个国家人们的生活。[53]

从铁路到汽车系统

如果说铁路系统开创了一个前所未有的高速时代，那么汽车系统则以便捷代替了速度的概念，它超越铁路公共时间表的固定性，为司机提供了一种更个性化、更灵活的生活规划方式。因此，汽车以一种完全不同的方式重新组织时间和空间，使时空路径不再同步，并允许根据个性化、主观的时间灵活安排时间表。厄里对“汽车系统”的定义还涉及“许可证颁发机构、交警、汽油提炼和配送服务、道路建设和维修服务、酒店、路边服务区和汽车旅馆等”[54]。

正如他所指出的，这种以汽油为基础的汽车系统远不止是一种实用的交通方式，它还代表了20世纪流动公民的“美好生活”，是“公民身份的标志以及社交和网络的基础”。[55]

为了与时俱进，实现向更“个性化”的时间表转变这一主题，
68 当下的移动电话进一步发展了这一趋势。如果说从铁路系统到汽车系统的转变是从一个严格的公共效率和守时系统，转变为一种更灵活、更个性化的活动模式，那么移动电话则进一步打破了严格的基于时钟的同步系统。我们将在第八章对手机的讨论中看到，这涉及一套更灵活的、不断调整的个人时间，在这种时间里，个性化技术允许人们在“网络化个人主义”系统中进行交流。[56]

约翰·汤姆林森（John Tomlinson）认为，如果说传统历史倾向于将“加速”的历史简单地理解为变革性技术的“附属品”，那么“速度”一直是现代性及其特有的感性叙事的核心。[57]他的周期化理论区分了机械速度的增加与移动的、变化的和流动的文化的当代形式，前者与齐格蒙特·鲍曼[58]所称的“沉重的现代性”时代相关（以工程超越距离的胜利为特征，其中“规模就是权力”，“体积就是成功”，财富和权力集中在相对固定的位置）。他将这种区别描述为“从费力的速度到毫不费力的传递的转变”[59]，而在构建这一周期时，汤姆林森批判地借鉴了保罗·维利里奥的速度学（dromology）概念。他认为，当代情感是基于流动性和“即时性”的文化原则，这种原则以远程媒介的日常体验形式为特征，这些体验形式已融入“流动的现代性”的生活世界，并认为这种感觉结构是当代生活本体论的核心。

周期性和宿命论

显然，任何连续流动系统的模型都取决于一个明确定义的技术“时代”的模式——这些“时代”是彼此相继的。如果我们要避免这种“时代主义”倾向（这种倾向认为，当一种新技术被发明出来时，“每件事都在变化”），我们就必须像布鲁诺·拉图尔一样，认识到我们一直生活在一个“混合”的世界里。实际上，不同时期的技术和实践以不同的形式共生，并以各种复杂分化的“技术区”共存。[60]因此，尤其在今天，我们必须避免在“新”“旧”媒体时代做任何过度的二元划分。除了假设“我们”从一个通信时代突然进入另一个通信时代，我们还需要研究符号和物质通信的新旧技术之间的连续性、重叠性和共生模式，以及在不断变化的技术条件下，物质地理在多大程度上仍然保留重要意义。

每一种新媒体技术都“重新组织此地和附近的概念”，正如奥瓦尔·洛夫格伦（Orvar Lofgren）所观察到的那样，我们有可能写一部“各种各样多任务媒体能力的诞生和消亡的历史”，以及“介 69
于两者之间的归化时期”的历史，但这些时期往往在回顾中变得不可见——因为随着时间的推移，它们已经被认为是理所当然的。因此，在早期阶段，任何时代的新媒体在成为日常生活中的自然实践和平庸背景之前，都常被认为是“以产生……压力的方式消灭距离或加速信息交流”。[61]正如他所提及的，随着时间的推移，新媒体可以把旧媒体变成仅仅是用来怀旧的老物件，或者有时会创造新的

> 随着时间的推移，新媒体可以把旧媒体变成仅仅是用来怀旧的老物件，或者有时会创造新的等级结构，从而赋予旧媒体新的崇高地位。

等级结构，从而赋予旧媒体新的崇高地位。近年来，在英国黑胶唱片正沿着这一轨迹发展，从仅仅被视为过时的古董变成了年轻乐迷眼中的都市酷风的缩影。曾经被认为"本质上"静止的媒体，例如最初的阅读和后来的广播收听，都可以变成移动媒体。通过把收音机和音乐播放器引入汽车，"高速公路的快车道……就变成了一个冥想和做白日梦的空间"。[62]特定交通方式和通信媒体的结合本身可以产生协同效应，生成新的体验模式和媒体类型，如"旅行阅读"或"旅行电影"，而它们也迅速获得了传统地位。

历史视角：流动性有多新？

自从弗雷德里克·詹姆逊、戴维·哈维和爱德华·索亚（Edward Soja）提醒我们"时空压缩"在（后）现代性构成中占据核心地位以来，人文地理出现了显著的复兴。[63]然而，该观点现在受到了质疑，反对者指出"压缩"过程的历史要长得多，远早于任何"后现代"时代。[64]因此，我们应该认识到关于时空压缩的争论并非针对当前时代，更应该注意到一位学者在1839年的文章中写的一段话。他写道："我们看到蒸汽的力量使大西洋缩短至不到一半的宽度；……印度洋……比过去小得多；……地中海……在我们眼前……缩小成了一个湖。"同样，人们认为铁路在新的速度条件下形成了浓缩的地理，以至于国家的面积似乎在缩小，直到它"变得比一个特大城市大不了多少”[65]。正如卡罗琳·马尔温、文森特·莫斯可和戴维·埃杰顿等学者认为的，“新”必须被理解为一个历史常量[66]，尤其因为后来的时代“不断重复这样的说法：突然之间，一切都是新的。……（有）……同样的新奇事物。但是我们现在对电子 70
产品的看法和我们在 19 世纪末对交通的看法完全一样……而关于‘现代化带来的异化压力’的争论现在已经过时了”[67]。

所有这些关于速度和流动性的设想都有很长的历史。因此，理查德·约翰（Richard John）认为，“早在电报被认为消灭了时间和空间概念”之前，邮政系统就被描述为使距离缩短到“几乎毗连。……［因此］……在邮件到我们手里的时候，墨水几乎未干，纸上的蜡没有冷掉，甚至能够跨越几百英里传达我们最亲爱的朋友的思想记录”。此外，早在 19 世纪初，未来学家就已经设想过：“在 20 世纪结束时……我们可能会看到一代人每天读十几平方码①的报纸，不断打电话，同时思考着世界五大洲的事情，将一半的时间花费在火车里或飞机上。……而且……知道如何在一个有数百万人居住的城市中找到自己的安身之地。”[68]而在 20 世纪 20 年代，社会学家林德夫妇（Robert and Helen Lynd）在对美国“米德尔敦”（Middletown）的研究中就预言了技术变革和时空压缩的快速发展，他们在那个时代已经宣称：

> 我们今天可能生活在人类历史上变化最迅速的时代之一。新的工具和技术正在以惊人的速度发展，随着这些技术的发

① 1 平方码约为 0.84 平方米。——译者注

展，越来越频繁和剧烈的文化浪潮从外部席卷我们，使我们浸濡在其中心的物质和非物质习惯中。[69]

正如我们稍后（第七章）将看到的，我们这个时代的特点之一是人口流动速度前所未有，我们经常被告知生活在一个日益流动的世界。然而，问题是：这一切到底有多“新”？如果我们从历史角度来看，我们会发现罗马散文家塞内卡（Seneca）早在公元 50 年就指出，罗马帝国的许多城市中都有大量的移民。因此他说，如今“整个国家的人都在改变他们的住所……没有人一直留在他出生的地方。……人类总是在流动。……你几乎找不到一个全部是原来的土著人居住的国家……到处都是混杂的移民人种”[70]。

虽然过去 50 年来世界各地的人员和物品流动确实有相当大的增加（尽管这些增加的分布相当不均匀），但相对而言，1800 年至 1950 年期间（从骑马到坐飞机的过渡时期）欧洲个人流动性的增
71 加远比近年来的多。[71]事实上，在高速铁路到来之前，火车的速度与 19 世纪后期相比变化不大。例如，英国旅行者可以在 48 小时内从伦敦到布林迪西，然后乘轮船经过苏伊士运河前往印度。[72]的确，至少在过去 50 年里，汽车和飞机的基本运行速度都相对稳定，就近年来总体运输速度的提高而言，这主要是由于运输码头周转的效率提高了。[73]本着同样的精神，史蒂文·克恩对 19 世纪后期时空文化的分析表明，从比例上看，当时旅行人数和距离的增加比近代经历的任何变化都要大得多。事实上，1880 年到 1920 年美国移民指标显示，“人类历史上最大的自主迁移是横跨大西洋从欧洲迁到美国东部的港口和工业城镇；……同时……其他一些人从东方涌入西部

港口”[74]。

因此，把我们这个时代说成是流动空前的时代，甚至说成是游牧时代，都没有什么历史依据。正如戈兰·瑟伯恩（Goran Therborn）所说的那样，现在跨大西洋的移民流动比 19 世纪末要少。在第一次世界大战开始时，世界人口的 5%是移民，而国际移民局预估 2000 年世界移民比例只有 2.5%。[75]对此，尼古拉斯·德·热诺瓦（Nicholas de Genova）引用联合国的一项研究指出，2002 年居住在出生国以外的人口数量已经达到有史以来的最高点 1.75 亿——是上一代人数的两倍。尽管绝对值明显很大，而且增长很快，但与世界人口相比，这个比例仍然很小。[76]正如多琳·马西所说，如果我们为一个安稳的过去树立一些浪漫化的形象，并提供一个“稻草人”来与所谓的后现代全球化的新潮流对比，这实际上对于我们更好地理解自己的时代没有任何帮助。[77]

注　　释

1　K. Hannam, M. Sheller, and J. Urry (2006) Editorial: Mobilities, Immobilities and Moorings, *Mobilities* **1** (1), 2 – 3, 12; T. Cresswell (2006) *On the Move*, Routledge, p. 27; L. Malkki (1997) National Geographic, in A. Gupta and J. Ferguson (eds.), *Culture, Power, Place*, Duke University Press.

2　Heidegger on a “world without distance” in M. Heidegger (1959) *Introduction to Metaphysics*, Yale University Press.

3　Cresswell, *On the Move*, p. 20.

4　Cresswell, *On the Move*, pp. 32 – 36.

5　Quoted in O. B. Jensen (2009) Flows of Meaning, Cultures of Movement, *Mobilities* **4** (1), 141.

6　From G. Simmel [1903] The Metropolis and Mental Life, in K. H. Wolff (ed.) (1950) *The Sociology of Georg Simmel*, Free Press to the Chicago School. see R. Park and E. Burgess (1925) *The City*, University of Chicago Press. Park quoted in Cresswell, *On the Move*, p. 37 n. 37.

7 R. Putnam and R. Sennet quoted in O. B. Jensen (2009) Flows of Meaning, Cultures of Movement, *Mobilities* **4** (1), 142.

8 K. MacDonald and M. Grieco (2007) Accessibility, Mobility and Connectivity, *Mobilities* **2** (1), 3, 4. 关于虚拟社区的相对“薄弱”，请参阅：K. Robins and F. Webster (1999) *Times of the Techno Culture*, Routledge.

9 O. B. Jensen (2009) Flows of Meaning, Cultures of Movement, *Mobilities* **4** (1), 154, 151, 145; R. Koolhaas, S. Boeri, S. Kwinter, *et al*. (2000) *Mutations*, ACTAR.

10 J. Fiske (1987) *Television Culture*, Methuen; M. Bakhtin (1984) *Rabelais and His World*, Indiana University Press; Cresswell, *On the Move*, pp. 44 – 50.

11 Cresswell, *On the Move*, p. 25.

12 G. Deleuze and F. Guattari (1986) *Nomadology*, Semiotexte.

13 福柯将“保存好我们身份证件的官僚”［加里·古廷（Gary Gutting）所著《福柯》的第一章引用福柯在《知识考古学》中的原文：“不要问我是谁，也不要希求我坚守自己、保持不变……让官僚和警察们去费心保存好我们的身份证件吧。”三联书店给出了另一种翻译：“敬请你们不要问我是谁，更不要希求我保持不变，从一而终。因为这是一种身份的道义，它支配我们的身份证件。”——译者注］作为专制定居状态的经典标志：M. Foucault [1972] p. 17 quoted in A. D'Andrea (2006) Neo-Nomadism, *Mobilities* **1** (1), 108.

14 Kaplan quoted in B. Frello (2008) Towards a Discursive Analytics of Movement, *Mobilities* **3** (1), 28.

15 Hannam, Sheller, and Urry, Editorial, 3.

16 J. Wolff (1992) On the Road Again, *Cultural Studies* **7** (2), 224 – 239; A. Brah (1996) *Cartographies of Diaspora*, Routledge.

17 A. Appadurai (2002) The Right to Participate in the Work of the Imagination, in J. Brouwer, A. Mulder, and L. Marz (eds.), *Transurbanism*, NAi Publishing, pp. 36 – 37.

18 M. Craig and N. Thrift (eds.) (2000) *Thinking Space*, Routledge. 重点阅读其引言部分，其中写到了时空压缩理论长期的发展脉络。

19 J. Urry (2004) The Complex Spaces of Scandal, in J. O. Bærenholdt and K. Simonsen (eds.), *Space Odysseys*, *Spatiality and Social Relations in*

the 21st Century, Ashgate, quoted in M. Nowicka (2006) Mobility, Space and Social Situation in the Second Modernity and Beyond, *Mobilities* **1** (3), 413. 另见：U. Beck, A. Giddens, and S. Lash (1994) *Reflexive Modernisation*, Cambridge Polity Press.

20 A. Appadurai and D. Morley (2012) Decoding, Diaspora and Disjuncture, *New Formations* **73**. 正如在那次讨论中所指出的，较低人口流动的社会仍然很重要，因为即使是像美国这样的社会，流动性也往往不如看上去那么强。

21 A.-L. Barabasi, Northeastern University Center for Complex Network Research, Boston, quoted in *International Herald Tribune* (June 4, 2008).

22 J. Postill posted medianthro@easaonline.org (December 16, 2012).

23 S. Ahmed (1999) Home and Away: Narratives of Migration and Estrangement, *International Journal of Cultural Studies* **2** (3); I. Chambers (1994) *Migrancy, Culture and Identity*, Routledge; R. Braidotti (1994) *Nomadic Subjects*, Columbia University Press.

24 Ahmed, Home and Away, 334 – 335.

25 Hannam, Sheller, and Urry, Editorial, 5, 8; D. Massey (2005) *For Space*, Sage.

26 Cresswell, *On the Move*, p. 55 quoted in N. Mai and R. King (2009) Introduction to *Mobilities* **4** (3), 301.

27 A. Amin and N. Thrift (2002) *Cities*, Polity Press, p. 30; J. Urry (2007) *Mobilities*, Polity Press quoted in Jensen, Flows of Meaning, 147 – 149.

28 正如伯勒尔（Burrell）所指出的：“移民实际旅程中的细节……在许多关于移民经历的关键作品中都明显缺失。” K. Burrell (2008) Materialising the Border: Spaces of Mobility and Material Culture in Migration from Post-Socialist Poland, *Mobilities* **3** (3), 355; 另请参阅：P. Basu and S. Coleman (2008) Introduction: Migrant Worlds, Material Cultures, *Mobilities* **3** (3).

29 C. Miller (1993) The Post identitarian Predicament: On the Footnotes of a Thousand Plateaus, *Diacritics* **23**, 33.

30 J. Urry (2002) Mobility and Proximity, *Sociology* **36** (2), 255 – 274; Urry, *Mobilities*; T. Cresswell (2004) *Place*, Blackwell; Cresswell, *On the Move*; C. Kaplan (2000) *Questions of Travel*, Duke University Press; P. Adey (2010) *Mobility*, Routledge.

31 Hannam, Sheller, and Urry, Editorial, 2 – 3 and Mobilities, Immobilities,

and Moorings, *Mobilities* **1** (1), 12.

32 J. Urry quoted in B. Frello (2008) Towards a Discursive Analytics of Movement, *Mobilities* **3** (1), 28.

33 另请参见：J. Larsen, K. W. Axhausen, and J. Urry (2006) Geographies of Social Networks, *Mobilities* **1** (2), 263.

34 Urry, *Mobilities*, pp. 6, 195.

35 J. Urry (2000) Mobile Sociology, *British Journal of Sociology* **5** (1).

36 Urry, *Mobilities*, pp. 185, 194; 另见：A. Appadurai (1996) *Modernity at Large*, University of Minnesotta Press.

37 J. Shaw, R. Knowles, and I. Docherty (2008) Introducing Transport Geographies, in R. Knowles, J. Shaw, and I. Docherty (eds.), *Transport Geographies*, Wiley Blackwell, p. 3.

38 M. Sheller and J. Urry quoted in K. MacDonald and M. Grieco (2007) Accessibility, Mobility and Connectivity, 3.

39 K. Robins and A. Aksoy (2003) The Enlargement of Meaning, *International Journal of Communication Studies* **65** (4 - 5).

40 D. Massey, *For Space*.

41 Urry, *Mobilities*, pp. 51 - 52, 64.

42 达尔豪西勋爵（Lord Dalhoosie，19 世纪的印度总督）引自：C. Wolmar (2010) *Blood, Iron and Gold: How the Railways Tiansformed the World*, Atlantic Books, p. 49. 有关城市与百货公司的内容，另请参阅：Simmel, Metropolis and Mental Life; W. Schivelbusch (1995) *Disenchanted Night*, University of California Press.

43 有关感觉结构在现代化进程中的转变，请参阅：R. Williams (1973) *The Country and the City*, Chatto & Windus.

44 Urry, *Mobilities*, p. 275; C. Wolmar (2010) *Blood, Iron and Gold: How the Railways Transformed the World*, Atlantic Books, p. 217.

45 Cresswell, *On the Move*, p. 61.

46 W. Schivelbusch (1986) *The Railway Journey*, University of California Press.

47 Josef Maria von Radowitz, quoted in Schivelbusch, *The Railway Journey*, p. 54.

48 J. Ruskin, *The Complete Works*, Vol. 8 p. 159, quoted in Schivelbusch, *The Railway Journey*, p. 54.

49 A. Trachtenberg (1986) Introduction, in Schivelbusch, *The Railway Journey*, pp. xiv, 38 - 39.

50 Schivelbusch, *The Railway Journey*, pp. 72, 11, 14.

51　Trachtenberg，Introduction，pp. xiii，xv. 这里，除了感性结构的历史变迁之外，我们还需要考虑运输方式与体现的问题之间不断变化的关系（以及前者对后者具有的潜在变革效应）。［G. Votolato（2007）*Transport Design*，Reaktion Books.］因此，现代性意味着要用“坐”代替“走”，厄里谈到汽车司机被“绑在一把尽管拘束但舒适的扶手椅上”，坐在他们自己的庇护所内，“就像坐在一个有轮子的客厅里”。Urry，*Mobilities*，pp. 76，88，127. 同样，维利里奥也提到现代旅行者越来越“窝在带软垫的……扶手椅上”，就像一具移动的木乃伊。［P. Virilio（2005）*Negative Horizon* quoted in Adey，*Mobility*，p. 205.］

52　Urry，*Mobilities*，pp. 97－98，103；Cresswell，*On the Move*，p. 16.

53　Urry，*Mobilities*.

54　Urry，*Mobilities*，p. 116.

55　Urry，*Mobilities*，pp. 119－121，116.

56　Urry，*Mobilities*，p. 174.

57　J. Tomlinson（2007）*The Culture of Speed*，Sage Books，p. 2；另见：S. Sharma（2008）Review of John Tomlinson *Culture of Speed*，*European Journal of Cultural Studies* **12**（2），249；Simmel，The Metropolis and Mental Life.

58　Z. Bauman（2000）*Liquid Modernity*，Polity Press；Z. Bauman（2005）*Liquid Life*，Polity Press.

59　Tomlinson，*Culture of Speed*，pp. 77，83.

60　B. Latour（1991）*We Have Never Been Modern*，Harvester Press.

61　关于技术发展中的循环，请参阅：T. Wu（2012）*The Master Switch: The Rise and Fall of Information Empires*，Atlantic Books. 特别注意他关于不要将产业循环中可预测的一个阶段与颠覆性的创新混为一谈的强调。

62　O. Lofgren（2006）Taking Place，in J. Falkheimer and A. Jansson（eds.），Geographies of Communication，Nordicom，pp. 304，302，301，305. 有关铁路与旅行阅读，另见：T. Davies（1984）Transports of Pleasure，in T. Bennett（ed.），*Formations of Pleasure*，Routledge.

63　F. Jameson（1992）*Postmodernism，The Cultural Logic of Late Capitalism*，Verso；D. Harvey（1989）*The Condition of Postmodernity*，Blackwell；E. Soja（1989）*Postmodern Geographies*，Verso.

64　J. May and N. Thrift（eds.）（2001）*Timespace*. Routledge. 有关时空压缩的具体机制，另见：J.-P. Rodrigue with C. Comtois and B. Slack（2006）*Geography of Transport Systems*，Routledge.

65 Schivelbusch, *The Railway Journey*, p. 34.

66 C. Marvin (1988/2004) *When Old Technologies Were New*, Oxford University Press/MIT Press; D. Edgerton (2006) *The Shock of the Old*, Profile Books; V. Mosco (2005) *The Digital Sublime*, MIT Press.

67 M. Wigley (2002) Resisting the City, in J. Brouwer, A. Mulder, and L. Marz (eds.), *Transurbanism*, NAi Publishing, pp. 107, 112, 116.

68 R. John (1995) *Spreading the News: The American Postal System*, Harvard University Press, p. 10; M. Nordau (1982) *Degeneration*, quoted in O. Lofgren, *Taking Place*, p. 301.

69 R. Lynd and H. Lynd (1929) *Middletown*, p. 5; quoted in G. Bolin "Electronic Geographies," p. 68; J. Falkheimer and A. Jansson (2006) (eds.), *Geographies of Communication*, Nordicom.

70 Seneca (2004) *On The Shoriness of Life*, Penguin, pp. 42 - 44. 塞内卡接着解释说："在亚洲有一群雅典人……被下游海水冲刷的整个意大利海岸曾经是大希腊。亚洲声称伊特鲁里亚人归她所有；提尔人住在非洲，腓尼基人住在西班牙；希腊人迁入高卢，而高卢人移到希腊。"

71 Edgerton, *Shock of the Old*.

72 Wolmar, *Blood, Iron and Gold*; Schivelbusch, *The Railway Journey*.

73 即使"9·11"事件之后对安全方面的担忧对此类事情造成了重大阻碍。

74 Votolato, *Transport Design*, p. 110.

75 G. Therborn (2002) Asia and Europe in the World, *Inter-Asia Cultural Studies* **3** (2), 293.

76 Therborn, Asia and Europe in the World, 293; N. De Genova (2012) Perplexity/Mobility, quoting United Nations (2002) *International Migration Report*, Population Division, Department of Economic and Social Affairs, United Nations Secretariat.

77 A. Ghosh (1992) *In an Antique Land*, Granta. 阿米塔夫·高希（Amitav Ghosh）惊讶地发现，他本以为他去调研的村庄只是"尼罗河三角洲一处安静的角落"，实际上其中的许多人（就像他们的祖父那样）都曾在国外许多地方工作过，而且"护照厚得让他们在打开的时候就像拉开了一架被墨水染黑的六角手风琴"。另见塞内卡对罗马帝国士兵长途迁徙"常态"的论述，引自：Appadurai and Morley, *Decoding, Diaspora and Disjuncture*, 2012.

第四章　分解流动性：分区、排斥和遏制

引　言

流动总是既复杂又矛盾的，对流动性的研究也涉及那些“组织 77
人员、信息和图像流动的静态基础设施，以及限制、引导和控制这种流动的边界和‘大门’”[1]。移动“机械装置”，无论是汽车、火车、飞机还是电话，本身都假定并依赖于不同种类的固定和不动的“停泊处”（公路网、车站、机场、通信塔）。正如萨斯基亚·扎森（Saskia Sassen）所说的那样，流动性的增加往往伴随着“明显的区域集中化，这是管理流动所必需的资源”[2]。安塞尔姆·弗兰克（Anselm Franke）指出，这些以运输和通信为中心的基础设施“在空间中实现权力”，调节不同人群的流动和停滞。因此，“就像公路、媒体网络和管道可能连接起来一样，它们也会断开；就像它们会整合起来一样，它们也会分裂；对一些人来说，它们压缩了时间和空间距离，对另一些保持静止不动的人来说，它们降低了时间和

空间的价值”[3]。此外，连通性与排斥性之间也存在辩证关系：如果一个新的“枢纽”能够使一些地方连接起来，那么它同时也使得网络之外的其他地方相对而言显得更加遥远。

相对流动性以及（持久的）路程阻力

准确地说，流动是当代社会的特征，不同的流动深刻地反映（并构成）权力结构和等级制度。这里的关键问题是地理流动和不
78 同形式的社会流动之间的关系。正如彼得·阿迪（Peter Adey）所说的：“如果流动性是一切，那么它就什么都不是。”他关注的是，如何对各种形式的流动之间的差异建立一个更好的理论，而不是使世界呈现为无形的“软塌塌的一团”（gloop）（正如他辛辣讽刺的那样，其他观点倾向于这样做）。从他的立场来看，虽然“世界可以从混合和流动的角度来看”[4]，但只要一切都是流动的，那么在这一总体流动范围内，就更有必要讨论相对流动和稳定的不同形式、速率和方式。

在这里，我们还需要重点关注现有运输技术和线上线下监管技术方面制约差异流动的因素。[5]此外，正如阿帕杜莱指出的那样，在信息和人员的流动之间常常存在着非常明显的脱节，而它们不同的“流动逻辑”是由于它们“在空间范围、速度和节奏上变得逐渐多样并产生脱节”，从而导致越来越多的危机。[6]近年来，对媒体和金融系统的管制放松，加上以计算机为基础的通信能够实时地跨越遥远的距离，意味着以媒体为基础的文化形式以及金融资本的跨国流动越来越多，而人员的跨国流动则受到越来越严格的管制。

跨国流动：货物流动和人员控制

在这个跨国流动放宽管制的时代，人的流动性“远低于货币、商品或思想（的流动性），因为他们仍然是‘国家化’的，依赖于护照、签证、居住证和劳工资格”[7]。如果说在全球化早期，即19世纪末20世纪初，资本的自由流动与移民自由相结合，那么现在资本的自由流动则与对人员流动的严格限制并存。正如尼古拉斯・德・热诺瓦指出的，当下的时代特征是，自由市场资本主义的经济话语和以安全为导向的政治话语之间存在矛盾。自由市场资本主义承认廉价的移民劳动力给社会带来的好处（提供相对年轻、健康的劳动力，并且他们的教育成本是由别国承担的），但日益剥夺这些移民的永居权，只保留其临时居留权，并不断严格限制移民人群，导致他们走向“非法”流动。[8]

如今，正如埃里克・克鲁伊滕伯格（Eric Kluitenberg）认为的，“边境只是根据特定的社会经济标准选择性地开放，而且对世界上大多数人口越来越封闭”，将他们“排除在至高无上的跨国超级流动的特权之外”。[9]他利用保罗・维利里奥的“两极惯性”（polar 79
inertia）概念，描述了在数据和商品加速流动的情况下，“生物体自身”的“回旋余地”越来越小，并逐渐被迫进入一种停滞的状态。[10]因此，摩洛哥小说家塔哈尔・本・杰伦（Tahar Ben Jelloun）笔下的一位虚构移民被困在丹吉尔码头上，幻想着自己可以像商品一样轻松地旅行。他解释说：“我有权利羡慕那些成箱的商品！我想成为它们中的一员，被送到一个仓库，一个繁荣自由的国度。一个简单的……没有名字的箱子。”[11]

受限流动性

当代流动系统显示了一种特殊的开放性和封闭性的结合[12]，正如弗洛里安·施奈德（Florian Schneider）所说的，它们越来越多地表现为特殊通行权的分化和调整，这些通行权只是被暂时或有条件地授予的。这正是乌尔苏拉·比曼“受限流动性”概念采用的逻辑，根据这一概念，许多人只能拥有暂时居住或停留的权利。这也是下面的活动遵循的逻辑：在从一片领土向另一片领土流动的过程中，往往涉及强制性身份转变，比如“工程师变成清洁工；……学者……变成农场临时工或家政工人”[13]。正如比曼所说，“流浪汉”越来越多地——

> 在一个境外的地方上岸，在集装箱世界里，只“容许”跨地域的状态——既不属于此处，也不属于任何其他地方，而是存在于一种永久无归属、在法律上也不存在的状态中。他来到这里，象征着这个流动身体被束缚在一连串的领土上，一次又一次地探索进入的规则，永远无法到达最终目的地。他穿梭于非文明场所，在非社会空间中等待“身份”……曾经的一种暂时豁免状态——在法律延迟的流动时空中存在——正慢慢地巩固为移民维持存在的主要模式。这种存在的场所是连接的，但又是分离的：它是一个“受限流动性”的世界系统。[14]

事实上，这是许多穷人在当代世界中的命运写照，他们的生活被限制在越来越狭窄的范围内，就像生活在全球体系的法律夹缝中。他们被卷入了一场充满“延期的漫长等待、过境和法律困境”的奥德赛之旅，陷入“地理拒绝”的窘境中，在这种情况下，他们虽然“永久地被排除”在公民权利之外，但仍然“不可遏制地执迷于被包容的幻想”。[15]虽然齐格蒙特·鲍曼也强调流动性是当下的核心隐喻，但他自己能够很 80
轻易地区分出后现代世界的“游客”和“流浪汉”：前者的信用评级使他们能够自由到达任何想去的地方，而后者无论去哪里申请签证都不是一件容易的事。[16]正如他所指出的，即使在一个以世界主义、移民和大规模旅游业为标志的时代，仍有一些人“被命运而不是自己的选择”困在当地[17]，而许多难民最终无处可去[18]。

即使在一个以世界主义、移民和大规模旅游业为标志的时代，仍有一些人“被命运而不是自己的选择”困在当地，而许多难民最终无处可去。

当代边界：跨国禁令

然而，边境管制的轨迹在某种程度上是不断变化的。正如夏洛特·莱贝（Charlotte Lebbe）所说，如果在以前“对……（跨境）人员、货物和信息流动的监视是威斯特发里亚民族的基本职能之一”，现在这一职能则因越来越多的国家加入区域贸易集团或政治集团而遭到破坏，例如加入欧盟、欧洲自由贸易联盟、东南亚国家联盟、中美洲共同市场、北美自由贸易协议贸易集团和海湾阿拉伯国家合作委员会。[19]因此，与其将控制系统局限于国家边界，不如越来越多地向外、向超国家腹地和向内（向任何城市交通路口监控摄像头）“折叠和转移”。[20]

在这方面，对外部边界的控制现在由一套嵌入式“边界制度”补充，这些制度在民族国家本身的领土内外运作。正如克鲁伊滕伯格所说，这涉及一种根据特定社会经济状况进行的更加差异化的过滤形式，“授予某些行动者（或机构）或社会群体一些特权，诸如定居权和/或居住权、知识获取权、基础设施和服务使用权等”，而那些不符合预期的人则被拒绝。[21]因此，“流动并不适用于所有人”，正如莱贝指出的那样，这些监控数据“决定了谁有权获得流动性，谁没有”[22]。我们在这里看到的是“从控制系统向主动选择和排斥系统的转变”，它将那些前往异国他乡享受的精英与大多数人区分开来，大多数人即那些“被困在当地……环境中，再也找不到保护”的人。[23]这种全新的流动和管理系统不仅是为了排除那些风险管理系统认为需要进一步核查的人，还是为了提高信誉良好群体的过境速度，为他们提供“快车道”。从这个意义上说，这些数据库不仅是“消除顾虑”的工具，而且本身也是构成特定和差异化流动形式的“工具”。正如埃亚勒·维兹曼（Eyal Wiezman）所说：“在这一宏大系统中，体系结构就像一个阀门，在动荡的全球安全体制下调节
81 着人员流动。因此，当政府的定位转移到流动的运输方式和网络上时，政府的职能就是成为调节流动机制的阀门。”[24]

隐喻流动和具身流动：快车道和慢车道

在后现代主义话语中，机场，尤其是候机室如今已经成为一个

老生常谈的隐喻，象征着一种无地方性的、充满活力的和流动的世界性文化。[25]然而，正如克雷斯韦尔所说，这种将机场比喻为“纯粹流动的空间”或“崭新的……后国家世界的化身”的说法，错误地将精英阶层无缝流动的具体经验认为是全球游牧的无差别状态。[26]的确，在飞机上，监控系统的作用是塑造头等舱乘客的精英体验，他们的体验在相对无缝和高舒适度方面越来越与低速乘客的体验不同，对后者而言，“路程阻力”就很难克服。从这方面来说，具有“联结枢纽”功能的机场不仅提高了人们的旅行速度，也对不同“区域”之间的流动人员进行控制。因此，这些枢纽以可控和选择性的方式，将超级流动所需的全球化流动联系起来。

正如在本书第二章提到的，克雷斯韦尔以斯希普霍尔机场为例对机场进行过仔细的区分和研究，将其视为“人员流动处理器”，其业务是根据机票价格和官方文件标准，制造一种可变的流动性。因此，机场不断地“接待”乘客，并设立一系列的门槛，允许“可信赖的”乘客快速通过，同时驳回那些被认为有问题的人。本国人和外国人、经济舱旅客和商务舱旅客的流动被高度区分。因为机场的安检程序和人员流动高度相关，所以“微观流动的地缘政治”就更为明显。[27]大量技术手段和安检设施用于对人员进行“分类”，使得弱势群体必须“在街角、地铁站、公共汽车、公共广场和小巷”使用“公用电话、传呼机……或短信”等这些落后的技术手段来取得联系或安排他们的事情。[28]

正如阿哈龙·凯勒曼（Aharon Kellerman）所指出的，就其建筑和设计所构建的与众不同的社会关系而言，机场航站楼可被视为

“为自由平民使用而设计的最专制的设施”，其典型特征是专制权力具有较大的“基础、数量、领域和范围”。“机场威权主义”使用户
82 受到一系列即时和惩罚性强制形式的约束，从机场工作人员对乘客的直接指示到各种形式的方向标志，其目的在于根据机场权威指令来指示乘客进行空间流动。[29]

正如克雷斯韦尔所说，所有这些都意味着，我们应该放弃“流动性是自主移动主体的自然……权利”的幻想，而应该把当代流动理解为在不对称权力体系中产生的动态等级制度的社会构建。[30]最终，不同种类的流动是由法律产生的，是“合法的国家垄断流动手段”[31]。这是一种准许（或禁止）不同人员流动的制度，这些人被区分为公民、居民、逃亡者、未成年人、外国人、流浪汉、穷人或感染者，因此造成了各种各样的“病态流动”。[32]

分配给周边：国家分区

如果我们现在把关注点从国际流动转向国内流动，我们会看到，许多国家的房地产市场以及住房政策和城镇规划机制，往往将不同社会阶层的成员安排到不同的居住区域。越来越多的穷人被分配到距离学校、商场和医院等公共资源相当远的地方。这些地方往往是银行、超市、药店、电话公司和互联网服务极少投资的区域，甚至一些服务已经开始撤出这些地方。由于这些地方与外部世界的交通联系往往也较少，因此其居民在获得基本服务方面面临越来越大的困难（并且费用高昂）。就交通和通信系统构成的“当代城市多种流

动性所需的技术基础设施”而言，受限的流动构成了对他们的社会排斥的空间维度。塞巴斯蒂安·乌雷塔（Sebastian Ureta）在他对圣地亚哥的研究中指出，实际上，流动性是在当代城市获得必需资源的强制要求，在许多城市，穷人受到双重打击：居住地缺少他们所需的资源，而他们可用的交通设施既不完善又很昂贵。[33]

根据他的研究，城市基础设施系统对穷人的空间流动要求越来越高，他们中的很多人经常每天花四个多小时通勤上下班，然而公共交通却价格不菲且数量不足，公共汽车都是私营的，而且几乎都出现了故障（更不用说令人不舒服，有时甚至是危险的）。他们认为自己所处的居住环境很危险，因此他们倾向于把他们的“公共”活动（以及孩子们的公共活动）限制在自己的居所或街道范围内，83
除非出于工作、教育、购物或其他需要而不得不外出。从这个意义上说，他们是被社会排斥的，并且这种排斥在不同物质和技术层面上得到强化，他们越来越局限于各种意义上的“偏远”领域。正如其中一位所言：“在这里，附近什么都没有。……没有超市……什么都没有。……无论你想去哪里，你都得坐公共汽车。……我们好像……远离了……一切，就像在一个原始社会。”[34]这些情感和想象层面的排斥是构成该区域居民主体意识的关键，并决定了他们对自身可能性的判断。[35]

社会公正不仅是一个收入平不平等的问题，正如朱利安·海因（Julian Hine）所指出的那样，“也是一个涉及距离、流动和准入的地理问题”[36]。在这种情况下，伊恩·多彻蒂（Iain Docherty）、吉纳维芙·朱利亚诺（Geneviève Giuliano）和唐纳德·休斯敦

(Donald Houston) 认为："交通基础设施和……可用资源……决定个体流动性，……（同时）……活动和家庭空间的安排决定了可达性。"[37] 因此，流动的不平等分配关系到社会正义问题，即不同的人可以通过不同的虚拟或物质手段获得资源。[38] 交通运输的不足也造成生活在贫困或边缘地区的人被社会排斥，这限制了他们获得工作、服务以及相应基础设施的机会，从而"阻碍"他们充分参与社会活动。正如罗伯特·甘特（Robert Gant）指出的，穷人、少数族裔、妇女、老人和残疾儿童最有可能被排除在交通服务之外。[39] 而这些人也是最少拥有私家车的群体，就连最基本的购物设施也越来越多地被整合到郊外的商业区，因而他们处于双重不利地位。此外，较为富裕的人使用的交通工具所造成的"负面外部性"，也最有可能让这些穷人承担，比如他们居住的老旧社区通常遭受噪声和污染的损害。由此，尽管他们自身的流动受到很大限制，但他们经常"受……高速公路和机场的噪声，或者……高速列车的噪声的影响"[40]。奈杰尔·思瑞夫特将这一进程描述为对富人赋予"超级包容"的权利，以扩大其潜在的"活动空间"，而较贫穷的社区则因其被排斥在网络基础设施和技术之外而进一步被边缘化，并日益局限在卢瓦克·华康德（Loic Wacquant）所认为的"高级边缘地带"。[41]

空中流动：超越拥挤的人潮

在当代社会中，人员、物品、货币、信息都在流动，速度就成了衡量价值的重要标准。对流动的任何限制都会引起人们的注意，比如交通堵塞。在这种情况下，垂直飞行，例如通过直升机流动，提供了一个令人满意的解决方案。正如绍洛·希沃纳（Saulo Cwerner）所说的，对垂直飞行的幻想（尤其是直升机，它承诺畅通无阻的、无摩擦的、人性化的、无缝衔接的、门到门的运输）长期以来在现代想象空间活动中扮演着重要角色。[42]事实上，正如格雷戈里·沃托拉托（Gregory Votolato）所指出的那样，在20世纪中期，人们普遍幻想有一天个人能够拥有私人飞机，作为一种私人流动的方式，就像他们拥有汽车一样。[43]在这种情况下，直升机能够保证“即时访问”关键和中心地区，以及“不受妨碍的个人……行动……不受道路和公共交通系统中可能出现的混乱的阻碍”。[44]斯蒂芬·格雷厄姆（Stephen Graham）和西蒙·马文（Simon Marvin）在分析他们所谓的“分裂的城市主义”时指出，在这方面，“个人直升机是所有其他分离过程的合理结果，因为［它们］最终使用户摆脱了对共享城市公路的依赖”，并使他们从公寓无缝移动到办公室中。[45] 84

正如希沃纳所看到的，在圣保罗，这些过程可能是被观察得最清楚的。我们在那里发现了一个奇怪的组合：这个世界上最反乌托邦的城市却拥有着城市垂直飞行梦想最乌托邦的版本。圣保罗提供了一个极端的城市扩张和管理混乱的例子，社会和经济不平等程度非常严重，道路极其拥挤。为了解决这些问题，精英们发展了一支庞大的直升机队，使圣保罗成为世界上的“直升机之都”，通过这种方式他们就可以避开混乱和拥堵。在这种意义上，直升机被视为精英们个人生活和家庭安全的一部分，并且成为凸显身份的有形象征物（相当于他们的封闭式社区）。

富裕的中产阶级越来越多地往返于公寓楼顶上的“直升机停机坪”，与他们的经历形成鲜明对比的是，来打扫公寓和做饭的女佣通常必须乘 4～5 个小时的公共汽车往返于圣保罗和她们居住的外围贫民区。[46]即使她们住得很近，流动的富人和不流动的穷人也仍然生活在不同的世界。正如约翰·亚当斯（John Adams）指出的，在许多城市，穷人依赖于他们（次等的）破烂不堪的交通，而“富人可以被穷人看到和听到，他们乘坐私人飞机从穷人上空飞过，沿着高速公路穿过社区，出现在电视上，［以及］享受着对穷人而言遥不可及的特权。对富人来说，穷人往往是隐形的。富人往往以较模糊的分辨率看待世界，因为他们旅行的高度实在太高，速度实在太快了”[47]。回到圣保罗的例子，在那里直升机是极为常见的，它的噪声影响到城市的大多数人。因此，希沃
85 纳写道：“直升机几乎侵入了我们的日常生活，毫不夸张地说，生活中经常被呼啸着飞过的直升机吓到。”所有这一切创造了一个“新的权力景观”，其中“垂直飞行的承诺，除了为其早期支持者提供他们向往的随处可达的个人流动手段，还强加了一种充满特权和排斥的体系结构与环境”。[48]

流动性和连通性等级

如果“连通性”被看作一种分布不均但有价值的经济和文化资本，那么我们必须解决一些基本问题，比如谁有权使用什么等级的

交通和通信模式：谁去步行，谁骑自行车，谁坐汽车，谁坐火车，谁乘船，以及谁坐飞机？谁能够进入特定的物质和虚拟空间？其中的关键问题是：不同类型的交通工具如何产生截然不同的旅行体验，以及任何一种特定交通工具的相对地位如何“影响”其用户？在国际层面上，边境可能是高度敏感的地方——使一些乘客（特别是那些依赖低级交通工具旅行的乘客）感到沮丧、被羞辱或被压制，因为他们受到不同严格程度的证件检查，而其他人则享受着因敷衍检查身份证件而被“豁免”的满足感。[49]

因此，伊瓦伊洛·迪切夫（Ivaylo Ditchev）写道：在巴尔干半岛旅行时，“交通工具决定了进入这个国家时看到的不同景象。（在某些情况下）我们有幸乘坐飞机，这里有漂亮的机场和欧洲化的边境官员”。他观察到，这种旅行体验会使人们认为已经到达“地理的尽头”。不过，他补充道，也有一些人乘坐“破旧、老化的火车旅行。……在火车上，要用领带把门拴好，以防外人闯入，还可以与陌生人在公文包上打牌”。在社会阶层更低的地方，“公交车上到处都是‘手提箱贩子’，他们在每个边境站点都要下车排队，打开他们的行李接受检查”。当然，正如他所说，处于交通结构底层的是“那些在夜晚由自己也搞不清楚路况的导游带领徒步穿越边境的人”。他说，只有通过这样的区分，人们才可以理解，即使是通过相同的边境，经历也会有多么不同。“当两辆车停在同一个检查站时，一边是一辆昂贵而闪亮的车，一个戴着墨镜的司机只需通过不透明玻璃窗递出文件；另一边的车则因它的破旧而显得很可疑，海关官员为了寻找犯罪痕迹，会把它翻个底朝天。”[50]

乘公交车：失败者最后的出行选择

在富裕的西方社会，乘坐公交车和长途汽车旅行是一项压力大、不舒服以及对体力要求较高的活动（通常人们不仅要背着沉重
86 的行李长途跋涉，还要经过多得令人混乱的中途站点），显然是一种特别低端的旅行方式。因此，在西基夫·哈钦森（Sikivu Hutchinson）对洛杉矶贫困者有限交通选择的分析中，她将公交车描述为“女性之城”，在这个背景中，我们看到了性别不平等与“匆忙的人流、低收入的暂居移民”的融合。[51]此外，那种认为他们缺乏社会地位的看法，也使被迫依赖这些交通工具的人感到非常尴尬。

个人的交通选择不是在文化真空中做出的，尽管有“经济人”理论的总体假设，但也不能简单地将其作为消费者满意度的理性最大化问题来评估。我们的选择是在广泛的文化和社会身份背景下做出的，与任何其他领域一样，在这个领域中要考虑情感、情绪和象征等问题。

个人的交通选择不是在文化真空中做出的，尽管有“经济人”理论的总体假设，但也不能简单地将其作为消费者满意度的理性最大化问题来评估。我们的选择是在广泛的文化和社会身份背景下做出的，与任何其他领域一样，在这个领域中要考虑情感、情绪和象征等问题。无论是从宏观层面还是从微观层面来看，交通工具的选择都不可能完全归结为经济问题或理性功能问题。例如，汽车不仅可带来更大的功能便利，还能带来积极的自主感和“掌控感”。但是，人们不愿意使用公共交通工具，这往往是由于考虑到自我形象问题，以及他们对安全有担忧和不确定时间表是否可靠。就个人的流动方

式是地位和成功的象征而言，公共交通常常被看作失败者的象征。[52]例如在英国，公交车是很多人最不想选择的交通工具，它只适合那些负担不起更高费用的人，很大程度上是为那些失业的人准备的，因为他们的时间非常充裕，愿意花费大量的时间以节省费用。[53]如果你了解英国文化，在这里引用撒切尔夫人的那句名言也很有用："如果一个超过 26 岁的人还在乘公交车出行，那他就是一个失败者。"[54]

等待的政治

正如我们所看到的，全球化是高度选择性的过程，它"连接"那些具有经济价值的事物，同时抛弃那些已经变得"贬值"的地方、人、公司或国家。从这个意义上说，衡量全球化体系的标准是速度和连通性，这就区分了发达世界的"热点地区"和落后国家"被遗弃"的过度萧条区。[55]

流动性的比喻倾向于通过"生产主义"的话语来表达，在这种话语中，高速、高活跃度和多重任务处理被认为是理想的存在状态，相比之下，"等待"则被理解为"死亡"或"暂停"的时间空白（或令人遗憾的失常）。[56]其基本假设是，僵化、缓慢和停滞是负 87
面的，因为它们是"无效率的"。在这样的背景下，一系列的移动通信技术（移动电话、笔记本电脑或 iPod）已成功地被市场推广为值得拥有的好东西。准确地说，它们提供了拉撒路（Lazarus）① 一样的能力，可以将原本被认为是"停滞"的时间转化为生产性（或

① 拉撒路是《圣经·约翰福音》中的人物，死后被耶稣复活。——译者注

至少更愉快的）时间。[57]

维姆·尼延胡伊斯（Wim Nijenhuis）在评论保罗·维利里奥将家视为“最后的交通工具”概念时，列举了欧洲宝马汽车广告的例子，它展示了一位商人在雨中开车沿着高速公路快速行驶，他“无心留意窗边飞驰而过的风景，因为他被以汽车永远无法达到的速度向他涌来的信息淹没”。广告中的商人处于一个“散发着由内而生的安然自若的感觉”的环境中，他的阅读灯、手机、笔记本电脑使他“居住在……电子信息的时间里，同时……将汽车定位在相对惰性的、可追踪的、可定位的住所中”。正如尼延胡伊斯所指出的，这种住处和交通工具的融合被维利里奥描述为“居所”。[58]

然而，对维利里奥来说，这样的社会也有一些隐喻意义，在我们的社会中，我们越来越多地“在一些通信设备前等待……在收费站排队，仔细研究清单，在放着电脑的床头柜旁睡觉”[59]。然而，与其将维利里奥的观察结果视为具有普遍适用性，不如效仿塔哈尔·本·杰伦，将等待看作“穷人的新职业”[60]。当然，在许多关于当代“速度文化”的讨论中，一些经常被忽视的问题涉及它的反面，即等待——这是那些没有资格进入“快速通道”或优先通道的人的命运。因此，尽管商务旅行者从北京飞往多伦多可能只需要 12 个小时，但非法移民从中国乘船到加拿大可能需要一年的时间，因为他们有时需要在旅途的各个地点等待数周，以逃避海关和边境管制。[61]在更日常的层面上，这也是多琳·马西提出的问题：一位住在贫困地区的工薪阶层妇女在公交车站等候前往最近超市的班次时，她在多大程度上经历了严重的时空压缩？[62]从这个意义上讲，有人可能会说，一个人被迫“等待”的时间反映了他的社会地位。[63]

鉴于“等待”这种活动形式普遍存在，我们也许更能够理解戴维·比塞尔（David Bissell）所说的“等待景观”。这里他指的是等待的“容器空间”的重要性，无论是物理形式（如住所、长凳、平台、候车室、交通灯）还是稍纵即逝的形式（如排队或交通堵塞）。[64]然而，这不仅仅是出行的相对速度的问题。在这一背景下， 88
菲奥娜·拉热（Fiona Raje）也关注那些由于缺乏流动机会而处于停滞状态的人，并提出了一个重要概念，即由于各种流动障碍而“被放弃、抑制或未进行的出行”。[65]

公民身份的条件：技术辅助式流动

如果说物质条件（如服装、工具、道路和建筑）增强了人类的能力，那么今天以软件为基础的虚拟技术系统则重新分配了世界各地的经济、人员和活动，为人们提供了不同的可供性和体验。[66]因此，“我们所谓的社会性在物质层面上是异质的：话语、身体、文本、机器和建筑……所有这些都涉及并形成社会性”[67]。正如曼纽尔·卡斯特所指出的，关键在于“人类主体的身体和思想在以微电子为基础的软件操作和以通信技术为动力的交互网络中得到扩展和增强。……（这种技术）通过小型化（和可移植性）日益扩散到整个人类活动领域”[68]。网络社交依赖于对这套复杂技术的使用，它通过虚拟和现实媒介（如面对面会议、电话和电子邮件等）来实现。媒体越来越多地与日常生活联系在一起，逐渐融为一体。[69]正如詹姆斯·克利福德（James Clifford）许多年前观察到的那样，如果说“现代运输和通信技术使往返运输成为可能……不但减少了远距离运输的时间，还促进了世界各地合法和非法的双向交通”，那么我们现在面对的则是一系列复杂的“古老的和新兴的技术，它们重建了近距离和远距离、亲近和疏远、停滞和流动的概念”。[70]

我们现在面对的则是一系列复杂的“古老的和新兴的技术，它们重建了近距离和远距离、亲近和疏远、停滞和流动的概念”。

这里的一个关键问题是网络资本的分配，其可能的表现形式有：拥有（或缺乏）流动的实际能力；拥有流动所必需的经济手段；拥有流动所必需的通信技术和能力；使用物质运输设备的权利；有必要的官方文件；对安排自己的行程有“时间主权”。[71]就像经济学家认为的那样，网络依靠过程积累价值，在这一过程中，拥有特定技术的人越多，其可得性就变得越重要，所以当我们不能获得某一特定技术时，就意味着我们被排除在网络之外，不能作为“交流公民”有效地发挥作用。

可流动的身体也可以被视为拥有不同的“义肢设备”① ——无论是残疾人的轮椅或导盲犬，还是身体健全的人使用的私家车、公交车、火车或自行车。在这个模型中，“拥有义肢的公民主体”的流动性必须放在更广阔的“流动和停滞的物质景观”中理解，它是
89 在“使流动性成为可能和/或使流动性失效的制度和技术网络”中产生的。[72]一个戏剧性的例子说明了这种“义肢”流动性的决定性意义，它来自克雷斯韦尔对大部分黑人“低流动性”命运的分析。这

① “义肢设备”，即辅助设备。——译者注

些人在卡特里娜飓风期间被困在新奥尔良，最根本的问题在于，市政府公布的建议人们撤离的疏散计划假设，任何“普通公民”都可以通过私家车自然地增强他们的流动性。在此意义上，政府根本没有为大量“无车”的贫穷黑人提供任何保障，一旦公交车和火车服务被取消，他们就无法在洪水到来之前离开。正如克雷斯韦尔所观察到的，政府对飓风的反应反而使城市中最需要帮助的弱势公民动弹不得。[73]中产阶级白人之所以能够逃离灾难，恰恰是因为他们拥有相应形式的“网络资本”——接收所需信息的通信技术，以及私家车，这使他们能够按照灾难应急指挥人员给出的疏散指示进行疏散。为了理解辅助技术在构成公民身份方面的作用，我们还需要考虑在获得不同类型的通信和运输技术方面的一系列可能性。[74]虽然获得这些技术的微观地理条件各不相同，但它们在使任何个人克服物理距离的阻力方面发挥着至关重要的作用。

地理的可见性与不可见性

除了这些问题之外，还有一个社会技术结构的问题，即对生活在同一地点的不同类别的人，某些地理位置和路线的相对可见度。齐格蒙特·鲍曼描述了一个让人吃惊的例子，他讲述自己在欧洲南部的一个城市访问时，他的一位中产阶级朋友在机场接他，由于交通拥挤，从机场到酒店花了将近两个小时的时间。在离开的时候，朋友提出送他去机场，鲍曼拒绝了，因为他觉得再让朋友花两个小时开车送他非常麻烦，于是他改坐出租车。令他大为震惊的是，回机场只用了不到10分钟，虽然这意味着要穿过城市的贫民窟。他写道：

> 我朋友说没有办法避开市中心的交通拥堵（就是鲍曼到的时候经过的地方），这并不是借口。她脑海中的城市地图是真
> 90 实的……那张地图根本没有记录我乘出租车经过的贫民窟地区。在［她的］脑海中［这座城市］的地图上，那些应该被标出街道的地方却是一片空白。[75]

与鲍曼的例子类似，我在伦敦大学金史密斯学院的一位中国台湾学生讲述了她目睹的一个事件：一位老妇人试图从台北某地找到通往另一个地方的路线，并向一名学生寻求帮助。老妇人询问男孩是否知道乘坐哪路公交车去往她的目的地，但男孩回答说她坐台北捷运（MRT）会更快。这位老太太解释说，她根本不晓得如何搭乘捷运。这对男孩来说是无法理解的，因为他非常熟悉捷运系统，却对这位老妇人所依赖的公交车网络一无所知。这位老妇人出生在捷运系统建成之前，她只知道台北是一个以公交车为主要交通工具的城市，所以她只有在当地公交线路的环境中才感到自在。她和这位年轻的对话者，虽然处在相同的物质空间，实际上却存在于不同的概念宇宙中。老妇人居住在历史城市的平面空间，而年轻人居住在由流动、微电子和电路开关形式的拓扑空间，年轻人能够很自信地“刷卡”，但出于同样的原因，这把老妇人完全排除在外。[76]

现在我们已经建立了一些参数来理解当代流动，在接下来的两章中，我将进一步探讨地形和拓扑的关系，以阐明我们生活的现实和虚拟地理环境。

注　　释

1 K. Hannam，M. Sheller，and J. Urry（2006）Editorial：Mobilities，Immobilities and Moorings，*Mobilities* **1**（1）.

2 S. Sassen（2002）*Global Networks*，*Linked Cities*，Routledge，p. 2.

3 A. Franke（2005）Introduction，in *B-Zone: Becoming Europe and Beyond*，Kunst Werke Berlin/Actar Publishing，p. 8.

4 P. Adey（2006）If Mobility is Everything，Then it is Nothing，*Mobilities* **1**（1），82，79.

5 A. Christensen，C. Christensen，and A. Jansson（eds.）（2011）*Online Territories: Globalisation*，*Mediated Practice and Social Space*，Peter Lang.

6 A. Appadurai（2006）*Fear of Small Numbers*，Duke University Press.

7 P. Hirst and G. Thomson（1999）*Globalisation in Question*，Polity Press，p. 257.

8 N. De Genova（2011）"The Perplexities of Mobility，" Department of Anthropology，Goldsmiths College.

9 E. Kluitenberg（2011）Extreme Displacement，in J. Seijdel（ed.），（*Im*）*Mobility*，NAi Publishers SKOR，p. 11，18.

10 Kluitenberg，Extreme Displacement，p. 11.

11 T. Ben Jelloun（2009）*Leaving Tangier*，Arcadia Books，p. 25.

12 B. Holmes（2011）Do Containers Dream of Electric People，in J. Seijdel（ed.），（*Im*）*Mobility*，NAi Publishers SKOR，p. 41.

13 F. Schneider（2011）Towards a Theory of Borders，in J. Seijdel（ed.），（*Im*）*Mobility*，NAi Publishers SKOR，p. 113. 参见约翰·兰彻斯特（John Lanchester）在他的小说《资本》（*Capital*）中对一位现在在伦敦担任交通管理员的津巴布韦律师的描述［J. Lanchester（2012）*Capital*，Faber］。

14 U. Biemann（2010）Suspended in the Post-Humanist Lapse：Contained Mobility，in *Mission Reports: Artistic Practices in the Field/Video Works 1998 – 2008*，Bildmuseet/Arnolfini Gallery，pp. 55 – 61；De Genova，"Perplexities of Mobility."

15 Holmes，*Do Containers Dream of Electric People*? pp. 33，43.

16 Z. Bauman（2000）*Liquid Modernity*，Polity Press.

17 Z. Bauman（2000）*Globalisation: The Human Consequences*，Polity Press，p. 100.

18 Z. Bauman（2003）*Liquid Love*，Polity Press，p. 142.

19 C. Lebbe (2011) The Ban-Opticon in the Schengen Area, in J. Seijdel (ed.), (*Im*) *Mobility*, NAi Publishers SKOR, p. 82.

20 Schneider, Towards a Theory, p. 112.

21 E. Kluitenberg quoted in J. Seijdel (ed.) (2011) (*Im*) *Mobility*, NAi Publishers SKOR, p. 15.

22 M. Poste and D. Bigo in Lebbe, Ban-Opticon, pp. 83, 89, 90.

23 Lebbe, Ban-Opticon, pp. 80, 82.

24 E. Wiezman in M. Godfrey *et al*. (2010) Rights of Passage, *Tate Modern Magazine* **19** (Summer), p. 63.

25 M. Auge (1995) *Non-Places*, Verso; I. Chambers (1990) *Border Dialogues*, Routledge; R. Braidotti (1994) *Nomadic Subjects*, Columbia University Press; P. Iyer (1995) Where Worlds Collide, *Harper's Magazine* (August). 更新近的观点，请参阅：W. Self (2011) Aerotropolis, *London Review of Books* (April 28).

26 T. Cresswell (2006), *On the Move*, Routledge, pp. 255, 222.

27 Cresswell, *On the Move*, pp. 244, 239, 224; Hannam, Sheller, and Urry, Editorial, 11.

28 Hannam, Sheller, and Urry, Editorial, 12.

29 A. Kellerman (2008) International Airports, *Mobilities* **3** (1), 166, 170.

30 Cresswell, *On the Move*, pp. 172 - 173.

31 Torpey quoted in Cresswell, *On the Move*, p. 185.

32 Cresswell, *On the Move*, pp. 151, 158, 161. 正如克雷斯韦尔和霍斯金斯（Hoskins）所说，对19世纪美国控制中国务工人员涌入的具体方式的分析，批判性地揭示了美国标榜的流动、冒险和移民正能量的基本神话[T. Cresswel and G. Hoskins (2006) Producing Immigrant Communities, in Cresswell, *On The Move*, p. 175 et seq]。他们认为，除了美洲原住民，美国其他国民确实原本来自其他地方，但这个神话赋予了移民过于简单的身份认同，而且，作为美国民族性格的核心，流动的传统以“马不停蹄的、流动的人，在意识形态上将他们［自身］与停滞、腐败的欧洲故乡划清界限”。这种具有统一的流动经验的“想象地理”是美国创造神话的核心，因此被认为是国家成功最重要的活力之本。然而，正如他们强调的那样，赋予欧洲白人移民流动性以积极意义与对中国移民流动性进行负面评价之间形成了鲜明对比，中国移民被打上“非我族类、格格不入、不文明、不道德和不健康”的标签。因此，除了对美国本土历史具有的重要性之外，他们认为“1882年的《排华法案》(The Chinese Exclusion Act) 还标志着在全球范围内产生和限制流动性的世界体系的起点之一”。(Cresswell and

Hoskins, Producing Immigrant Communities, pp. 175 et seq., pp. 193, 182 note 19, 182n. 19, 186.)

33 S. Ureta (2008) To Move or Not to Move? Social Exclusion, Accessibility and Daily Mobility among the Low-Income Population in Santiago, Chile, *Mobilities* **3** (2), 273, 270.

34 Ureta, To Move or Not to Move, p. 281.

35 这一点在电视剧《火线》(*The Wire*) 中得到了很好的体现。剧中一个当地的孩子游走在贩毒边缘，一位好心的老师鼓励他读大学，而他只问了这样一句话："但是，你怎么从这儿去到世界其他地方呢?" (The Wire, Series 1, Home Box Office.) 关于这一观点的理论起源，请参阅以下文章中对"活动空间"的讨论：T. Hagerstrand (1985) Time Geography, in S. Aida (ed.), *The Science of Praxis of Complexity*, United Nations University.

36 J. Hine (2008) Transport and Social Justice, in R. Knowles, J. Shaw, and I. Docherty (eds.), *Transport Geographies*, Blackwell, p. 49.

37 I. Docherty, G. Giuliano, and D. Houston (2008) Connected Cities, in R. Knowles, J. Shaw, and I. Docherty (eds.), *Transport Geographies*, Blackwell, p. 84.

38 M. Moseley (1979) *Accessibility: The Rural Challenge*, Methuen, p. 56.

39 R. Gant (2002) Shopmobility at the Millenium: "Enabling" Access in Town Centres, *Journal of Transport Geography* **10**, 123 - 133.

40 C. Charlton and T. Vowles quoted in R. Knowles, J. Shaw, and I. Docherty (eds.) (2008) *Transport Geographies*, Blackwell, p. 134.

41 N. Thrift (1996) *Spatial Formations*, Sage; L. Wacquant (1996) The Rise of Advanced Marginality, *Acta Sociologica* **39**, quoted in S. Graham (2001) The City As Sociotechnical Process, *City* **5** (3), 343, 348.

42 S. Cwerner (2006) Vertical Flight and Urban Mobilities, *Mobilities* **1** (2).

43 G. Votolato (2007) *Transport Design: A Travel History*, Reaction Books, p. 174.

44 Cwerner, Vertical Flight; Kellerman, International Airports.

45 Cwerner, Vertical Flight, 198; S. Graham and S. Marvin quoted in Cwerner, Vertical Flight, 199. 参见第七章关于其他分离技术的讨论。

46 Cwerner, Vertical Flight; J. Scudamore (2010) *Heliopolis*, Vintage.

47 J. Adams (2008) Hypermobility, *Prospect* (March), p. 28.

48 Cwerner, Vertical Flight, 209, 211 - 212. 另见：P. Adey (2010) *Mobility*, Routledge, pp. 96 - 97. 事实上，自希沃纳的文章发表以来，由于修建了更多的公交专用道，以及该市骑车出行人群的增加，圣保罗地区贫困群体的交通状况略有改善。请参阅：http：//mobile. nytimes. com/2015/10/05/world/americas/mayor-fernando-haddad-of-sao-paolo-strives-to-ease-gridlock. html?referer=&. _ r=0.

49 K. Burrell (2008) Materialising the Border：Spaces of Mobility and Material Culture in Post-Socialist Poland，*Mobilities* **3** (3)，358.

50 I. Ditchev (2006) Aesthetics of Travel，in F. von Hapsburg (ed.)，*Kuba: Against the Current*，Thysen-Bornemisza art Contemporary，p. 15. 另见蒲鲁东（Proudhon）对19世纪铁路交通的拥趸所持谬见的批判，那些人幻想仅仅由于“通过铁路建构的人类联系”，“所有使人们产生隔阂的仇恨、反感和偏见将最终走向消亡”。A. Mattelart (1996) *The Invention of Communication*，University of Minnesota Press，p. 146.

51 S. Hutchinson，quoted in Adey *Mobility*，p. iii.

52 J. P. Rodrigue，C. Comtois，and B. Slack (2006) *The Geography of Transport Systems*，Routledge，p. 190.

53 S. Stradling and G. Anable (2008) Individual Transport Patterns，in R. Knowles，J. Shaw，and I. Docherty (eds.)，*Transport Geographies*，Blackwell.

54 P. D. Smith (2012) The Car's Heyday Has Passed，*The Guardian* (Review) (September 8). 不过，当代流动性的“权力几何学”有时会采取意料之外的形式。如今，在许多大城市，相对富裕的人比穷人更有可能定期长途步行，他们往往在生活中对健身投入巨大。事实上，可以说，他们的工资越高，就越有可能步行或者骑车，而非乘坐当地的公交车。

55 请参阅以下关于“作为等待的地区”的贫穷国家的描述：T. Friedman (2000) *The Lexus and The Olive Tree*，Harper Books；P. Theroux (2003) *Dark Star Safari*，Penguin，p. 237.

56 H. Shweizer quoted in D. Bissell (2007) Animating Suspension，*Mobilities* **2** (2)，283；Moran on queuing，quoted in the same article by Bissell，p. 285.

57 R. Rettie (2008) Mobile Phones as Network Capital，*Mobilities* **3** (2). 参见我在第八章有关这一问题的进一步讨论，有关“拉撒路一样”一词的由来，另见：N. Perry，K. O'Hara，A. Sellon，B. Brown，and R. Harper (2001) Dealing with Mobility，available at http：//www. equator. ac. uk/Publication _ Store.

58 W. Nijenhuis (2011) Exit City：Home Everywhere and Nowhere，in J. Seijdel (ed.)，(*Im*) *Mobility*，NAi Publishers SKOR，pp. 68，70.

59 P. Virilio (2003) The Overexposed City，in A. Hoete (ed.)，*ROAM: A Reader on the Aesthetics of Mobility*，Black Dog Publishing，p. 276. 如今或许变成了放在枕头下的智能手机。

60 Ben Jelloun，*Leaving Tangier*，p. 169.
61 关于这个问题的更多讨论参见第九章。
62 D. Massey（1994）*Space*，*Place and Gender*，Polity Press，Part 2.
63 U. Schultz-Dornburg（2007）*Architectures of Waiting*，Verlag Buchanhandlung Walter Konig.
64 D. Bissell（2007）Animating Suspension：Waiting，*Mobilities* **2**（2），282. 有关等待的“容器空间”在公共生活中的重要性，有一个通俗的例子，即“候车室”：公众别无选择（且相对无能为力），只能坐在里面接受广告的轰炸。另见：A. McCarthy（2002）*Ambient Television*.
65 F. Raje（2007）The Lived Experience of Transport Structure，*Mobilities* **2**（1），52. 不过，戴维·比塞尔建议，与（受到积极评价的）流动性相比，我们与其不假思索地贬低等待，不如将其视为流动性（非流动性）关系政治下“一种构成旅行空间的慢节奏”。从这个角度来看，这也是一个权力问题：如果自愿选择了“慢”，那么它可以“作为一种特权/生活方式的选择——被重新编码成积极的”（就像在“慢食”中一样）——而慢下来可以被重新定义为“放松”，比如你的工作有足够的弹性，你就可以“错峰出行”。[Bissell，Animating Suspension，284；P. Adey quoted in Bissell，Animating Suspension，283.]
66 J. Urry（2007）*Mobilities*，Polity Press，pp. 160 - 161.
67 J. Law quoted in Urry，*Mobilities*，p. 34.
68 M. Castells quoted in Urry，*Mobilities*，p. 162.
69 J. Urry（2002）Mobility and Proximity，*Sociology* **36**（2），268 - 269；N. Couldry and A. McArthy（eds.）（2004）*Mediaspace*，Routledge on this “interweaving.”
70 J. Clifford（1997）*Routes*，University of California Press，p. 247；Urry，Mobility and Proximity，271.
71 Urry，*Mobilities*，pp. 192，197 - 198.
72 Cresswell，*On the Move*，pp. 166 - 167；C. Langan（2001）Mobility Disability，*Public Culture* **13**（3）.
73 Cresswell，*On the Move*，p. 264.
74 P. Adams（2009）*Geographies of Media and Communication*，Wiley Blackwell，p. 219.
75 Z. Bauman，*Liquid Modernity*，p. 104.
76 Y.-C. Liu MA Digital Media，Goldsmiths 2008 - 2009，personal communication.

第五章　地理、地形和拓扑学：网络和基础设施

近与远：地理接近与拓扑联系

95 地理学的基本假设之一是，考虑到流动的资源成本，互动行为与所涉及的物理距离直接相关。当地理位置、流动性和交通问题被当作经济地理问题来处理时，我们倾向于一种抽象分析演绎模式，其假设是经济活动发生在一个中性的、无特征的表面上。[1]经济理性的数学模型已经被用来解释地理距离对地理位置的影响，交通被简单地视为克服路程“阻力”的因素之一。但随着远程技术的发展，我们现在不仅要考虑物质空间，还要考虑时间空间和成本空间，它们不一定是相称的。[2]

在这种新地理中，个人或组织的能力现已扩展到虚拟领域，其允许新的社会互动模式“独立于线性距离和相邻的空间关系”[3]。亚当斯将托尔斯滕·黑格斯特兰德（Torsten Hagerstrand）的个体“活动空间”概念与唐纳德·贾内尔（Donald Janelle）中介形式的

“可扩展性”概念相结合，认为互联网扩大人类的活动范围，可以被视为类似于交通工具对具身形式的流动的影响。因此，关美波（Kwan Mei-Po）认为，考虑到人们通过面对面的互动以及使用各种信息和通信技术可以接触不同的地理范围，我们需要在虚拟和物质领域制定个人行为“可扩展性”的混合衡量标准。[4]在这些互动中，正如史蒂文·格雷厄姆（Steven Graham）所指出的那样：“以地点和交通为基础的复杂关系意义……不断地通过技术网络访问，重组本地和外地的连接关系。”[5]随着通信技术在我们的日常生活中 96
越来越普及，我们逐渐生活在物质空间和虚拟空间的混合状态中，处于“虚拟的真实化和真实的虚拟化的递归过程”[6]中。

在这一点上，米歇尔·塞尔（Michel Serres）和布鲁诺·拉图尔解释说，他们的方法是由试图产生“哲学地理学”的想法驱动的，这种地理学提供了“一种关于接近性和持续或中断的变革的科学”[7]。他们的目标是超越以绝对空间来衡量远近的做法，更好地从动态和相关的角度来理解地方（在这个绝对空间中，“近”是连接程度的问题，而非在欧几里得图表中以英里来衡量的特性）。[8]关于这个问题，近年来人们普遍认为“网络逻辑”构成当下社会的新形态[9]，通过各种网络的新范围、延伸的覆盖面和新能力，可以在人与物之间跨越时空产生或多或少的持久联系。在这种情况下，重要的不是绝对位置而是相对位置（网络节点之间的“联系”程度），因为社会距离和空间距离不再是一致的。[10]这些通信网络的接入程度正是人们社会和经济福利所依赖的文化和经济“资本”，而以各种形式存在的流动构成了将这些网络连接在一起的“黏合剂”。从行动者网络理论的角度来看，空间调节技术“连接相隔距离遥远的行动者……［并且］……使他们呈现在彼此面前”[11]。然而，我们必须注意拉图尔在这件事上的谨慎态度，他注意到“当‘网络’一词第一次被引入时……它显然意味着一系列的转换、转译、转导。随着‘网络’一词的全新普及，现在它意味着保真的信息传播，以及对每一条信息的瞬时、无中介的访问，这与我们之前的意思正好相反”[12]。

拓扑空间是由网络连接的内部结构决定的，与它们在物质空间中的位置无关。在这个关系空间中，关键问题是识别由通信基础设施及其相互联系的层次模式创建的向量或路径，这些向量定义了“流动空间”的方向和结构内容。这种拓扑视角忽略了绝对距离，倾向于映射联系、节点和交流连接的模式，而不是实体接触。就地理形状而言，这些网络可能与直觉相反。因此，两个拥有大量良好连接的“枢纽”机场可以被视为“近在咫尺”，即使它们在地理距离上相距很远，而且连接模式很复杂。对此，保罗·亚当斯（Paul Adams）指出：“人们的观念从英国跨越 8 000 英里到澳大利亚，比从新几内亚跨越 100 英里到澳大利亚要容易得多，因为它们具有诸如语言、宗教、政治和经济特征等共同因素。”这些使得澳大利亚与英国的关系比它与新几内亚的关系更加紧密。[13]

网络意识形态：去领土化？

97 然而，我们必须认识到，“网络”意识形态绝不是一种新现象。

“网络崇拜”由来已久，正如阿芒·马特拉认为的那样：“通信网络是一个永恒的承诺，象征着一个因为团结而变得更好的世界。”从铁路到今天的互联网，过去的每一代技术都复兴了这一承诺。在此意义上，他所谓的“技术唯心主义决定论”中的乌托邦幻想构成了一种“救赎性”通信意识形态的基础，这种意识形态早就存在于当今信息社会的先知们所提出的思想之中。[14]虽然我们世界新的虚拟维度产生了相当大的影响，但物质地理并未“消亡”，仍需要我们密切关注。[15]特别是，越来越多的批判性研究开始认为，赛博空间本身具有完全可识别的地理形态，其路线和位置很大程度上复制了早期通信方式的结构和模式。

在关于当代世界所谓的去领土化争论中，经常被拿来作为地理消亡论的一个例子是“离岸”电话呼叫中心的增加，这些中心存在的目的是处理许多欧美企业在遥远国土上的客户服务业务。在这些呼叫中心中，第三世界的网络无产阶级活跃在全球经济的底层，做着平庸的键盘工作以及例行的“苦差事”，而这对于富裕的西方企业和机构维持运行是必需的。这些人在工作场所使用美国人或欧洲人的名字和口音，学习另一种文化（就像他们学习必要的软件技能一样），而他们却生活在孟买或班加罗尔，居住在截然不同的虚拟和现实世界中。然而，这些呼叫中心绝不在“地理之外”。事实上，从帝国主义和殖民主义的历史来看，它们的处境是完全可以理解的——帝国的权力将低工资成本与高度发达的殖民语言能力的特殊组合遗留给前殖民地——这就是为什么英国在印度设立呼叫中心，而法国和西班牙往往在北非设立呼叫中心。在这方面，它们或许有助于我们更好地理解“再领土化”问题。

除了经济活动的位置问题之外，我们还应该记得互联网技术最初被认为是最重要的，因为它们有能力使各种欺骗和掩饰成为可能，把身份从地点和具身中解放出来。然而，我们现在看到一种越来越明显的趋势，即赛博网络更多基于地理上的联系和参与者的真实身份，而不是伪装的身份。在某种程度上，对地点高度敏感的位
98 置媒介（locative media）现在被广泛认为是“社交媒体”未来盈利的核心。[16]同样，在商界，电子邮件的主要功能往往是加强地理位置相邻的人们之间的交流。

因此，即使在技术条件不断变化的情况下，物质地理环境也以各种方式保持着其重要性，而我们必须关注技术转变是如何发生的，又是在何处发生的。一旦我们以这种历史和地理上的细致入微的方式看待问题，就会发现，我们不是从一个传播的“时代”突然进入另一个传播的“时代”，而是在新旧符号和物质传播技术之间有许多连续性、重叠性和共生模式。这意味着必须谨慎对待前面第三章讨论过的流动系统的周期化理论。在这种多样化的虚拟与现实连接方式不断演变的格局中，即使是最新技术的有效性最终也取决于先前时代的物质基础设施。也许有一个很好的例子可以说明这一点：2008 年初，澳大利亚很多地区的互联网陷入瘫痪，原因是承载互联网的海底电缆在靠近苏伊士运河口的亚历山大港被一艘船的龙骨损坏，这条海底电缆沿着英国于 19 世纪铺设的电报线路从地中海横跨印度洋，而苏伊士运河曾被认为是英国的通信“咽喉”。[17]

流动的地理

最近的许多研究都集中在我们这个时代的远程技术超越距离的能力上[18]，以及在流动人员使用通信技术的背景下，网络和数字化形式的融合媒介与信息流如何创造一种新的短暂或“流动”的地理[19]。但是，假定这些拓扑形式的联系已经完全取代传统地缘政治空间的自然地理，从而使我们完全失去了位置的概念，这就太愚蠢了。

正如肯·希利斯（Ken Hillis）所言，挑战在于“将服务器、用户和实际场所的物理位置与网络空间的虚拟性以及日常生活的虚拟部分联系起来”[20]。同样，拉图尔以他特有的简洁明了的语言对该问题进行了阐述：

> 数字化的扩张极大地增加了网络的物质维度。……（但是）……数字化程度越高，虚拟程度就越低，特定活动就变得越真实。现在大家都知道：没有卫星，就没有GPS；没有快速 99
> 连接，就没有多人游戏；没有佛罗里达州坦帕市的总部，巴基斯坦就不会有无人机……去告诉谷歌的工程师，他们庞大的服务器阵列只是虚拟的！[21]

事实上，据统计，目前全球数据存储和传输所消耗的能源比世界航空业所消耗的能源还多50%。[22]网络空间的修辞已经产生一种夸张的形象，用卡伦·卡普兰的话说，就是“通过无形的流动获得无限的力量”，它承诺一个“自由流动和快速传输的无限空间”。然而，正如她所指出的，这些新技术“本身就像任何其他实践一样根植于物质关系中”[23]。关于虚拟领域和实体领域这对矛盾的一个显著例子，我们可以看看乌尔苏拉·比曼对在解除管制的跨国贸易区（如墨西哥边境的华雷斯）工作的墨西哥妇女地位的分析。在身处剥削的条件下，这些妇女在高科技贫民窟工作，住在没有自来水和电的棚屋里，生产这些“不受限制的流动”所依赖的数字技术，却只能赚取极低的工资。[24]

这里，我们还可以参考安德鲁·布卢姆（Andrew Blum）对“数据农场”巨大的能源消耗、污水排放、工业结构以及互联网本身所依赖的通信/存储中心的研究。布卢姆批评说，人们更倾向于把互联网想象成“一种虚无缥缈的电子太阳系宇宙云”[25]，他坚持认为互联网的根本物理性是一些甚至有自己独特气味的地点——“工业空调和电容器释放的臭氧的奇怪独特组合”[26]。正如他所说：“尽管人们都在谈论新的数字时代无处不在……但互联网网络就像任何铁路或电话系统一样，固定在真实的物理场所中。”互联网设施的选址通常是由地理优势决定的，例如纽约和新泽西州可以随时接入横跨大西洋的海底电缆，这是美国通往欧洲的“门户”。[27]相反，由于地处一个相对孤立的半岛，西班牙没有一个城市有可能成为主要的互联网中心。布卢姆不无讽刺地指出，在某种程度上“地理（仍然）是命运……即使在互联网上也是如此”[28]。也如马库斯·克里斯蒂亚（Marcus Krisetya）提到的，互联网不仅有一套牢固的物理基础设施，并且在地理上分布也是非常集中的。简单地说，这种结构“建立在硅谷、纽约和华盛顿，伦敦、巴黎、阿姆斯特丹和法兰克福，东京和首尔之间的核心网络连接基础之上”[29]。的确，互联网活动的地理位置现在主要集中在这些地方。正如安东尼·汤森（Anthony Townsend）指出的，近年来实施的互联网拓扑重整，“从 20 世纪 60 年代设想的理想化分布式网络向结构更加集中化发展的趋势”达到了顶峰。一个简单的事实是，任何辐射系统的较小部分都很难在全球整合为集中结构的持续进程中生存下来，而集中式结构最终会更高效且更有利可图。[30] 100

回到传统的地理模型，在很多情况下，地形仍然决定着交通，通常是沿着“路程阻力最小”的路径延伸：在陆地上，穿过山谷和山口；在水路上，沿着最容易航行的水道。这些因素也可以解释在许多情况下可察觉到的历史连续性，其中最近的运输路线往往沿着与早期建立的路线相同的物理路径延伸。[31]因此，英国电信公司已经在“铁路沿线（mercury）、电线塔（energis）顶部，甚至是工业革命时期作为主要交通网络的旧运河岸边，铺设相互竞争的光纤网络”[32]。

在某些情况下，城市的发展可以直接以它们的地理空间位置在历史上被赋予的重要交通功能来解释。正是以这一方式，芝加哥在 19 世纪晚期取得了重大发展：作为枢纽，它通过运河和铁路，将美国中西部的农业产品运输到东海岸市场，并继续运往欧洲。这奠定了它目前作为国家和国际战略通信和交通枢纽的物质基础。[33]

随着物质运输和交通网络的共同发展，我们这个时代的实体中心城市也成为全球网络中的信息节点，呈现出“相辅相成的循环，进一步集中运输和电信投资”，旧的基础设施为新的数字世界的扩展提供了物质基础。[34]

但是，绝对地理位置并不能保证永久不变的地位，因为任何一个地方的重要性都有可能会因其他地方的事件而改变。地中海的港口在古典时期和中世纪蓬勃发展，当时地中海被认为是西方世界的中心。然而，美洲的发现改变了地中海的核心地位，因此在相当长的一段时间里，地中海变成了一潭死水。直到后来连接地中海和印度洋的苏伊士运河开通，才重新确立了地中海在世界贸易中的重要地位。然而，当代跨太平洋贸易的增长再次降低了地中海（实际上现在是大西洋）的相对重要性。[35]今天，正如地中海港口的重要性随着新领土的发现和新航海贸易路线的出现而下降一样，欧洲机场的相对中心地位也被中东的发展削弱：迪拜很可能很快就会取代伦敦，成为世界航空之都。[36]

基础设施、话语和物质性

101 虽然新技术不断地使新形式的远程通信（例如电话会议）成为可能，但它们的作用往往是对以前的流动方式进行补充，而不是替代它。正如约翰·亚当斯所指出的，从历史上看，流动最频繁的社会群体也是所有形式的远程通信的最大用户群。[37]同样，约翰·萨卡拉（John Thackara）发现："就像为缓解交通拥堵而修建的道路增加了交通总量一样，互联网也增强了整体经济的物质运输强度。"[38]

远程通信并没有取代交通运输，正如斯蒂芬·格雷厄姆和西蒙·马文所说："总体而言，交通运输和远程通信实际上互相补充和促进，而不是简单的替代关系。"因此，电信对日常物理流动的替代“被移动的新需求取代，而远程通信和物质运输、电子邮件以及面对面会议使用的不断增加”意味着，与先前的预测相反，在很大程度上远程通信并没有取代物理流动。[39]

如果必须将流动的历史理解为涉及一整套基础设施的变化，如“电梯的引进、铁路系统的电气化、汽车作为私人交通工具的引入、航空的普及和冷藏集装箱的发明”，那么“机械邻近空间的形式现在被电磁邻近形式覆盖，城市交通路线的物理网格被信息网络覆盖”。[40]我们现在看到，物质运输与信息、资讯和图像的符号（通常是电子）形式交流之间日益融合并相互依存。[41]在这方面，杰里米·帕克（Jeremy Packer）声称：“随着交通运输速度的提高，交通运输越来越依赖于通信设备，因为更多的流动……沿着通信辅助安全的道路……进行。”[42]正如安德烈亚斯·维特尔（Andreas Wittel）的网络社会民族志所指出的那样，对于生活在“快车道”中的当代“航空精英”来说，如果他们的网络涉及实体交通等形式——私家汽车、火车、公共汽车、飞机、出租车和酒店，那么旅行本身就必须“与符号通信系统紧密结合，包括电话、传真、答录机、语音邮件、视频会议、电子邮件和聊天室”。正如我们在第四章中所看到的，在当代，作为网络社会的合格公民，要想成功地参与社会生活，就必须获得各种各样的虚拟资源。[43]

如果必须将流动的历史理解为涉及一整套基础设施的变化，如“电梯的引进、铁路系统的电气化、汽车作为私人交通工具的引入、航空的普及和冷藏集装箱的发明”，那么“机械邻近空间的形式现在被电磁邻近形式覆盖，城市交通路线的物理网格被信息网络覆盖”。

两个来自不同历史和文化背景的例子，也许足以说明虚拟和现

实领域（以及象征和物质领域）正日益交织在一起。在彼得·阿迪
102 对机场作为机构的分析中，他建议我们把虚拟和现实之间的关系看作“通过软件和电子基础设施对［物质］空间的重新组合改造”[44]。在此背景下，阿迪强调了一个事实，即机场的虚拟维度（以安全编码或空中交通控制系统等事物为代表）不是转瞬即逝的东西，还具有深远的客观影响。正如道奇（Dodge）和基钦（Kitchin）提到的：“安全警报会关闭机场某个区域，系统崩溃会关闭值机柜台，飞机计算机系统故障会导致飞机停飞。”[45]线上和线下领域必须被看作相互构成的整体。

然而，我们需要理解的并不仅仅是像机场这样一个具有象征意义的“现代”空间内虚拟与现实的共生关系。物质和虚拟流动长期以来一直交织在一起，例如在贸易路线方面。以历史上的“丝绸之路”为例，在欧洲和“中东”“远东”之间，沿着这条线，大量物品被来回运输，不仅商品是可流动的，话语也是可流动的。正如玛丽娜·沃纳（Marina Warner）谈到贸易对《一千零一夜》故事在整个中东地区传播的作用时所说的：“在开罗、巴格达和大马士革的苏赫人和汉斯人中，故事和八卦的交易就像香料和丝绸的交易一样热闹——故事是他们流通贸易体系的关键部分。”[46]根据沃纳当时的分析，“丝绸之路”本身就具有至关重要的虚拟维度，尽管这种特定的虚拟模式既不涉及电力，也不涉及数字化。同样，在当代背景下，有人认为伦敦最好被理解为“全球传播故事的节点”，这些故事是伦敦如何在全球流动的电子空间中保持其中心地位的关键。[47]

网络地理：数字区域

尽管交通运输和通信技术发生了革新，但所有的经济活动都根植于特定地点，“既有以沉没成本形式存在的物理地点，也有以局部社会关系形式存在的不那么有形的地点”[48]。这里的一个关键因素是“聚集”经济。“聚集”经济指的是，当一群类型相似的企业能够共享基础设施和服务时，其所获得的效益就会提高。正如斯多波（Storper）和维纳布尔斯（Venables）所指出的那样，服务的物理集群仍然带来了实质性的好处，“通过面对面的接触和快速的知识交流，……行人流动和……快递服务使密集的活动联系成为可能”[49]。奇怪的是，通常被认为是去领土化的通信网络产业本身，实际上却倾向于在特定地点聚集，从而证明了地理位置作为一种竞争经济优势的持续重要性。[50]

为了反对将虚拟形式的社会性与地方性分离的普遍趋势，也为 103
了反对凯瑟琳·海勒斯提出的“无实体的后人类”元叙事，珍妮·库尔（Jenny Cool）提供了一份特别重要的关于旧金山网络社区 Cyber Organic（有机赛博）发展的丰富的民族志，以便“把在当代关于网络新主题的讨论中不断被抹去的肉身重新融入画面中”。[51] Cyber Organic 在 20 世纪 90 年代对网络的发展产生了极大的影响，除其他成就外，它还促成了《连线》（*Wired*）杂志上线，创办了一些互联网企业（例如 Craigslist）。所有这些项目都是由一个大约 30 人的小组运作的，他们住在旧金山同一地区的合租房中，参加定期的“冬季赠礼节”集体聚餐，并共用一个局域网，其中包括他们当前正在集体参与的“空间吧”（the space bar）“聊天”/会议系统。[52]

根据以往关于硅谷在技术创新和动态经济增长方面的关键作用的研究，库尔说明了 Cyber Organic 是如何与一些早期项目在同一环境中涌现出来的，例如 WELL（1985 年推出的“全球电子连接”项目）和它自己的前身——“全球名录”（the Whole Earth Catalogue）。在追踪该项目的发展以及探索在线和面对面社交模式密切共生的方式时，她展示了“线上和地面［线下］的中介如何能够在网络媒体的社会结构中巩固和扩展，而不是削弱基于地点和具身的联系”[53]。她认为，这不仅仅是因为地理位置的构建作用和这种共存所提供的具身的社交，还因为该项目能够将“面对面社交的信任和身份建设力量与计算机媒介的灵活性和广阔范围”相结合。在这种情况下，“成员见面和互动的真实空间为其在网络空间的社区建设工作提供了有血有肉的‘反向通道’”，不论他们身处何时何地，“空间吧”提供的“聊天”/会议功能都可以通过局域网有效维持成员之间的持续连接。[54]同时，成员的协同定位使他们之间建立了高度的信任，这种信任可以在一定距离内以其网络社交的扩展和重新配置的形式予以增强和维持。[55]

此外，地理位置不仅仅在早期对这些技术的发展至关重要。安德鲁·布卢姆对物理共存在硅谷门洛帕克和帕洛阿尔托等街区的人才、专业知识和资金商业集群发展中所起的社会作用，给出了非常类似的解释。后来，当脸书这样的互联网公司开始腾飞时，布卢姆在谈到完成关键交易的咖啡馆时指出，互联网是一个“毫不掩饰的物质过程”——就像最近在东京大手町区、伦敦码头区、东伦敦“硅环岛”（新互联网创业中心）附近的咖啡馆这些新的互联网创业中心进行的交易一样。[56] 104

这些特定的城市区域在地理上是可识别的，而且通常是高度密集的，可与 20 世纪 90 年代繁荣时期巴黎的 CyberSentier 或都柏林的 Liberties-Coombes 相媲美。它们是主要的城市改造项目的所在地，该项目为租户提供高密度的互联网和电话连接，以及面对面建立关系网的机会，从而创造大量高价值的工作岗位。同样，尽管全球金融系统可能已经不分国界，但它绝不是没有固定位置的，而是以混合集群为特征，将一系列可能“无国界”的电子网络集中在特定地方，聚集在其实际的“地点决定的”范围内。[57]

网络结构和等级

尽管一些早期的评论家认为，万维网发展了一种“本质上”民主并且分布均匀的存在，但现在很多人意识到，万维网越来越多地表现出与传统媒体行业相同的层级结构，因为只有极少数强大的节点（如脸书、微软、CNN、BBC、谷歌、亚马逊等）才拥有大量的链接，从而控制网络的拓扑结构。[58] 此外，随着时间的推移，这些“主要连接点”的主导地位似乎在提升，它们之间的联系也在增强，就像金融世界主要枢纽之间的联系一样。[59] 因此，我们看到一种新的趋势，即网络以所谓的“贵族”系统的方式发展，中心节点（已经在前一个历史时代获得了权力）找到了方法将其现有的文化资本“调整”为后续技术发展的条件。[60]

在宏观层面上，由于“优先扩散”过程的经济动力，连接良好的通信枢纽比连接较差的通信枢纽提供了更多获利的机会，它们构成了当代世界通信系统的支柱。因此，基本层级模式仍然展现出一种通过中心和外围组织起来的连接拓扑结构。尽管现在人们经常宣称我们的时代是一个“根茎”连接的时代，在这个时代，从地球上的任何地方都可以同样抵达其他任何地方，不过，认为帝国权力中心这种“老式”概念不再适用则是完全错误的。尽管任何一个特定中心的重要性都可能会减弱，而新形成的其他的中心作为“吸引者”会获得更大的力量，但中心本身仍然是至关重要的，它们仍然是网络中的关键节点，“物品、情感、文化和人通过它们流通”[61]。

105 如果说北半球“世界城市”之间的距离在缩短，那么与此同时，南半球贫困地区中已经被边缘化的地区之间的距离在许多情况下正在扩大。以空中交通为例，主要的洲际交通连接欧洲、北美和亚太地区的重要城市，形成横贯富裕的北半球的东西轴线。从这个意义上说，“世界主要航空公司的航线大部分服务的是北美—欧洲—远东轴心的白人市场，或者至少是浅色人种市场”[62]。此外，如果我们转向虚拟通信领域，横跨富裕的北半球的东西方通信的主要线路，将与伦敦、纽约、东京这组世界主要城市之间的平行互联网通信流相辅相成。[63]在这条轴线上，伦敦仍然是中心枢纽（尽管来自阿姆斯特丹的竞争越来越激烈），连接着西部的纽约和芝加哥，以及东部的东京、新加坡和香港。这些城市是进入拉丁美洲、非洲（尽管非洲人口众多，但其国际航空运输量仍不足全球的3%）和大洋洲相对较小的南北交通流量的区域枢纽。因此，就贫穷的南半球而言，国际交通网络在很大程度上仍然受到帝国主义和殖民主义历史的影响。[64]

反全球化模式：区域和国家特质

基于这些考虑，与其把网络空间看作一个抽象的、单一的领域，不如研究一下在不同物质文化和语境中虚拟与现实的具体结合方式。在此，我们应该回顾一下人类学家马克·奥格（Mark Auge）的观点，他在讨论当代世界无地方性状态的假定时，曾将机场视为现代“无地方性”的象征之一。[65]现在回到我之前关于阿姆斯特丹的斯希普霍尔机场的讨论上来，克雷斯韦尔正确地批评网络社会理论所呈现的“流动空间”方式，仿佛这些空间是以纯技术的形式存在的，不受任何特定的历史或社会学背景的影响。他对斯希普霍尔机场特质的分析同样清楚地表明，它完全不是一个与其他机场无法区分的“无地方性”的象征，它已被其特定的社会政治背景和历史影响，并渗透到所有的网络中。因此，尽管它“可能是一个在全球流动空间内的节点，但它仍然是唯一的斯希普霍尔机场”[66]。即使全世界交通系统都具有某些结构特征，我们也仍需要认识到它们各自的文化独特性。

这里的问题是如何避免这种“总体化”逻辑的陷阱，以便在新 106
技术融入人们生活的过程中，对其具体意义进行细致入微的分析。

要更好地理解全球化进程中地方的特殊性是如何产生的，我们不需要对网络空间的“本质”进行更多的概括，而是需要特里·弗卢（Terry Flew）在互联网研究中所称的“新经验”，即研究特定技术在不同环境下是如何部署的。[67]本着同样的精神，杰恩·罗杰斯（Jayne Rogers）和吕西安·施特拉特（Lucien Strate）都将网络空间理解为一种多层次、多结构的技术社会和技术空间的交互系统，这些交互和参与涉及数以百万计的线上和线下空间的交叉点。[68]因此，问题是“将构建何种多样性”，这取决于特定技术如何被嵌入和整合到具体的日常环境中。[69]

我们还需要考虑虚拟领域的具体特征如何与特定的民族和语言文化相关联。因此，尽管互联网的一些特征，如色情、赌博和垃圾邮件，具有或多或少的普遍性，但它们总是被文化差异重新语境化。即使在互联网时代，“全球文化”的大部分仍然以各国不同的形式存在。康奈尔·桑德福斯（Cornell Sandvoss）指出，虽然粉丝文化通常伴随着全球化形式的个体交流，但是，正如电视市场在世界范围内仍以国家为主要形式，围绕其电视节目成长起来的粉丝文化也是如此，尽管它们现在是以互联网为中介的。[70]在这里，我们也看到了新旧媒体相互交织的有趣例子。正如桑德福斯所指出的[71]，除了考虑互联网如何改变粉丝文化，我们还必须考虑过去线下粉丝文化形式如何继续影响电视和互联网的发展。在这方面有一点要注意的是，正如大多数电视消费继续在国内流动而非跨国发展一样，大量的互联网流量也是如此。[72]同样，脸书上的“朋友圈”模式总体上是以国家为单位的，其中的跨国联系很大程度上可以解释为特定国家之间的历史和/或语言双边联系的结果。

地理隐喻的界限

在这一点上，我们需要回到我在第一章开始时提到的流动性的隐喻。也许，正如戴维·哈维所言，由于认识到地理"非常重要以至于不能单独留给地理学家研究"这一事实，媒体和传播领域近年来引入了一系列空间和地理隐喻（例如，位置、位移、地点、领域、领土、领域土壤、地平线、区域、景观、制图学）。[73]其中许多概念被随意引用，已成为对传播过程进行"空间化"分析的未经审查的新术语。当然，正如因卡·萨洛瓦拉-莫林（Inka Salovaara-Moring）所指出的，从其他领域引入的隐喻和类比，通常可以在跨学科的工作中发展出新的范式。[74]尽管如此，正如奥瓦尔·洛夫格伦在这方面所说的［引用贝特森（Bateson）的话］："我们有时确实会被某些隐喻冲昏头脑……因此知道何时放弃它们是很重要的。"[75] 107

举个例子，依理查德·埃克（Richard Ek）所见，维利里奥对于出现"基于普遍流行的远程数据传输网格的广泛互动的文化"的愿景，为"没有距离的限制……只有通信技术幻觉的乌托邦"[76]提供了有益的思维启发，但这夸大了一般的情况。除了把维利里奥抽象的"速度学"作为当代文化的广义方面[77]，我们还需要对不同"联系"模式的获取方式进行分层阐释。与大肆宣扬新技术在超越社会、地理和文化差异方面的作用相反，我们的研究应该关注新的分化是如何不断地在技术模式中被重新定义的。[78]如果我们试图理解物质和网络空间的不断变化和多种形式，那么基于网络和流动的概念来声称物质空间和场所的传统概念完全过时是无益的。因此，维利里奥提醒我们注意运输形式和速度的变化（特别是从有机速度向机械速度再向信息速度的转变）如何决定某一特定领土的范围（及其特有的组织方式），但我们需要发展一种更具有历史基础、不倾向于技术决定论的观点。

正如洛夫格伦所指出的，在最近的许多讨论中，或许已经太多次强调“post”[后国家化（postnational）或后地方性（postlocal）] 和“de”[去中心化（decentred）或去领土化（deterritorialized）]，而没有更多关注在特定情境下移动的个体和媒介的准确关系，更没有关注在这个过程中社会、文化、政治和物质强加的限制。他有力地指出，在某一地理位置以及在媒介空间[79]中仍然存在着“复杂的微观物理”，除了抽象理解外（例如，网络空间是一种无处不在的无地域性的媒介），还需要进行具体实证研究，以探究在特定情况下物质和媒介空间之间的准确关系。[80]

注　释

1 D. MacKinnon, G. Pirie, and M. Gather (2008) Transport and Economic Development, in R. Knowles, J. Shaw, and I. Docherty (eds.), *Transport Geographies: Mobilities, Flows and Spaces*, Blackwel.

2 P. Adams (2009) *Geographies of Media and Communication*, Wiley Blackwell, pp. 48 - 49.

3　Adams，*Geographies of Media*，p. 79；T. Haagerstrand（1973）The Domain of Human Geography，in R. J. Chorley（ed.），*Directions in Geography*，Methuen.

4　D. Janelle（1973）Measuring Human Extensibility in a Shrinking World，*Journal of Geography* **72**（5）；M. P. Kwan（2000）Human Extensibility and Individual Hybrid-Accessibility in Space-Time，in D. Janelle and D. Hodge（eds.），*Information，Place and Cyberspace*，Springer Verlag；P. Virilio（2000）The Last Vehicle，in *Polar Inertia*，Sage.

5　S. Graham（1998）The End of Geography? *Progress in Human Geography* **22**（2），182.

6　M. Dodge and R. Kitchin（2001）*Mapping Cyberspace*，Routledge，p. 24.

7　M. Serres and B. Latour（1995）*Conversations on Science，Culture and Time*，University of Michigan Press，p. 105.

8　关于这一点，另请参阅：R. Ek（2006）Media Studies，Geographical Imaginations and Relational Spaces，in J. Falkheimer and A. Jansson（eds.），*Geographies of Communication*，Nordicom，pp. 51 - 52.

9　M. Castells（1996）*The Rise of the Network Society*，Blackwell.

10　J. Urry（2007）*Mobilities*，Polity Press，pp. 192 - 193.

11　M. Callon and J. Law（2004）Guest Editorial，*Environment and Planning D: Society and Space* **22**，6.

12　B. Latour（1999）On Recalling ANT，in J. Law and J. Hassard（eds.），*Actor Network Theory and After*，Blackwell，p. 15.

13　Adams，*Geographies of Media*，p. 79. 或者再从地形学角度举一个拓扑分离的例子：60%的联邦快递邮件，无论从哪里发送或发送到哪里，都会经过位于田纳西州孟菲斯市的主要分拣中心。

14　A. Mattelart（2000）*Networking the World*，University of Minnesota Press，p. viii；A. Mattelart（1996）*The Invention of Communication*，University of Minnesota Press，p. xvii.

15　K. Hannam，M. Sheller，and J. Urry（2006）Editorial：Mobilities，Immobilities and Moorings，*Mobilities* **1**（1）；Urry，*Mobilities*.

16　我会在第六章更详细地谈到位置媒介的问题。

17　海洋生物也会对其产生影响：2015 年，由于东南亚各地的海底网络电缆形成的电磁场对鲨鱼产生干扰，这些电缆多次被鲨鱼袭击。Abigail Carter，2015.

18　J. Derrida and B. Steigler（2002）*Echographies of Television*，Polity Press.

19 Z. Bauman (2000) *Liquid Modernity*, Polity Press.

20 K. Hillis quoted in R. Shields (2006) *The Virtual*, Routledge, pp. 76 – 77.

21 B. Latour (2011) Networks, Societies, Spheres: Reflections of an Actor Network Theorist, *International Journal of Communication* **5**, 802.

22 R. Cook (2015) The World's Cleverest Man, *The Observer New Review* (March 8).

23 K. Caplan (2003) Technologies of Mobility and Location, in S. Ahmed, C. Castaneda, M. Fortier, and M. Sheller (eds.), *Uprootings/Re-groundings*, Berg, p. 210.

24 U. Biemann (2010) Making the Transnational Intelligible, in *Mission Reports: Artistic Practices in the Field/Video Works 1998 – 2008*, Bildmuseet/Arnolfini Gallery.

25 A. Blum (2012) *Tubes: Behind the Scenes at the Internet*, Viking, p. 6.

26 Blum, *Tubes*, p. 44. 或者如罗伯特・哈里斯（Robert Harris）所描述的"燃烧烟尘中熟悉的电气味道"。[R. Harris (2014) *The Fear Index*, Random House, p. 204.]

27 Blum, *Tubes*, p. 9.

28 Blum, *Tubes*, pp. 64, 113.

29 M. Krisetya (1999) *Hubs and Spokes: A Tele-Geography Internet Reader*, TeleGeography Consultancy quoted in Blum, *Tubes*, p. 27.

30 A. Townsend quoted in Blum, *Tubes*, p. 65.

31 J. -P. Rodrigue, C. Comtois, and B. Slack (2006) *The Geography of Transport Systems*, Routledge.

32 S. Graham and S. Marvin (1996) *Telecommunications and the City*, Routledge, p. 329.

33 D. MacKinnon, Pirie, and Mather, Transport and Economic Development. 关于交通和通信枢纽的历史"惯性"意义的权威描述，请参阅：F. Braudel (1978) *Afterthoughts on Material Civilization and Capitalism*, John Hopkins Press, p. 197.

34 Graham and Marvin, *Telecomunications and the City*, p. 329.

35 Rodrigue, Comtois, and Slack, *Geography of Transport Systems*, pp. 135, 150.

36 S. Calder (2012) The Gulf Widens, *Independent Traveller* (September 8).

37 J. Adams (2000) Hypermobility, *Prospect* (March), 30.

38 J. Thackara (2011) "The Gram Junkies" in A. Seijdel (ed.), (*Im*) *mobility*, NAi Publishers SKOR, p. 125.

39 S. Graham and S. Marvin (1998) *Net Effects*, Comedia/Demos, p. 12.

40 A. Hoete (2004) Editorial Introduction, in *A Reader on Aesthetics of Mobility*, Black Dog Publishing, pp. 10 - 12.

41 Hannam, Sheller, and Urry, Editorial, 4, 11.

42 J. Packer (2006) Rethinking Dependency, in J. Packer and C. Robertson (eds.), *Thinking with James Carey*, Peter Lang, pp. 79, 95, 87.

43 A. Wittel quoted in Hannam, Sheller, and Urry, Editorial, 12.

44 P. Adey (2006) If Mobility is Everything Then It Is Nothing, *Mobilities* **1** (1), 80.

45 M. Dodge and R. Kitchin quoted in Adey, If Mobility is Everything, p. 80.

46 M. Warner (2011) *The Secrets of the Arabian Nights*, BBC Radio 4. Transcript (April 21). 在这方面，布鲁斯·查特文（Bruce Chatwin）分析了澳大利亚原住民文化的"虚拟地图"是如何通过"歌唱"领土/道路的话语产生的［B. Chatwin (1987) *The Songlines*, Jonathan Cape］，其意义比简单地维护原住民那些具有异国情调的文化实践更加深远。这里我提供两个从第一世界的视角出发进行类似实践的例子，虽不同但有联系。第一个例子发生在 20 世纪 70 年代，嬉皮士企业家托尼·艾略特（Tony Elliott）创办了《暂停》（*Time Out*）杂志，以此作为一种"反公众"的方式，来支持伦敦当时的新兴文化。至少在某种程度上，正是这种营销话语的创造询唤并赋予了读者合法性，才使这些娱乐和文化活动有财力举办。第二个例子是，自 20 世纪 80 年代以来，世界各地的城市都制定了文化产业战略，将文化产业作为一种"场所营造"形式，旨在提升城市的公众形象，从而吸引外来投资、促进旅游业发展、提振当地经济和创造就业机会。在这两个例子中，宣传和报道的虚拟话语并不是简单地反映已经存在的物质现实，相反，它们在使其成为现实存在的过程中发挥了重要作用。

47 N. Thrift (1996) *Spatial Formations*, Sage, p. 252.

48 P. Dicken (1988) *Global Shif*, Sage, p. 11.

49 M. Storper and A. Venables (2004) Buzz: Face-to-Face Contact and the Urban Economy, *Journal of Economic Geography* **4**, 351 - 371.

50 Graham and Marvin, *Net Effects*; M. E. Porter (2004) *Competitive Advantage*, Free Press; M. Aaltola (2005) *Power Hub Geography* quoted in Urry, *Mobilities*, 154.

51 K. Hayles (2005) *My Mother Was a Computer*, Chicago University Press, p. 5.

52 J. Cool (2010) Co-location, Phatic Communion and Presence-Casting: The Mutuality of Online and On Ground in the Social Construction of Networked

Social Media. Paper posted to Medianthro@easaonline. org（May4）. 有关旧金山这一颇具影响力的原初技术“场景”的社会学背景，另见：F. Turner（2006）*From Counter-Culture to Cyberculture: Stewart Brand, the Whole Earth Catalogue and the Rise of Digital Utopianism*, University of Chicago Press.

53 Cool, Co-location, p. 1.

54 Cool, Co-location, pp. 7 – 8.

55 Turner, *From Counter-Culture* for an exposition of the hippie roots of Silicon Valley. 最近，卡罗尔·卡德瓦拉德（Carole Cadwallader）的新闻报道称，随着越来越多的硅谷企业家想要“重新进入”城市，旧金山某些地区的房地产价格正在走向崩盘：C. Cadwallader（2015）Of Course it's a Bubble. . . , *Observer Review*（November 4）.

56 Blum, *Tubes*, pp. 70 – 71.

57 E. Kluitenberg（2011）Extreme Displacement, in Seijdel,（*Im*）*mobility*, pp. 13, 14. 对于作为技术创新引擎的高新初创企业而言，参与者之间实际接触的需求更加明显。在一定程度上，理由很简单，即参与者必须对他们希望与谁合作做出复杂（且根本上是基于直觉）的判断，而他们常常认为做出这个判断需要的不仅仅是虚拟联系——因而找到工作机会很大程度上取决于“在场”——混迹于合适的咖啡馆中，以便打探到那些尚在开发的最佳项目。同样，事实上，潜在的投资者要将大笔资金押在未经证实的项目中，项目的盈利能力尚不明确，而这些项目的创始人都非常年轻，正是因为他们的年龄，他们几乎没有或根本没有业绩记录。在这种情况下，投资者往往觉得有必要与那些申请投资的人见面。

58 G. Buchanan（2002）*Nexus, Small Worlds*, Morton, pp. 84 – 85; N. Fenton, J. Curran, and D. Freedman（2012）*Misunderstanding the Internet*, Routledge; E. Mozorov（2012）*The Net Delusion*, Penguin.

59 Urry, *Mobilities*, 215.

60 此外，正在进行的时空压缩的历史进程通常倾向于加强以前的社会、经济或政治等级制度，而不是将其扁平化。举一个早期的例子，电话的出现主要是为了给那些已经享有特权的人提供更多的优势，他们能够负担得起这种新的电信技术，在电话的加持下，这些人得以远程对话。

61 V. Bajc, S. Coleman, and J. Eade（2007）Mobility and Centring in Pilgrimage, *Mobilities* **2**（3）, 321.

62 L. Naa Norle Lokko（2002）Elsewhere, Perhaps, in D. Blamey（ed.）, *Here, There, Elsewhere*, Open Editions, p. 227.

63 Blum，*Tubes*.

64 B. Graham and A. Goetz（2008）Global Air Transport，in R. Knowles，J. Shaw，and I. Docherty（eds.），*Transport Geographies: Mobilities，Flows and Spaces*，Blackwell，pp. 138－139，154. 在国家层面，同样的分层集中式结构也在其他运输系统中再现。因此，法国后期的铁路系统，就像英国现在计划的那样，越来越致力于发展高速列车，仅为其线路上有限数量的站点提供服务。显然，鉴于其高昂的投资成本，这些系统在人口稠密的大城市之间以最佳效率运行，但对生活在其他地方的人来说价值有限，这些人常常发现自己进入铁路网的机会正在减少。

65 M. Auge（1995）*Non-Places: An Introduction to the Anthropology of Supermodernity*，Verso.

66 T. Cresswell（2006）quoted in A. Kellerman（2008）International Airports，*Mobilities* **3**（1），171.

67 T. Flew（2001）The New Empirics in Internet Studies，in H. Brown，G. Lovink，H. Merrick，*et al*.（eds.），*Politics of a Digital Present*，Fibreculture Publications.

68 J. Rogers（2004）Doreen Massey：Space，Relations，Communications，*Information，Communication and Society* **7**（2），273－291；L. Strate（1999）The Varieties of Cyberspace，*Western Journal of Communications* **63**（3），382－412.

69 D. Massey quoted in A. Christensen，C. Christensen，and A. Jansson（eds.）（2011）*Online Territories: Globalization，Mediated Practice and Social Space*，Peter Lang，p. 3.

70 C. Sandvoss（2011）Fans Online，in A. Christensen，C. Christensen，and A. Jansson（eds.），*Online Territories: Globalization，Mediated Practice and Social Space*，Peter Lang.

71 Sandyoss，Fans Online.

72 K. Hafez（2007）*The Myth of Media Globalisation*，Polity Press.

73 D. Harvey（1984）On the History and Present Condition of Geography，*The Professional Geographer* **36**（1），7.

74 I. Salovaara-Moring（2006）Fortress Europe，in J. Falkheimer and A. Jansson（eds.），*Geographies of Communication*，Nordicom，p. 111.

75 O. Lofgren（2006）Taking Place，in J. Falkheimer and A. Jansson（eds.），*Geographies of Communication*，Nordicom，p. 299；G. Bateson（1973）*Steps to an Ecology of Mind*，Paladin；G. Lakoff（1980）*Metaphors We*

Live By, University of Chicago Press; for R. B. Kitaj quoting I. A. Richards on the limits of analogies, see R. B. Kitaj (2013) *Paintings and Drawings* (*exhibition catalogue*), Pallant Art Gallery, Chichester.

76 Ek, Media Studies, p. 55; K. Mackenzie Wark's earlier claims in K. Mackenzie Wark (1994) *Virtual Geography*, Bloomington Indiana University Press.

77 P. Virilio (1986) *Speed and Politics*, Semiotext (e).

78 A. Barry (2001) *Political Machines*, Athlone Press on "techno-zones."

79 Lofgren, Taking Place, pp. 305, 299.

80 请参阅珍妮·松登（Jenny Sunden）在"数字地理学"（Digital Geographies）一章中有关在线和离线场所之间"辩证关系"的讨论，摘自：J. Falkheimer and A. Jansson (eds.) (2006) *Geographies of Communication*, Nordicom. 文化差异往往鲜明地体现在不同的建筑和设计传统中：或者表现在弗兰克·皮克（Frank Pick）对整个伦敦交通系统的早期现代主义综合设计中，或者表现在莫斯科地铁的宏伟建筑中，又或者表现在澳大利亚海滨城市有轨电车的鲜艳装饰中。[G. Votolato (*2007*) *Transport Design*, Reaktion Books, pp. 60 - 61.] 所有这些都有助于建构那个地方的公共形象和体验。尽管如今保罗·索鲁（Paul Theroux）怀旧的观点既不合时宜，也不符合当下的时代，但他关于将铁路系统的国家特点作为当地文化"关键"标志的论述提出了一个有趣的比较："每个国家的火车上都有反映其文化的必备用品。泰国火车上有沐浴水罐，罐子一侧还雕着上了釉的龙；锡兰火车上有专为和尚预留出的车厢；印度火车上有素食厨房，车厢分成六个等级；伊朗火车上备有祈祷用的垫子；马来西亚火车上有面条摊档；越南的火车头上装的是防弹玻璃；而苏联火车的每节车厢里都摆着俄式茶壶。火车上的市集，包括乘客和火车上的各种小物件，能把当地的社会状况反映得如此彻底，以至于每每登上火车，就像是受到其国家性格的挑战。"[P. Theroux (1975) *The Great Railway Bazaar*, Hamish Hamilton, p. 209.]

第六章　虚拟和现实：在场、离身与去领土化

在场：地方问题

“虚拟”“离身”“去领土化”等问题一直是媒体争论的焦点，争论集中在以计算机为媒介的电子传播的当代形式上。如果把它们与广播兴起引发的早期争论联系起来，就能更好地理解这些问题。在这种背景下，约书亚·梅罗维茨（Joshua Meyrowitz）认为，我们不再仅仅是“生活在”一个地方，而是同时生活在一系列虚拟的“其他地方”。[1]在早期的争论中，帕迪·斯坎内尔（Paddy Scannell）认为，广播能够实现的基本事情之一是，当我们“安全地待在家里”时，广播使我们所生活的其他范围（地理上或社会上的距离，或虚构范围）[2]“翻倍”。[3]他对这个新配置的传播空间的“通俗化”（banalization）表达，即广播作为对社交实体领域的补充，为梅罗维茨的论点提供了有力的注解。当然，当下家庭生活空间不再仅仅因为电视屏幕的出现而“翻倍”，同时出现的笔记本电脑、平板电脑以及智能手机等多个屏 113

幕，折射出更加复杂的方式。因此，现在很多人同时参与这些方式的交流，他们很可能（如果不是更可能的话）通过任何社交媒体网站与虚拟领域中的其他人交流电视节目，就像他们生活在同一间屋子里一样。事实上，考虑到各种各样的虚拟世界出现在自己的家中，我们或许可以说我们生活在“技术（或远程通信）神秘”的世界里。[4]

玛格丽特·莫尔斯（Margaret Morse）在世纪之交时提出，我们不可能在（纯粹地理意义上的）地方和媒介体验之间保持明确界限。她指出，当我们进行具身移动时，我们又在虚拟中抵达各种屏幕上出
114 现的“其他地方”[5]，频繁体验多个世界的共存。同样，对我们许多人来说，如今的远程技术（例如移动电话）“将虚拟嵌入现实生活，并将其无缝地楔入日常城市生活中”[6]。如果现在“地方”仍然存在，同时由整个远程技术装置介导，那么问题是，移动实践能够在多大程度上不可避免地把“地方”转变为“合适的、稳定的和独特的位置”的概念。[7]

如果要摆脱网络炒作“鼓吹者”描绘的不受物理、地理或肉体限制的非物质化和无实体虚拟世界的言论，那么我们必须拒绝网络空间独立于地理空间存在的错误观念。在这方面，罗恩·威尔肯（Rowan Wilken）质疑把虚拟和现实领域看作完全不同的两个领域的二分法[8]，认为应该把它们看作重叠和交织的，或者用麦肯齐·沃克（McKenzie Wark）的话说——“信息流纵横交错，越来越倾向于覆盖物质地理位置”[9]。

认识论和本体论问题：稳定和运动

遗憾的是，在我们区分虚拟与现实的传统术语中，有一系列无

效的假设。特别是我们需要对这样的想法进行质疑：虚拟世界不仅是流动的，与现实物质世界相比还是短暂的，而后者通常被具体化，就好像它是完全稳定的。我们常常假设物质结构比符号实践更稳定，但这并不总是适用。因此，我们必须注意到一个看似反常的现象，即如果我们以法律制度为例，那么会发现许多法律的存在时间比刻写它们的建筑物的存在时间还要长久。事实上，并不是所有的大楼都打算长期使用，而且在“繁荣”时期，黄金地段新建的房产通常被设计成在很短的时间内分期偿还（并被替换）。在某些情况下，与直觉相反，虚拟领域比物质领域更稳定。同样，在交通领域，许多国家的铁路轨距宽度标准的使用历史已经超过了几代机车的使用寿命。[10]类似地，在金融领域，英镑在从一张纸到一枚金属硬币的转变中轻松存活下来，尽管欧盟动态的政治-法律话语或许有一天会决定它的灭亡。总的来说，正如汉纳姆、谢勒和厄里所说：“当代科学不再视任何事物为静态的、固定的和给定的——即使是看似固定的物体也必须被理解为由运动（以缓慢的甚至是难以觉察的速度）组成。”他们指出：“没有与过程相分离的结构。”[11]甚至自然景观本身也必须被理解为处于持续的、不易察觉的运动之中。[12]同样地，虽然从机场等物理结构的牢固性（某些物理结构和元素的持 115
久性）方面来考虑，它可能是固定的，但说机场是静态的则是不准确的。正如彼得·阿迪所建议的那样，我们应该把它看作一种缓慢变化但几乎总是在持续地运动的结构。他说：“机场总是在不断地变化，不断地扩建和新建跑道，被重新设计和翻新。”[13]

在这里，我们也可以借鉴帕克斯和斯塔洛西尔斯基的理论。他们根据行动者网络理论观察到，我们需要重新思考基础设施的本体论，不再认为它们是稳定的和不变的，而是将它们视为“动态演变的执行力量”，其特征是基础结构崩溃，并需要持续修复，这些行为应被视为其存在的正常（而不仅仅是“例外”）部分，因为它们必须通过社会实践不断再生。[14]

虚拟的、物质的、现实的和真实的

如果我们想要理解生活中虚拟扩展空间嵌入日常生活物质实践和环境的复杂性，那么术语是有一定意义的。保罗・维利里奥观察到，与其将虚拟与现实对立起来，不如将虚拟与现实区分开，因为虚拟（作为“潜在”的领域）仅仅是现实的对照，而非现实本身。[15]从这个角度来看，我们就能够更好地认识到非物质世界和物质世界之间的区别，而不必专门为后者保留“真实的”地位，也可以将这些领域理解为构成现实的不同形态。

真实世界及其周围环境中的物质呈现和凭经验观察到的内容的等同似乎只是常识，正如罗布・希尔兹（Rob Shields）所指出的：“日常谈话……将真实与具体、物质化身［和］有形存在等同起来”，将虚拟与“缺席、非现实或不存在”等同起来。[16]然而，我们可以更好地利用更灵活的概念框架来识别真实存在的不同维度。特别是，我们需要认识到虚拟是一种特殊的本体论模式，这种模式即使在不采取物质的、有形的或具体化形式的情况下也仍然是真实的。[17]越来越多的人与机构（以及各种各样的其他因素）得到（技术赋能）虚拟存在的相互补充，它们在异地运作时也对生活产生真正并且深远的影响。

此外，如果我们将虚拟领域等同于与之密切相关的特定数字技术，那就大错特错了，因为从历史的角度来看这一点很重要。[18]早期的虚拟世界（和阈限空间）有着悠久的历史，它们预示着今天的数字技术在呈现虚拟和精神领域方面的作用。因此，一种“欺骗心灵和身体，使其感觉穿越到别处”的虚拟环境的一个重要历史案例，116
可以在教堂内部装饰的壮观特效中找到，这些装饰图案专门用来表现虚拟天使和其他生物的存在。[19]正如希尔兹所看到的，早期的虚拟领域，尤其是在精神形式方面，作为现实的重要维度被更广泛地接受。在经历了一段时间的边缘化之后，现在随着计算机媒介数字通信形式的兴起，虚拟又被推到了当代“西方”文化的中心位置。[20]事实上，整个通信系统的发展历史可以看作一系列技术的发展史，从早期的信使（以及后来的邮政）系统到后来的电报、电话、传真和互联网，这些技术使物理缺席能够跨越不断增长的距离得以虚拟在场。

长期以来，虚拟以记忆、鬼魂、幽灵和天使的形式存在，这些早期历史形象与现代长途移民有相似之处。直到最近，搬迁到遥远地区的移民仍只能以相对“非实体”或虚拟的形式继续存在（对于他们的留守亲属来说）（因此，从实质上讲，对他们的亲属来说他们和早期的神一样不“真实”）。[21]由于离家太远，他们无法参与其家庭的日常生活。然而

长期以来，虚拟以记忆、鬼魂、幽灵和天使的形式存在，这些早期历史形象与现代长途移民有相似之处。

今天，这种情况已经发生变化，远程交流使得移民能够在多个地方保持长期的“虚拟存在”，我将在本章后面回到这个问题。这与戴德丽·博登（Deidre Boden）和哈维·莫洛奇（Harvey Molotch）所说的“强迫接近”有关。[22]这个问题在米尔卡·马迪诺（Mirca Madianou）和丹尼尔·米勒关于虚拟技术在“电子育儿”中的作用的研究中得到进一步的探讨，我将在本书第七章关于移民的讨论中重点讨论这个问题。[23]

中介化问题

在解决这个问题时，重点是要认识到没有所谓“去媒介”交流，即使面对面的互动也总是以语言为中介。此外，“从来没有一个时代的信息传播局限于面对面的接触……也没有一个时代的技术‘进入’文化，取代原始的、真实的交流模式”，我们最好在这方面避免任何“清晰的形而上学区分”[24]。正如翁贝托·埃科所主张的那
117 样，我们不只生活在虚拟世界之中，随着我们进入数字世界，语言本身最基本的能力之一就是不仅能够代表身体缺席人员的虚拟存在，也能够代表想象的、虚构的、抽象的、集体的、神话的或历史的实体。[25]此外，技术中介化经常会使我们出现同时身居两地的感觉，值得注意的是这种经验一直被视为现代性发展的核心。因此，福特·马多克斯·福特（Ford Madox Ford）在 20 世纪初指出：“一个人在一个地方，而他的思想在另一个地方，这是现代生活的本质。”[26]最后，问题是如何理解在特定情况下，虚拟和实际通信模

式整合到人们生活中的变化方式，正如罗恩·威尔肯所指出的，如何将这些新兴技术历史化为一系列社会技术创新、适应和发明的一部分。[27]

离身和表征

现在已经确定的是，理想主义者早期关于用一个纯粹的、干净的、无限的虚拟世界取代物质空间和具体物的构想，只不过是幻想而已。在性别问题上，李斯贝特·凡·祖伦（Lisbet Van Zoonen）对早期网络女权主义者的希望提出实质性的批评，她们认为互联网的离身性和匿名性会削弱性别对立的话语。[28]在这一话语的某些版本中，互联网甚至被设想为“本质”是合作与网络化的女性空间。[29]然而实际上，这些想法大部分被证明是不合理的，如今，互联网使用中的性别表征大体上仍然发生在占主导地位的异性恋性别话语范围内。更一般地说，正如南希·贝姆（Nancy Beym）前段时间报道的那样：“虚拟社区参与者总体上不会掩饰性别或种族的暗示，他们的线上形象通常与线下自我形象一致。”[30]同样，尼娜·韦克福德（Nina Wakeford）将网吧作为虚拟环境和物质环境相结合的“转译景观”的研究非常清楚地表明，在大多数互联网论坛中，具身性并没有将人们从传统的性别形象和经验中解放出来，而是依然存在于大多数互联网论坛中。[31]正如凡·祖伦所指出的，“线下性别二元划分对于非身体的网络性别表现仍然至关重要”，并且在某种程度上，早期网络女权主义乐观主义者根本没有足够重视社会文化语境如何决定新技术的有效性这一命题。[32]

现实和具身与虚拟和表征紧密地交织在一起。此外，决定地理空间中人物类型分布的因素与决定媒体“虚拟空间”中表现形式分
118 布的因素密切相关。[33]以种族为例，在讨论 20 世纪 20 年代伦敦华人社区在电影中的意象时，乔恩·伯罗斯（Jon Burrows）指出，对虚拟世界的控制和对物质空间的控制同等重要。伦敦东区的人们对整个首都的担忧与《可卡因》《残花泪》等电影中呈现的“肮脏场景”有关。[34]人们担心的是，这些以电影形式呈现的吸毒现象会把游客罕至之处的罪恶行为带到与之相邻的地区。即使是虚拟形式，这也被视为一种对文化界限的潜在的危险侵犯，英国电影审查委员会向警方表示担忧，他们认为只有对这些电影中的吸毒影像进行严格审查，才能遏制这种习惯在伦敦地区的实际传播。

网络地理和位置媒介

如果说虚拟技术通过使人们跨越遥远的距离建立联系而获得最初的成功，那么人们的兴趣随后就会转向它们在本地、基于地点的连接模式。正如前文所述，近年来位置媒介发展迅速。这些媒介允许用户根据自己的邮政编码创建个人档案，或者跟与自己处于同一地方的人交谈（随后还可能面对面互动）。在这里，线上网络真实地反映了线下世界的结构，并起到“结缔组织”的作用，使特定地点具有共同兴趣的人更容易找到彼此。如今，建立互动模式的“个人档案”通常只针对特定街道、地区或邮政编码，具有活跃当地社

区活动的特定目的。显然，这种向物质/地理位置的回归标志着一种与最初将网络空间视为空洞无物的无限空间截然不同的概念。因此，胡安·马丁·普拉达（Juan Martin Prada）认为现在可以谈论“地理空间 Web 2.0”，它是基于地理空间的集体记忆，由许多不同类型的应用程序组成，包括空间信息和地理数据。[35]为了论证这一观点，他提到一些现象，如“地方博客”的兴起，它关注的是某一特定社区的人员发生的事件和新闻，以及地理浏览器的发展，这些浏览器使得处于同一地点的网络用户产生的信息在这里流动。[36]

基思·汉普顿（Keith Hampton）和巴里·韦尔曼（Barry Wellman）[37]对这一观点进行了实证研究：由于对当代北美“社会资本的衰落感到焦虑，人们担心虚拟交流方式会导致社区生活衰退”。[38]然而，他们在对特定的“连线郊区”（Netville）（靠近多伦 119
多）的调查中发现，线上联系不仅没有对面对面社交互动产生负面影响，还使居民在线下世界中的联系更加密切。在这方面，他们的研究结果与利维（Levy）早期关于电话的研究结果相似，后者表明打电话最多的人通常也是线下互动最多的人。[39]汉普顿的研究发现，与那些非连线居民相比，“连线”居民“认出邻居的次数是前者的 3 倍，与邻居交谈的频率是前者的 2 倍，拜访邻居的频率是前者的 1.5 倍，打电话的频率是前者的 4 倍，他们还会通过电子邮件进一步促进他们与邻居的本地通信”[40]。这些发现也让我们回到“使用与满足理论”这一平庸但基础的见解，即任何技术的使用都会受到相关个体的心理特征等因素的影响。如果认为新媒体的“影响”凌驾于所有这些因素之上，那就等于忽略了我们已经知道的几代不同媒体技术用户的许多情况：他们不太可能对影响上一代人使用媒体的相同的、普遍的心理社会决定因素免疫。

位置媒介服务现在已经在商业领域建立了良好的基础，人们也越来越习惯用卫星导航、谷歌地图、GPS和手机上的地理标记等应用程序的方式提供“地域化”信息，确认“他们在哪”。有时，位置媒介服务可能体现为位置信息的方式，这些信息会在用户到达某个特定地点时被触发并发送到他们的手机上。在其他时候，它可能是一个“好友跟踪”系统，用来提醒用户所在位置有“朋友”。可怕的是，它可以采取“地理情境化广告”或“定位垃圾邮件”的形式，使我们遭遇来自当地商店的信息轰炸，这些商店发布的关于自身的热情洋溢的评论，是它们伪装成用户生成的内容。[41]因此，不仅社区成员在使用计算机媒体来获取当地信息，商业公司也在这样做。在此，我们还必须认识到以消费者分类的地理人口统计系统日益增长的重要性，该系统根据（主要）居住在这些地区的人群类型来对该地区进行分类。[42]住宅和其他个人数据互相关联，从而产生基于这些“生活集群”的消费者行为预测系统。在“生活集群”中，数据和物质空间越来越多地融入地理人口分析和空间地图编纂的过程中。[43]这里我们看到位置媒介在监控中的作用，因为现在“位置传
120 感器告诉人们，我们在哪里，我们在看什么，我们移动得有多快”，世界上的每个人都会投下“信息阴影”，这些信息可以以各种目的被捕捉和处理。因此，许多交互技术同时起着“精算监视”的作用，正如蒂姆·赖利（Tim Reilly）解释的那样，涉及“系统的、分析的、规范的、有条不紊的创造”，作为一种知识生产技术，它

使我们成为可见的，并作为人口管理的一种形式发挥作用。[44]

为了进一步解决规范性的问题，还需要注意的是，媒介化社交网络形式（脸书等）的兴起，也引发了一个新情况，即任何避免参与社交网络的人都会被视为怪人，甚至是病态的不正常人。因此，媒体对 2012 年两起大规模杀戮事件的讨论抓住了这样一个事实，即事件中的两名凶手都没有参与到社交网络中，我们将其描述为“网上幽灵”，并认为他们退出这些“正常”活动，实际上可以被看作其病态性质的指标。[45] 在更一般的层面上，2015 年 4 月，英国旅游新闻报道了一系列新闻事件，即不会使用社交媒体的游客无法通过在线系统预订住宿：在某种程度上，具有高信用的网络肖像成为获得有效公民身份的必要条件。

虚拟信任与“强迫接近”

最终，关于虚拟可能取代现有互动的焦虑构成了汉普顿和韦尔曼的研究议程，这涉及对社会信任产生和维持机制的潜在破坏。正如弗朗西斯·福山和施蒂格·哈瓦德（Stig Hjarvard）所指出的那样，“信任”是维持市场网络和社会生活运作的关键因素，因为生活在不信任的状态中会降低在任何情况下自信行事的能力。[46] 在这方面，正如斯蒂芬·格雷厄姆和西蒙·马文谈及的：“当今不确定的经济……使得相互的信任、持续的创新和互惠变得越来越重要。……（而信任）……只有通过持续的面对面接触才能完全建立起来，随着反身性成为经济行为的一部分，这种接触变得更加重要。”[47] 在未被全球化文化嵌入的领域，人们制定各种各样的商业策略，试图诱发虚拟形式的信任，其中最著名的就是“品牌推广”。[48]因此，从美国有线电视新闻网（CNN）到维珍（Virgin）等公司都试图在其全球品牌推广中灌输一种信任感——但与面对面互动中产生的信任感相比，这种信任感必然只能以相对薄弱和有条件的形式存在。[49]

在分析诸如此类的尝试建立与新媒体有关的信任的问题时，旧
121 的历史观点，如伊莱休·卡茨（Elihu Katz）和保罗·拉扎斯菲尔德（Paul Lazarsfeld）的“二级传播”理论实际上仍然适用。[50]他们提出的理论是，可靠的“把关人”将媒体信息传递给更广泛的社区，并以此有效地保证其可信度，这同样适用于虚拟/网络通信的新领域。[51]就脸书而言，在这样一个网络中，依据定义，人们只能从朋友那里接收（程度不同的）信息。这个例子很好地说明了技术是如何通过现有的信任结构渗透到社交网络中的。一个相反的例子是，2011年初，西尔维奥·贝卢斯科尼（Silvio Berlusconi）利用推特为意大利选举造势，然而他通过“随机调查访问”（cold-calling）联系了那些尚未加入他的阵营的人：绝大多数人对这种方式的接触反应消极，他的策略适得其反。

反身性和误解：互动模式“厚”和“薄”

在检验交流过程时，一个关键性的考虑因素是虚拟交互的相对低效，因为它在监视误解或元通信失败的情况下，自我反思能力更加有限。身体共现（physical copresence）是迄今最丰富和最多维

的交互形式，并且信息量“厚”，因为共现的人有很大的优势，能够通过参考大量语境因素将任何交际要素联系起来，而所有这些因素都是交际反身性所必需的。因此，对口头语言的理解可能会根据说话者的语气、面部表情、眼球运动、身体姿势或手势等来进行。在这样的互动中，任何有经验的参与者都会习惯性地运用各种各样的语境线索来理解那些模棱两可的口头说法，以便“从字里行间读出”说话者的意思。相反，当在场对话转变为电话、书信或电子邮件等方式时，交流媒介的每一次“薄化”都会剥离更多的语境，从而导致更多的潜在误解。[52]

> 当在场对话转变为电话、书信或电子邮件时，交流媒介的每一次“薄化”都会剥离更多的语境，从而导致更多的潜在误解。

显然，一种媒介越能复制面对面互动的全部感官输入，就越接近于实现这种情况下参与者可用的交流数据的“厚度”。然而，尽管 Skype 和视频会议比之前的技术更接近这种复制，但它们也受到限制，尤其是可用的摄像机角度对视觉的限制。由于声音传输的延迟，这些技术还在“轮流发言”中强加了一种不自然的形式（很难区分说话者什么时候已经结束讲话，什么时候只是停下来喘口气或在思考）。所有这些因素都使对话的流畅性严重受阻，而且参与者越多问题就越严重——特别是考虑到对轮流规则的共识的重要性。[53] 122

同理，通信媒介越单薄，欺骗的可能性就越大（通过短信或电子邮件撒谎要比在电话交谈中撒谎容易得多；而在任何一种媒介中撒谎都比在现场互动中撒谎要容易得多）。正是基于这些原因，博登在对国际股票经纪人的研究中发现，关键时刻为了“建立”交易流程并产生信任感，参与者之间的线下会议是非常必要的；在这些会议的基础上，可以利用“更薄”的媒体进行随后的日常互动。[54]然而，通常有必要召开进一步的面对面会议，以澄清在随后的交流过程中可能出现的误解。这样的会议需要使每一个发言者（实时地）跟上其他发言者的思路，否则误解就会加深。因此，在大多数情况下，如果不想让情况变得更糟，通常最好是面对面地化解难题。当然，在某些情况下，陈述清晰不一定是件好事，如果所有参与者都想挽回面子，完全明确的陈述实际上可能适得其反。因此，通过面对面的互动来传递微妙的（有时是故意模糊的）隐含意义，作为一种交际策略可能更合适。

相反，考虑到在电子邮件通信中阅读语气非常困难，完全依赖这种互动方式的沟通网络在遇到难题时往往会“失灵”。[55]当然，在这种时刻，大家所需要的就是亲自“聚在一起”开个会，以便重新建立有效的沟通渠道。

沟通不能被简化为工具性功能。因此，会议开始前看似无关紧要的“闲聊”，往往在向参与者暗示其他人的感受，并对他们在随后的讨论中可能采取的立场起到重要作用。同样，在会议之后的一些非正式的小玩笑中，参与者可以互相暗示（以不透明或微妙的方式）各自的理解。出于这些原因，约翰·厄里认为，共同在场互动仍然是社交的原始模式，而间歇性的面对面互动则是虚拟空间网络的核心。活动中不能被虚拟形式替代的正是在正式会议间隙发生的非正式互动。
123 这些间歇性的、共同的、非正式的接触起到反馈机制的作用，强化了那些在场和不在场的人之间的区别，进一步加剧了“网络弱者”

的劣势。[56]

如果我们考虑那些肢体残障人士的"受限情况"，虚拟面对面交流的"可替代性"问题将得到极大缓解。珍妮弗·莱特（Jennifer Light）展示了在美国虚拟技术是如何被作为"技术创可贴"（technological band-aids）来提供的——作为一种到达某地（例如，工作场所、教学建筑）的更便捷的方式。她认识到了这些技术可以为残障人士带来的好处，但也指出了越来越多的"远程办公拥护者如何将其作为重新设计办公室的替代方案或节省交通成本的手段来推广"。正如她所言，将残障人士限制在仅以虚拟形式使用的关键设施中，有可能加剧他们作为"二等"公民的劣势。[57]她的观点也支持虚拟本身只能赋予次等形式的互动和/或公民身份的一般情况。

传播：偏好等级和共生模式

在任何特定的网络中，精英成员都比其他人更依赖面对面互动，这是因为他们的互动具有战略重要性，而且他们对误解的容忍度较低。[58]同样，在各种通信网络中，普通人进行他们认为最重要的互动时也倾向于面对面，因为这可以让他们确定随后的日常互动通过"更薄"的媒体进行的条件：在商业领域，视频会议通常被描述为"第一次见面握手后的完美会议工具"。[59]同样的区别也适用于异地友人：虽然他们通常以电子邮件或社交媒体进行交流，但他们仍然依赖于"偶尔"的面对面互动仪式。

也许有人会反对博登和莫洛奇关于面对面交流优于技术媒介互

动形式的假设，认为这只具有代际性，特别是考虑到许多年轻人更喜欢使用短信或电子邮件这一与面对面交流相反的偏好。当然在这方面，当代媒体充满了对特定年代行为的表征。[60]

因此，哈里·孔兹鲁（Hari Kunzru）的小说《传输》（*Tranmission*）中描绘了一个工作场景："每个人都把手机设置为电话留言状态，大多数人在工作时戴着耳机，创造私人的声音空间，按照惯例，这个空间只有在紧急情况下才会被打破。互动是通过电子邮件进行的，即使互动双方坐在相邻的隔间里。这对……（他们）来说是
124 有意义的……个人空间是有价值的。区分沟通的轻重缓急是很有意义的。打断别人的工作与其交谈是一种将你的询问置顶的方式。它改写了一些人的访问权限，客观上降低了他们的功能，这可能会让人们觉得很粗鲁。"[61]然而这不仅仅是虚构现象。在2008年访问中国台湾时，我与当地一个家庭进行交流，他们家有三个十几岁的男孩，他们即使都在家里也更喜欢通过电脑进行交流。同样，在日本的"御宅族"文化中，一些年轻人（通常是男孩）长时间躲在自己的房间里，只通过电脑键盘交流，更喜欢宅在家里与朋友在线聊天这种内向的生活方式。[62]

在这里，我们可能想要区分对不同技术的熟悉程度（或能力）的代际差异，以及特定目的交流方式的显著优势。因此，我们仍然可以认为，某些年轻人习惯于使用社交媒体，而不是线下互动，这在某些方面是功能失调的（尽管是他们自己的偏好）。尽管如此，正如厄里谨慎地承认在场交流作为社会性的基本/原始模式的持续重要性一样，我们必须承认，在"网络化"社会中，"存在形而上

学”[63]主要关注地理上相邻社区之间的面对面互动，这是远远不够的。厄里建议，最终需要超越这些二元对立，这样我们才能认识到“人类能动性和社会网络是如何……［现在］……与移动电话、电子邮件和身体移动方式错综复杂地交织在一起的”，以及“共同在场和异地通信如何日益融合在一起”。[64]

当然，这些技术的运作方式在不同情况下是复杂且不可预测的。因此，拉莎·阿卜杜拉[65]（Rasha Abdulla）写道，当她从埃及到美国留学时，父母仍然可以通过电子邮件每天和她保持联系，这让她和父母都很放心。她说当她和父母通过电子邮件进行频繁联系时，在某种程度上，他们之间的关系比她在开罗时更亲近。我自己的一位海外留学生讲述了类似的话，她说令她惊讶的是，到了英国之后，她发现和母亲通过电子邮件交谈比她们在一起时关系更亲近。要认识这一切，并不需要放弃与任何特定技术相关的批判性评估框架，而是采取更务实的方法，避免任何“真实”线下互动的理想化观点。从实用主义角度来看，异地夫妻在睡觉前通过短信聊天，或许更应该被看作交际实践中次要的有用因素，而不是某种贬低婚姻“本质”的因素。[66]

电子育儿：异地关系维护的测试案例

维利里奥等评论家声称，在远程呈现的世界中，“近”与其说 125
是衡量地理距离的尺度，不如说是媒介是否“实时”运作的问题。[67]从我个人的观点来看，与其说这种彻底的变革实际上已消除了地理差异，不如考虑这些不同的交流体验模式是如何相互叠加的，这似乎更有用。撇开其他不谈，通过远程呈现获得的接近并不总是像维利里奥想象的那样顺利。在探讨这些问题时，我们可以参考前面提到的丹尼尔·米勒和米尔卡·马迪诺的人类学研究，该研究考察跨国多民族家庭如何使用各种通信远程技术为自己服务。[68]他们从实用主义观点出发研究线上交流在多大程度上可以替代线下交流：随着女性移民将孩子长期留在“家里”由祖父母照顾，她们正在使用电子邮件、摄像头和脸书来尝试和探索“虚拟育儿”形式。[69]在他们的研究中，我们可以看到通过远程实现的“实时”接近会造成严重精神危机的案例。例如在家庭聚会上，当一位女儿正要切生日蛋糕时，身处异地的母亲关掉了摄像头，而技术所允许的虚拟形式的接近只是强调了她不在场的地理距离。[70]虽然我承认，在现实的主体之间进行“直接交流”的理想是一种形而上学幻想，因为就连这些互动都是以语言为媒介进行的（正如我前面提到的），但人们仍然可以说，父母通过线上交流永远不能完全令人满意地替代“在场”。[71]最起码，我们可以得出这样的结论：特定关系在不同场合需要特定的存在方式。对于这些问题，我将在第八章的最后进一步讨论移动通信系统对移民的重要作用时再次探讨。

注　　释

1 J. Meyrowitz（1986）*No Sense of Place*, Oxford University Press.

2 P. Scannel（1996）*Radio, Television and Modern Life*, Blackwell, p. 172.

3 S. Moores（2012）*Media, Place and Mobility*, Palgrave.

4 S. McQuire（1997）The Uncanny Home, in P. Droege（ed.）, *Intelligent Environments*, Elsevier Science; P. Tabor（1998）Striking Home: The Telem-

atic Assault on Identity, in J. Hill (ed.), *Occupying Architecture*, Routledge.

5 M. Morse (1990) An Ontology of Everyday Distraction, in P. Mellencamp (ed.), *The Logics of Television*, Indiana University Press, p. 195; A. Friedberg (2002) Urban Mobility and Cinematic Visuality, *Journal of Visual Culture* **1** (2).

6 W. J. T. Mitchell (2005) *Placing Words: Symbols, Space and the City*, MIT Press, p. 182.

7 Morse, Ontology of Everyday Distraction.

8 R. Wilken (2010) *Teletechnologies, Place and Community*, *Routledge.*

9 M. Wark (1994) Third Nature, *Cultural Studies* **8** (1), 120.

10 事实上，这些轨距本身往往来源于此前有轨电车车厢的轨距，而它又来自此前四轮马车车辙的宽度。

11 K. Hannam, M. Sheller, and J. Urry (2006) Mobilities, Immobilities and Moorings, *Mobilities* **1** (1), 10.

12 D. Massey (2005) *For Space*, Sage.

13 P. Adey (2006) If Mobility is Everything, Then There is Nothing, *Mobilities* **1** (1), 81 - 82. 事实上，阿姆斯特丹斯希普霍尔机场的建造师（Jan Beecham）明确地将其描述为一个“总是在重建，以不断适应新的用途”的地方 [T. Cresswell (2006) *On the Move*, Routledge, p. 232]。这种观点就是将这一物理结构本身视为一种“连续的事件”。正如迪耶·萨迪奇（Dejan Sudjic）所指出的，所有机场都一直在修建中，因此“从不断的增生、扩建、改造和拆除中发现希思罗机场的原始建筑（将成为）考古学家的一项任务”。(D. Sudjic quoted in Adey, If Mobility is Everything, pp. 80 - 81.)

14 L. Parks and N. Starosielski (eds.) Introduction, in *Signal Traffic: Critical Studies of Media Infrastructures*, University of Illinois Press, pp. 9, 13, 12.

15 P. Virilio quoted in John Armitage (ed.) (2001) *Virilio Live*, Sage, p. 146.

16 R. Shields (2003) *The Virtual*, Routledge, p. 19.

17 Shields, *Virtual*, pp. 46, 206.

18 G. Murdock and M. Pickering (2009) The Birth of Distance, in M. Bailey (ed.), *Narrating Media History*, Routledge, pp. 171 - 183.

19 Shields, *Virtual*, p. 11.

20 Shields, *Virtual*, pp. 37, 38. 正如玛格丽特·韦特海姆（Margaret Wertheim）所指出的，基督徒将天堂视为一个超越物质世界混乱的理想化领域，而当代人将网络空间视为“一个自我可以摆脱肉身限制的地方”，这两者之间有着深刻的相似之处。[M. Wertheim（1997）The Pearly Gates of Cyberspace，in N. Elin（ed.），*Architecture of Fear*，Princeton Architectural Press，p. 296.] 米歇尔·塞尔更进一步，他将现下天空中的卫星和电磁波的功能与过去的天使进行了类比，因为它们都负责传输重要信息。[M. Serres quoted in P. Adey（2010）*Mobility*，Routledge，p. 197.]

21 参见我在第七章谈到的摄影师范利·伯克童年时期关于那些移民的牙买加亲戚都“去了哪里”的迷惘。

22 C. D. Boden and H. L. Molotch（1994）The Compulsions of Proximity，in B. Boden and R. Friedland（eds.），*Now Here*，Routledge.

23 M. Madianou and D. Miller（2012）*Migration and New Media*，Routledge.

24 N. Lucy（2004）*A Derrida Dictionary*，Blackwell，pp. 142，154. 关于这些争论的批判性视角，请参阅：D. Deacon and J. Stanyer（2014）Mediatization：Key Concept or Conceptual Bandwagon? *Media*，*Culture and Society* **36**（7），1032－1044. 关于它们的溯源，请参阅：A. Hepp（2009）Differentiation，Mediatisation and Cultural Change，in K. Lundby（ed.），*Mediatization*，Peter Lang；N. Couldry（2008）Mediatization or Mediation，*New Media and Society* **10**（3）.

25 翁贝托·埃科有关语言作为一种代表缺席实体的符号系统的讨论，请参阅：U. Eco（1978）*A Theory of Semiotics*，Open University Press.

26 Ford Madox Ford quoted in *The Man Who Was Ford Madox Ford*，BBC2 transcript（September 1，2012）.

27 R. Wilken，Teletechnologies；S. Zielinski（1999）*Audiovisions*，Amsterdam University Press. 此处，雅克·德里达（Jacques Derrida）和贝尔纳·斯蒂格勒（Bernard Steigler）提出了“虚拟性”和“人造性”这两个术语，作为一种超越我们用以建构周遭事物的二元对立视角的尝试。这一概念上的转变也有助于我们认识到对当下的体验本身的构建程度。请参阅：Lucy，*Derrida Dictionary*.

28 L. Van Zoonen（2011）The Rise and Fall of Online Feminism，in A. Christensen，C. Christensen，and A. Jansson（eds.），*Online Territories: Globalisation*，*Mediated Practice*，*and Social Space*，Peter Lang.

29 S. Plant（1997）*Zeros and Ones: Digital Women of the New Techno-Culture*，Fourth Estate.

30 N. Beym（1998）The Emergence of On-line Community，in S. Jones（ed.），*CyberSociety 2.0*，Sage.

31 N. Wakeford (2003) The Embedding of Local Culture in Global Communications Independent Internet Cafes in London, *New Media and Society* **5** (3), 379 - 399; L. Kendall (2002) *Hanging Out in the Virtual Pub*, University of California Press.
32 Van Zoonen, Rise and Fall, p. 136.
33 D. Morley (2000) *Home Territories*, Routledge.
34 J. Burrows (2009) A Vague Chinese Quarter Elsewhere: Limehouse in the Cinema 1914 - 36, *Journal of British Cinema and Television* **6** (2) (August), 281 - 301.
35 J. M. Prada (2009) The Emergence of the Geospatial Web, posted at Medianthro@easaonline. org (January 21).
36 另请参阅：E. Gordon and A. de Souza Silva (2011) *Net Locality: Why Location Matters in a Networked World*, Wiley Blackwell. 新兴的集体行动实践可能成为这些趋势的缩影，例如“快闪”，使人们能够在特定地点进行时间同步的集会。
37 K. Hampton and B. Wellman (2002) The Not So Global Village of Netville, in B. Wellman and C. Haythornwaite (eds.), *The Internet in Everyday Life*, Blackwell.
38 R. Putnam (2000) *Bowling Alone: The Collapse and Revival of American Community*, Simon and Schuster.
39 P. Levy (1998) *Becoming Virtual: Reality in the Digital Age*, Plenum Trade Books, p. 32.
40 K. Hampton (2002) “Netville: Urban Place and Cyberspace,” Department of Urban Studies and Planning MIT unpublished paper, p. 5.
41 R. Fitzgerald (2006) Tell Me When I Get There, *The Guardian* (November 23).
42 E. g. , ACORN/CACI in the United Kingdom.
43 D. Phillips (2011) Identity and Surveillance Play in Hybrid Space in A. Christensen, C. Christensen, and A. Jansson (eds.), *Online Territories: Globalisation, Mediated Practice, and Social Space*, Peter Lang.
44 Tim Reilly quoted in O. Burkeman (2011) Reality Check, *The Guardian* (March 15), G2.
45 C. Bennett (2012) Not on Facebook? What Kind of Sad Sicko Are You? *The Observer* (August 12), p. 35. 这两名凶手分别是美国的詹姆斯·奥尔梅斯 (James Holmes) 和挪威的安德斯·贝林·布雷维克 (Anders Behring

Breivik)。

46 S. Hjarvard (2000) Mediated Encounters: The Role of Communication Media in the Creation of Trust, *Global Media Cultures Working Paper No. 2*, University of Copenhagen; F. Fukuyama (1996) *Trust: the Social Virtues and The Creation of Prosperity*, Penguin.

47 S. Graham and S. Marvin (1998) *Net Effects*, Comedia/Demos, p. 13. 参见本章下文关于虚拟信任的内容。

48 Hjarvard, Mediated Encounters.

49 关于如何发展虚拟信任的论辩，请参阅约翰·诺顿对优步和 eBay 等组织基于参与者自我反思（和相互）监督的新模式成功建立虚拟市场的描述：J. Naughton (2015) How eBay Built a New World on Little More Than Trust, *Observer Review* (September 13).

50 E. Katz and P. Lazarsfeld (2006) *Personal Influence*, Transaction.

51 N. Idle and A. Nunns (2012) *Tweets from Tahrir*, OR Books. 该书使用这一理论来研究“阿拉伯之春”期间开罗的推特流量。

52 在家庭聚餐时，特别是在圣诞节或感恩节等有象征意义的节日期间，家庭中的所有成员都必须出席，此时滔滔不绝也成为一种优点。关于这一点，请参阅：M. Douglas (1991) The Ideology of Home, *Social Research* **58** (1).

53 关于这些规则在日常交谈中的复杂形式的精妙论述，请参阅：Fishman (ed.) (1972) *Sociolinguistics*, Penguin.

54 Boden quoted in O. Lofgren (1996) *In Tansit*, University of Lund Press, p. 12.

55 正如只用电子邮件沟通很容易产生“争吵”或霸凌这样的不正常交流方式。

56 J. Urry (2007) *Mobilities*, Polity Press, pp. 232, 231.

57 J. Light (2001) Separate But Equal, *APPA Journal* **67** (3) (Summer), 273. 为了解决健康和福利方面的问题而削减所有福利服务成本，这是新自由主义市场/国家政策的核心，至少在英国，这似乎有可能导致穷人生病时更难亲自就医，而是通过电话或电子邮件获得“健康建议”。

58 Boden and Molotch, The Compulsions of Proximity.

59 M. Weinstein, Wainhouse Research, quoted in T. Standage (2004) Virtual Meetings: Being There, *The Economist* (May 13).

60 杜尼斯伯里（Doonesbury）的连环漫画描绘了两个青春期的男孩被裹挟在自己的电子世界里的场景：他们会隔着餐厅的桌子互相发短信，而不是交谈。在另一个场景中，一个年轻女人的未婚夫不是给她发短信而是想和她通电话时，这个年轻女人不由自主地害怕，担心最坏的情况发生。对她来说，通电话意味着“坏消息”，正如一封电报的到来几乎不可避免地会引起 20 世纪中期英国普通家庭的焦虑一样。

61 H. Kunzru (2004) *Transmission*, Penguin, p. 57.

62 H. Azuma (2009) *Otaku: Japanese Database Animals*, University of Minnesota Press; Y. Ling (2008) *Postmodern Consumer Culture: The Rise of Otaku Economy*, University of Taichung; W. Phoenix (2006) *Plastic Culture: How Japanese Toys Conquered the World*, Kodansha International.

63 I. M. Young (1990) The Idea of Community, in L. Nicholson (ed.), *Feminism/Postmodernism*, Routedge.

64 Urry, *Mobilities*, pp. 47, 180 - 181, 176 - 177.

65 R. Abdulla (2007) *The Internet in the Arab World*, Peter Lang.

66 关于这里所涉及的复杂性的敏锐描述，请参阅谢里·特克（Sherry Turkle）最近的作品：*Reclaiming Conversation*, Turnaround Books (2015). 有关各种形式的数字媒介交流的利弊的最新、务实的讨论，请参阅：N. K. Bay (2015) *Personal Connections in the Digital Age*, Polity Press. 作者明智的实用主义观点在本书的结语中得到鲜明的体现，即“在有些情况下，媒介化互动比面对面的互动更可取，在有些情况下可能更糟糕，而在其他情况下，则是多变的”(p. 177)。我完全赞同她对虚拟和现实的交流方式在我们的日常生活中越来越多地交织在一起的认识，这是一个经验事实。尽管如此，我觉得她（热切地）期待着未来某一天不再有必要（或适当地）区分在线和离线活动，把经验主义的“熟悉”过程（熟悉一系列技术）视为其本体论地位的改变则是错误的。然而在线和离线之间的区别，或者作为不同模式的现实和虚拟之间的区别，现在是并且将来也是分析时的一个必要部分。尽管这两个类别在经验上（或实证上）变得越来越紧密，但在我们的分析中，它们不同而独特的本体论地位仍然需要得到承认。

67 J. Tomlinson (2007) *The Culture of Speed*, Sage, p. 102 et seq.

68 Madianou and Miller, *Migration and the New Media*.

69 就个人而言，几年前，当长途电话的话费还很贵的时候，我在伦敦的公寓雇了一名津巴布韦的家政，她说她非常想念“留守在家”的孩子，以至于有几个星期，因为给孩子打长途电话，她只攒下了很少的工资。因此，她陷入了一种“进退两难”的境地，在这种情况下，她不得不背井离乡更久，以赚取孩子在津巴布韦的学费。

70 Madianou and Miller, *Migration and the New Media*.

71 Young, The Idea of Community.

第三部分

人员、信息和商品的流动：传播地理学的案例研究

图 7-1　19 世纪末去往北美的移民的行李展示（纽约埃利斯岛移民博物馆，2006 年）

图片来源：作者拍摄的照片。

图 7-2　20 世纪去往法国的移民的行李及床铺展示（巴黎法国移民历史博物馆，2009 年）

图片来源：作者拍摄的照片。

第七章　移民：范式转变、具身移动以及物质实践

引　言

在前文中，我通过维护边界以及排斥移民的过程来探讨流动和迁移问题，进而将社区团结在一起。[1]这样一来，我将不由自主地关注移民进入“东道国”的经历。在本章的第一部分中，我将简要回顾这个问题——考虑到移民对富裕且相对稳定的北半球西方国家的社区的本体论破坏。随后我将转移视角，提供一种更集中于移民经历本身的分析。 133

当然，人们必须认识到，移民的地理分布在不断地发生改变，仅举一个例子就可以说明这一点。从欧洲（特别是德国）的视角来看，土耳其长期以来一直被视为问题移民的主要流入国之一。自2015年爆发的欧洲“移民危机”以来，欧盟持续致力于将欧洲的有效边界转移到地中海东南侧，特别是诱使土耳其充当欧盟的边境守卫，把移民阻挡在所谓的“远东”地区之外。在持续的中东危机

以及中国在东亚地区实力壮大带来的不稳定影响这一背景之下，就移民问题而言，土耳其本身正处在全球前沿。事实上，在2015年8月的一项调查中，相较于其他国家，土耳其人民对于持续的移民涌入感到焦虑和恐惧的比例是最高的。这些都表明，我们不应使目前任何地理流动模式具体化，而应认识到流动的持续性。

1. 移民的概念化

移民是本体论的中断：谁的观点？

134 弗雷德里克·詹姆逊在《后现代传记》的评论中写道，西方“现在有这样一种印象：没有太多预警……面对一系列之前不存在的关于个人和集体的主题”，而这些主题的新可见性“正以新的方式迫使人们关注”。[2]

在虚拟领域，中心和边缘地区卫星图像的同时出现扰乱了旧殖民时代的逻辑——过去，中心地区总是代表（现代）现在和未来的发展领域，而边缘地区注定是永远落后的，在“历史的等候室”中奋力追赶。[3]

人类学家约翰内斯·费边（Johannes Fabian）指出，政治宇宙论认为，原始人不仅在地理距离上远离西方，而且在时间上离西方也很遥远——处于过去的领域。因此，他提出这样一个问题：当西方人的时间观念突然被“他者的时间”入侵时，他们有何感受？[4]正是在这种背景下，多琳·马西理解了当代移民从边缘向中心的迁移在本体论上的不稳定性。在前帝国大都市的后期，移民主体呈现出多元文化差异性的状态，不可避免地破坏了它自身的时间和文化中心感。[5]

在这一刻，身处都市中心的人们可能不仅对遥远地区人们的到来感到震惊，还会对那些他们认为来自“旧”时期人们的到来感到震惊。一个能够很恰当地解释本体论文化冲击的例子是 20 世纪 90 年代初德国的统一在西德引起的恐慌，因为那些长期被流放在苏联，被称作“过去的幽灵”的德国人回到了祖国，他们说着“古德语”，这对于西德人来说则是“过时”的文化形式。[6]从这个意义上说，移民或许可以被理解为不受欢迎的，因为他们从来没有被承认与中心城市具有“同一性”。然而值得注意的是，这种大规模且不稳定的移民实际上是相对罕见的：世界上绝大多数的“边缘”的低收入者是无法进入西方中心地区的，因为他们入境时会受到签证的严格限制。当然，人们不会知道，大众媒体总是夸大移民给东道国文化构成的“威胁”。至少正如 2015 年夏天（写本书的时候）所见证的那样，英国媒体大肆地报道（一小部分）移民试图通过英吉利 135
海峡隧道进入英国，这使得移民成为政治争论中的热门话题。

西方传统的宇宙观现在也潜在地被当代流入西方的外国资本动摇，因为是西方而不是贫穷的南方国家越来越受制于外国投资的影响。该模式的一个早期例子是 20 世纪 90 年代初日本公司投资好莱坞时美国所产生的恐慌，而在当代，我们看到了西方对于日益依赖中国资本产生的焦虑。[7]然而，这些问题很复杂：目前，如果政党的政治观点决定大多数欧洲国家（以及其他富裕的北半球国家）关注的是控制移民进入他们的领土，那么商界本身也非常清楚地意识到，对于任何一个想要成为国际化城市的地方来说，成功的基础之一就是拥有多元文化背景的劳动力。从这个角度来看，正如海因·德·哈塞（Hein de Hasse）所说，没有什么比缺少外国人口更能揭示一座城市衰落的原因，未来“问题可能不再是如何防止移民进入，而是如何吸引他们”[8]。在某种程度上，对于外资来说情况可能也是如此。

同化、归属、回归：以英国为例

盖尔·刘易斯（Gail Lewis）从历时性角度来分析英国不断变化的移民行为时，对与旧的全球化殖民形式相关的移民以及后冷战时期的相关移民进行了区分。一个关键问题是如何将两个不同时期的移民关联起来。因此刘易斯问道：在这个多层次流动和跨国流动的新时代背景下，当旧有的纠葛“被全球联系和不平等的新地图改变和重绘”时，来自前殖民地的移民现在定居在殖民大都市会怎样?[9]就英国来说，许多来自过去属于英国殖民地的亚非贫困地区的移民，一旦抵达英国便希望能够在英国定居。然而，我们现在看到，除了历史上我们熟知的移民模式之外，新的短期经济移民也大幅增加，既有来自东欧的，也有来自以白人为主导的旧英联邦的。如今，并非所有移民都希望能够留下来定居：20 世纪 80 年代中期以来，有大约 300 万移民相继离开英国，在英国暂住不到四年的人数近年来翻了一番。[10]

这一情况也使公众对“种族”和“移民”两者间关系的看法发
136 生了改变：问题不再仅仅是英国白人与黑人、亚裔和其他少数族裔移民之间的紧张关系，现在这些新的移民形式也造成了与前英国殖民地有直接或继承关系的现已长期定居的黑人、亚裔和其他少数族裔社区，与近期来自欧盟东部“加入国”移民之间的紧张关系。可以理解，在英国拥有合法住所的黑人或亚裔，他们长期以来都在为拥有一个合法身份而努力，他们的家庭为战后福利国家的建立贡献了工作和税收，因此他们通常会有一种作为英国公民的强烈的权力感。此外，当稀缺资源被那些他们认为不属于英国的人（例如来自波兰的水管工、来自东欧的季节性农工或寻求庇护者）拥有时，他们可能会感到愤怒。珀琳·辛斯顿（Pearline Hingston）是一个典型例子，她在 20 世纪 60 年代从加勒比海移民到英国时还是个儿童，但现在（像许多黑人、亚裔和其他少数族裔选民一样）她已成为右翼民族主义政党英国独立党的支持者。[11]

此外，之前预设的“同化主义”路径（希望移民逐渐抛却其旧身份，进而完美适应其迁入国的新身份）只是一种可能性，因为代际的文化取向没有固定的路径。正如凯文·罗宾斯和阿苏·阿克索伊对居住在伦敦的土耳其移民的调查研究所显示的，他们并不渴望融入英国，他们当中有相当数量的老年移民仍在投入大量的情感和金钱在自己的家乡建设一座象征性的家庭住宅，尽管事实上这座房子大部分时间是空置的，但它既可以用于度假，也可以满足移民者“重返故土”的念想。[12]同样，许多年长的加勒比移民也将他们的精力和金钱投入到在家乡建造他们的“梦中豪宅”中。但实际上，他们中很少有人能在退休后去那里生活。正如丹尼尔·米勒所说的，对很多人来说，“只有在死后，埋葬在一座（墓碑）之下……一座完美房子的模型之下，才能成功地完成对牙买加的最终回归”[13]。当然，这本身通常被认为是一项具有重大意义的成就：对于许多移民来说，埋葬在远离家乡的异国墓地里是一场文化灾难。[14]

在 20 世纪，法国的亚历克・哈格里夫斯（Alec Hargreaves）等研究者发现，当前存在着代际分裂，年轻的阿拉伯移民越来越多地接受并使用西方国家媒介，而他们的父母（和祖父母）仍然坚持使用其本国落后的卫星媒介。[15]不过，在今天欧洲的许多地区，随着中东战争和宗教激进主义威胁恐慌的出现，我们发现情况逐渐发生改变，许多穆斯林社区内部出现代际分裂，一些二代、三代移民拒绝接受他们父母长期以来接受的西方价值观，而选择支持伊斯兰教 137 激进主义形式。很多年前，哈尼夫・库雷希（Hanif Kureishi）的著作《狂热的儿子》（*My Son the Fanatic*）中就有这样一个情节。[16] 2015—2016 年，在法国和比利时出生、长大的年轻伊斯兰教激进分子对欧洲城市发动炸弹袭击，这极大地验证了库雷希的预言。这一悲剧事态转折表明，对于许多年轻的欧洲穆斯林来说，他们对西方的排斥已经到了十分严重的程度，他们现在认为自己是西方文化传统和世俗价值观的绝对局外人（甚至产生激进的对抗）。

移民的类型和考古

对当代文化和流动模式的讨论往往是以一种相当抽象的形式进行的，这种形式（单数形式）指的是后殖民主义的、散居的或跨国的“状态”。我更关注全球化进程中出现的特殊情况，而不采用将它们全部归结为同一现象的全盘逻辑。因此，我的目标并不是发展一般的移民理论或将其视为当今时代本质的隐喻，而是对移民涉及的不同形式的物质实践进行分析。[17]

在近期的讨论中，有人认为移民现在已经进入新时期。如果在战后时期，移民的“后殖民”形式有一个清晰的、单向的，即从外围到中心的方向，当前移民则被看作在不同空间之间震荡，两者都不能形成最终稳定的社区。[18]本着这一精神，罗宾斯指出了“移民新逻辑”的兴起，这一逻辑认为移民可能过着复杂的生活，要发展商业、家庭和社会网络，并建立跨越国界的新的跨文化社会形式。在这里，我们看到了在跨国空间中创新生活世界的增加，其中“匈牙利的中国商人在布达佩斯做生意，但可能计划在美国退休”，而“生活在伦敦的土耳其人可能在汉堡做生意，而他的孩子在伊兹密尔上学”。[19]在这方面，罗宾斯认为，西方不仅不能以高高在上的姿态来“教育”移民，让他们必须学习西方的语言或教他们如何行事，从而为这个国家所接纳，反而很有可能从那些有跨国经历以及多元文化背景的人身上学习。[20]肖恩·穆尔斯（Shaun Moores）和莫尼卡·梅蒂科娃（Monika Metykova）观察到，当移民从他们原来的国家离开到达新地方时，这种迁移使他们对文化更加敏感，而这些对城市原住民来说是习以为常的（因此是无形的）。[21]此外，阿克索伊和罗宾斯认为，在不断变化的移民经历中，新的社会和文化的可能性有时正是由这些人创造的，他们将跨文化观念运用到日常生活中，相对于那 138
些在一个地区长期居住的人来说，他们更有可能参与到社会和文化协商的创新模式中。[22]

当然，在当代，至少对一些移民来说，移民既不是永久的，也不是不可逆转的。它不再是一趟单向旅行——人们只能通过偶尔寄来的航空邮件来一解思乡之愁，或者趁年假或（也许）退休后重回故土。的确，有人认为当今出现了一种新的短期移民模式，詹姆斯·伍德（James Wood）认为它的特征之一是暂时性，是一种可能结束（也可能不结束）的离开和返回的结构。这种被伍德称为“驿动的家”（homelooseness）的新模式，将联系移民与家乡的纽带短暂松开。如果如他所言，流亡或侨居的状态是敏感的、重大的和变革性的流动体验（就其所蕴含的创伤程度而言），相对而言，“驿动的家”则是更加“世俗化”的流动，对许多人来说“这种流动如今很普遍并且很受欢迎，选择它几乎没有任何纠结”。[23]

虽然伍德指出新移民模式这一行为是十分正确的，但它们并不代表当前的整体情况。在任何一个历史时期，其他旧“定居”模式总是与新模式同时存在并发挥作用。此外，我们不应该把这一改变当作全球范围内的统一变化，尤其是一些地区的移民模式很可能是完全不同的。并且我们应该认识到许多移民活动发生在具有紧密历史（通常是后帝国主义）联系的国家之间。在这一情况下，移民模式通常是比较具体的，可以更好地理解为涉及“两国”（一般是两个具体的并且密切相关的国家），而不是任何抽象意义上的“全球”或“跨国”。

虽然世界各地的长期和短期移民比例目前可能正在不断变化，但提出当前这一变化是永恒不变且不可逆转的目的论假设则是不合理的。相反，它总是特定历史和地理-政治环境的产物，因此在未来会发生进一步变化。所以，罗宾斯煞费苦心地提醒，我们必须避免“不假思索的达尔文主义观念”，即假定历史是以线性方式演进的，例如从一国到跨国时代。[24]这就呼应了费尔南·布罗代尔提出的历史共现（即不同的历史时期同时存在）观念。罗宾斯认为地理学隐喻的优势在于，不同的历史时期（在这一案例中，是不同的移民模式）是能够共现并且相互叠加的，而非在历史的长河中接连出现。从这个角度来看，他为这种“短期”跨国移民新模式提供了一个有价值的视角，与后冷战时期欧洲常见的单向且长期的后殖民移民模式共存。 139

“一人多地”以及社区“相对论”

在一个非常基础的层面，那些未能对文化和领土的对应性进行质疑的社会模式，现在已经被一种认识削弱，用阿尔君·阿帕杜莱的名言来表述就是“空间定位、日常互动以及社会规模并不总是一成不变的”[25]。随着交通的改善，人们身体移动的成本和难度都降低了许多，电子通信技术的发展使流动的人们同时（以虚拟的方式）“在”不同的地方成为可能。通过这种虚拟的身体延伸，他们会产生“一人多地”或“多地点性”的感觉。然而，阿帕杜莱强调人员和信息的流动以及相互促进只是几种可能性之一。我们还需要考虑世界各地更多定居人群的相反的情况，他们使用电视，就像我们使用互联网和航空旅行一样，仍然在相对稳定的国家结构里出现。[26]

在早期研究媒介受众的文章中，我越来越多地关注媒介实践是如何强化并深刻影响众多定居人口的家庭、生活方式以及建筑风格的。[27]相反，阿克索伊和罗宾斯二人在移民受众参与一系列虚拟和物质流动的背景下，进行移民受众的媒介消费模式研究。他们把对伦敦土耳其裔媒介使用习惯的研究放置到“移动生活方式”这一更宽泛的领域内，这一领域包括地面和卫星电视的使用、长途和本地电话消费、街头八卦以及伴随着定期长途旅行进行的互联网交流。[28]对移民来说，他们的身体移动与跨国媒介系统的使用紧密联系；相反，对许多人来说，定居生活和文化模式促进了全国范围内广播信息的传播。因此，在不同情况下，虚拟领域和物质领域既可能相互破坏，也可能相互促进，但是最终还是需要实证调查，而不是依靠主观猜测。

除了形式多样的长途移民，我们还要注意到更普遍也更日常的人口流动形式。除了来自边缘地区的移民外，一些来自北半球富裕
140 城市的移民也加入了横跨地理空间的远程社交网络，使得“远距离社交”成为一种日常实践。这些关系网络一般是通过定期的电子交流和间歇的会面（以所谓的“VFR 旅游”的形式——拜访朋友和亲戚）来维持的。因此，流动和距离并不一定会减少关心和情感支持，相反还可以帮助人们更好地维系情感。人们最古老以及最深层的感情亦是如此，一旦关系建立起来，老朋友就可以通过定期的电子/电话联系以及拜访消弭距离，从而使关系得以维系。对他们来说，“虚拟地理是通过面对面的会议、旅行、电话、短信以及邮件等多种媒介的融合来形成的”[29]。但这并不是众多欧洲人的普遍经历，因为大多数人的人际关系都在当地，他们的亲密关系大多维持在距家 25 千米范围之内。[30]

2. 感觉结构：情感和经验

存在（不止一个）

正如我们所看到的，如今地理上的接近或疏离可能与人们感受

到的情感联系产生较大的脱节，而关心、支持和爱的关系网有时也会明显分散。由于这些原因，虽然移民生活在不同的地方，但我们还必须认识到，许多人也（虚拟地）持续与其他地方存在着联系。用雷蒙·威廉斯的经典理论来说，即这种情况产生一种特别的感觉结构。[31]罗伯特·克劳肖（Robert Crawshaw）和科琳娜·福勒（Corinne Fowler）在对近期移民小说的讨论中认为，某些文学文本可以为描述移民和文化流离失所的重叠经验层提供有价值的视角。正如他们指出的，这些文本可以为人们提供“另类漫画”，让人们直观感受“历史、全球和地方……［现在］是如何在一个单一的、多重构成的、想象的空间内形成的”。该文献的形式特征（例如频繁使用来自非同步时间的多种声音）为移民体验的错位性提供了有效“舞台”。举一个例子，他们展示了乔·彭伯顿（Joe Pemberton）的小说《永远与阿门》（*For Ever and Amen*）中一个出生在英国的西印度移民孩子的“自述”。这部小说以曼彻斯特莫斯赛德区（Moss Side district）为背景，生动阐释了该区域的“全球地方性”（glocality）——它以一种直接“源于几代人的身体流动过程”的方式，充满了其他生命和地方的缺席的在场感。[32]

为了更加清楚地了解这一感觉，我们可以重新回到对罗宾斯和阿克索伊两人文章的讨论上，它为伦敦土耳其裔移民的交流生活提供了“另类漫画”。正如前文所示，他们不断地在不同文化和交流空间内移动，并可能在某一天收听伦敦当地的广播电台时，收到来 141
自伊斯坦布尔的亲戚寄来的包裹，并与当地一家专门经营往返土耳其廉价航班的旅游公司洽谈下次“回家”之旅。所有这些都是在与欧洲不同地区的其他土耳其移民进行丰富的手机交谈的背景下实现的，他们在各自社区内与他人在街边闲谈——伴随着土耳其卫星电视的喋喋不休。他们混合使用本土的和跨国的、公共的和私人的媒介，再加上高度发达的人员流动和货物运输系统，使其能够同时在两个不同地区“共现”。他们处在一个“介于两者之间”的位置，在这里空间和符号都是多样的且相互重叠的。所以，土耳其移民在任何一个社区都是相对的；此外，对于他们来说，这是一种完全自然化的和习以为常的生活方式。[33]

多栖家庭和“缺席的存在”

在卡伦·福-奥尔维格（Karen Fog-Olwig）参与的加勒比地区移民调查中，她同样观察到“多栖家庭”情况的日益常态化，一般家庭中的一个或多个成员通常处于“缺席”的状态，但仍在家庭生活中扮演重要角色，因此在故乡和居住地之间会产生空间分离。[34]随着后殖民主义时期经济和全球通信系统的发展，一种新的“多栖家庭”模式逐渐形成，即成员之一总会身处异地。[35]

摄影师范利·伯克（Vanley Burke）的父母在他之前从加勒比移民到英国，把他留给亲戚照顾。当他动情地谈到童年时，他说：“在牙买加的生活有一种真正的缺席感。社区里大部分人都移民到国外了，但我们经常谈起他们，还经常寄信和包裹，我总是忍不住会想他们都搬到了哪里。”[36]然而，随着国际通话、Skype和互联网逐渐进入人们的生活中，许多人现在可以和家人定期联系，参与到家庭重大决策的过程中，在重大节日或者孩子生日时打电话进行象征性的问候，而不再仅仅是一个“缺席成员”。斯蒂芬·韦尔托韦茨（Stephen Vertovec）指出，对于许多移民家庭来说，“通过廉价电话进行跨国联系是他们生活的核心”，低成本的电话和互联网现在可能成为移民跨国活动的“黏合剂”。[37]同样，乔纳斯·拉森（Jonas Larsen）、凯·阿克斯豪森（Kay Axhausen）和约翰·厄里认为，“信件、包裹、照片、电话、电子邮件、金钱交易以及偶尔的会面都能够帮助身处异地的人们维系情感连接”。人们现在可以实现在某一地生 142
活，同时通过“面对面会谈、预定的会议、电话、邮件以及在线沟通”等多种方式来维系异地关系。[38]正如戴德丽·麦凯（Deirdre McKay）所说，移民和流动不一定会破坏家庭关系，因为人们可以使用通信技术“在全球范围内取得联系，使异地通信变得更加规律、密集以及亲密”[39]。

总体而言，他们大多对跨国移民保持相对乐观的态度，强调许多受访者（在各种技术支持下）发展出了在两地同时共现的能力。但这并不是我们要讨论的全部。在其他地方，米勒向我们展示了一幅截然不同的画面：一位中年加勒比移民最终陷入“无根”的状态，他既不为移民国所接受，也不为自己的国家所接纳。米勒说，“根”的概念通常被誉为绝对的“好”，并被浪漫化为移民造成的混乱问题的“解决方案”，但对“根”的忠诚实际上可能会带来诸多严重的问题。[40]那些生活在伦敦的老年移民依然坚持他们童年时期（几乎是维多利亚时期的）加勒比的传统习俗，但这根本没有帮助他们融入英国生活（正如他们所希望的那样），反而有时会给他们当时的伦敦的白人邻居留下“冷漠”或“孤僻”的印象。[41]但当他们回到故乡时，当地人也不能很好地接纳他们。因为在当地人眼中，这些移民者变得过于英国化（势利的）。[42]在这里，我们谈到了移民经历中的情感维度，这远远超越了狭隘的经济或工具动机。

跨地区的主体性：网络化的感觉

传统的移民模式倾向于假设其主观意愿和古典经济学相同：所谓“理性的”个体对他们面临的选择进行功利主义计算以实现最大化的满足。显然这只是幻想图式，许多关于移民的描述总是忽略情感承诺和义务是如何跨越距离来维系亲情和友谊的。在这里我们要认识到，就像拉森、阿克斯豪森和厄里所说的，“移民行动很少是个体做出的决定”，而是综合亲属和其他朋友的意见得出的结论，并且“大多数人的传记和旅行经历是互相联系的、相互嵌入的，而不是个人化的”。[43]在这方面，戴维·康拉德森（David Conradson）
143 和戴德丽·麦凯借用阿帕杜莱的“跨地区的主体性”概念来分析个体流动以及社区成员的流动（有时是远距离的）如何扩大社区的覆盖范围等话题：许多跨国移民将继续投入情感来与异地亲朋好友进行联系，进而维系感情。他们可以使用多种方式，例如汇款、赠送礼物从而表达自己的关心与支持，或者跋涉千里来见证重要时刻（如出生、婚礼、葬礼）。[44]

此外，可以将移民的主体性理解为“跨地区的”而不是“跨国的”，因为他们的情感总是与特定地区而非国家联系起来。以瑞典的土耳其移民为例，米娅西·克里斯滕森（Miyase Christensen）的研究表明，即使相隔万里，地理环境的相似也会让人们产生对家乡故土的思念之情。基于移民连锁反应机制，若某人在一个地区安定下来，他的亲戚朋友也会追随他在此地定居。因此，许多移民尽管搬到了新的国家，但他们仍与之前相识的人生活在邻近区域。[45]尽管移民处在流动的、联系分散的虚拟网络中，但他们仍然根植于实体的物质性空间，因此他们的跨国媒介活动是线上和线下生活的结合。[46]

爱、失落和金钱：地理的悲哀

移民这一决策很少是脱离社会网络（尤其是家庭关系）做出的，也不一定是“理性”计算出经济或政治优势最大化之后的选择。它更多受到人们的情感因素，如爱、欲望和忠诚等因素的影响，这些都在人们做出移民决策的考虑范围内。[47]正如安妮-玛丽·福捷（Anne-Marie Fortier）所说：“担忧或兴奋、悲伤与愤怒、失落和矛盾等情感贯穿移民决策的全过程。”[48]除此之外，我们还要认识到，移民作为一种感官经济（sensuous economy），是一种富含想象和情感因素的具身实践，在这一实践中，与声音、气味、风土人情的相遇会引发身体感觉和情感反应。[49]

移民作为一种感官经济（sensuous economy），是一种富含想象和情感因素的具身实践，在这一实践中，与声音、气味、风土人情的相遇会引发身体感觉和情感反应。

地理移动改变了人们习惯的空间模式，打破了他们对事物的认知方式，这往往会使人们在迁入新地区之后产生动荡不安感。[50]当然，对于经常旅行的人来说，情况可能大不相同：马格达莱娜·诺威卡（Magdalena Nowicka）通过研究证明，对于移民来说，存在

与缺席的二元论是人们生活的一部分，也是他们日常活动的内在组
144 成部分。他们也学会利用远程通信技术来弥补缺席的遗憾，维系与家人朋友的关系。[51]

尽管这样，许多人仍然切身地感受到迈克尔·翁达杰（Michael Ondaatje）所说的“距离的无奈”，并且意识到技术最终也无法替代与异地亲朋好友的面对面互动以及身体共现。[52]因此，诺威卡认为流动频繁的个体很清楚身体的缺席使他们很难“与家人产生连续的感情……以及难以满足对长期在一个地区生活和发展的身体共现的期望”。[53]所有这些都表明，继康拉德森和麦凯之后，我们需要关注流动性的情感层面，即“定居和流动所产生的一系列情感”。这一观念也使我们更加关注情感劳动的多种形式，它们能够维持多栖家庭的模式，缓和经济和情感上的失落感、思乡之情以及义务感等交织在一起所产生的矛盾情绪。[54]

此外，情感和经济之间的界限在现实中往往是模糊的。现在人们已经充分认识到，国外移民汇款对国民经济发展做出了重大贡献。自 20 世纪中期以来，移民“汇入家乡”的总金额增加了两倍，是全球援助总额的三倍，这些是低收入的南半球国家的主要资金来源。[55]然而，这些汇款不能仅仅从其经济意义来考虑，我们也要认识到其情感意义和价值。这些汇款不仅有助于构成紧密的经济联系，还能够形成道德和情感纽带，正如麦凯的一位受访者所言，“汇款也是感情的一种象征”。

物质和虚拟流通模式

如果人员和货币流动，包括其经济和情感象征意义，需要相互

联系起来，那么象征性物品的流通也同样如此，就像阿帕杜莱早期的著作《物的社会生命》（*The Social Life of Things*）中所展示的那样。[56]我们要将物质和虚拟维度结合起来探究流动的重要意义，所以，必须考虑那些代表或象征（以转喻或隐喻的方式）地方的物品的流动性是如何有助于它们的流动的。劳伦·伯兰特（Lauren Berlant）认为，“国家象征”是通过公民围绕国家神圣景观和纪念碑的物质流通，以及这些图像以广播或其他媒介形式在人们的生活（和家庭）中的虚拟流通来构建的。[57]一般而言，如果领土范围内的固定实体被赋予神圣含义，那么其圣像以及其他可流动的物体（如图像和标识）就在世俗地区流传。因此，在朝圣者从边缘地区流动至中心区域的同时，这些被朝圣的物体本身也从中心流向边缘地区。[58] 145

这同样适用于世俗（profane）层面，因为并不仅仅是人们的身体在空间流动。所以迪维亚·托利亚-凯利（Divya Tolia-Kelly）认为：“移民在离开自己的国家时，通常会携带一部分家乡的痕迹，这些痕迹一般通过服装面料、食物、颜色、气味和声音的组合形式，以形象和想象的方式适应当地生活。”[59]同样，跨国关系也体现在食物和礼物的跨国流动上，移民们随身携带的物品也体现了这一点。[60]流动人口（包括主动移民和被动逃离的难民）把全家人能够随身携带的物品塞满汽车和行李箱，包括衣服、小件家具、手工艺品和一些重要物品，这些都代表着他们完整的生活方式。[61]正如约翰·伯杰（John Berger）所说，移民的行李箱起着关键的象征作用，它里面装满家中物品，承载着家庭记忆，平日里被放置在橱柜中。它可能象征着移民新生活的开启，实际上，作为一件物质实体可能成为流动过程中护身符般的“伴侣”。[62]

一位来自波兰的移民说，她第一次离开家时，行李箱里装着“她喜欢并且产生依赖感的东西——一些书和光盘、最喜欢的盆栽、一个带闹钟的小收音机、照片，还有最喜欢的钢笔和铅笔”[63]。当她踏上回家的旅程时，行李箱里装满给亲戚朋友带的礼物。这些消费标志着移民在异国取得的成就、为弥补缺席的关心以及对家人的爱所做出的努力。当即将返程时，箱子里又塞满了家庭自制食物和熟悉的家居用品，这会触发人们对家庭的思念，也是与家人的联系所在。这些被运送的物品是异地礼物经济的重要组成部分，就像在特罗布里恩群岛（Trobriand Islands）一样，把所有参与者都紧密联系起来。“装满礼物和日常用品的行李箱就像邮件、电话和 Skype 一样重要，能够使身在异乡的游子感受到与祖国的紧密联系。”[64]

3. 移民视角：逃离路线

绝望的边境

146 尽管对于某些人来说，流动已经日益成为他们日常生活中的一部分，但并不是所有的“逃离路线”都对他们开放——他们期待的流动形式总是受到重重阻碍。对于成千上万生活在直布罗陀海峡较贫困地区的移民来说，丹吉尔这座城市已经成了“人们的希望和转机”，但事实却是移民数量不断减少，从情感和地理意义来看，这里已经成为“绝望的海峡”。[65]摩洛哥摄影师伊托·巴拉达（Yto Barrada）将海峡看作一个竞争激烈的战略空间，其特征是流动和停滞交织的矛盾状态。如果摩洛哥对于西方游客来说是一个理想的度假胜地，并且旅游收入是摩洛哥重要的收入来源，那么直布罗陀海峡［沿着休达（Ceuta）的边境围栏］则成为那些希望在摩洛哥享受天堂般生活的游客主要的流动障碍。[66] 正如奥奎·恩韦佐尔（Okwui Enwezor）所说，这里存在一组矛盾：一方面“海峡是对游客充满吸引力的度假胜地”，另一方面“海峡是移民逃离摩洛哥的出发地”[67]。

巴拉达的照片捕捉到一个国家的普遍情绪，即大部分公民陷入永久的等待离开状态：照片上的人们在海峡对面凝视着壮观的直布罗陀海岸；他们坐在屋顶上眺望着远方的西班牙山丘，或是连接两大洲的理想计划失败的残余物，例如本来可以连接丹吉尔和西班牙的废弃的工程隧道入口。这些困境也在塔哈尔·本·杰伦的小说《离开丹吉尔》（*Leaving Tangier*）第 4 章中得到了印证。他笔下的一位准移民一开始能够在丹吉尔“闻到欧洲的味道，可以看到欧洲和它的灯光，可以用指尖触摸欧洲，它很好闻，它等着你，只有……八九英里”。但后来他就对自己的未来感到不满。他意识到西班牙现在正在“快速发展，并逐渐向欧洲靠拢，远离我们，尽管曾经认为西班牙距离我们很近，但实际上相隔数千英里”[68]。

资本、人员和数据的流动

如前所述，我关注的是身体、资源、商品、资本和技术的共时流动。在这方面，乌尔苏拉·比曼的开创性工作应获得持续关注，147
她专注于宏观问题阐述，例如地缘政治学视角下资源流动如何切实改变周边地区人们的生活以及文化环境。她研究地缘政治学视角下高加索地区大规模修建的 BTC 石油管道，其起点处源源不断的邮轮阻塞了伊斯坦布尔外部的博斯普鲁斯海峡（Bosporus Straits）。[69]

目前，里海地区的石油正通过这些日益拥挤且危险的海峡被运往地中海以及更远的地区。以里海地区的巴库为出发点，途经格鲁吉亚，最终到达土耳其地中海沿岸杰伊汉的石油管道旨在绕过这一瓶颈地区，从而加快石油向全球市场的战略流动。

伊斯坦布尔当然不仅仅是全球石油运输路线中的一个主要瓶颈，它也是该区域最集中的移民流动点之一。比曼指出，“来自阿富汗、巴基斯坦、伊朗、伊拉克、摩尔多瓦和俄罗斯的数千万的移民”每年都要途经伊斯坦布尔。他们中大多数是非法移民，在伊斯坦布尔待上几个月（或者是几年的时间），赚够偷渡到北欧或地中海地区所需的费用。[70]她致力于研究全球资本和人文地理是如何通过国际签证协议、区域政治和历史动态而错综复杂地联系到一起的。[71]她还关心这些宏观过程如何与各种各样的“地方”问题联系在一起。正如她所说的，管道的铺设是“不发达地区连接外部的巨大接口，引发了社会及经济特权的重组，以及新旧联系的更迭”[72]。她展示了地缘政治转型背景下各种微观政治是如何在日常层面进行积极调整的，因为管道铺设破坏了这些社区环境。除此之外，她还向我们展示了许多看起来毫无关联的问题是如何密切联系的，例如黑海盆地地区是全球性交易中贩卖妇女案件的多发地，这显然是为了服务于土耳其边境城镇特拉布宗（Trabzon）的管道工人，正如那里繁荣的卖淫业清晰展示的那样。

虽然总体来说，商品比低收入移民群体更容易进入西方，但青年女性的情况却是明显的例外，她们不仅被允许进入更富裕的地区，而且受到鼓励（尽管是在最令人沮丧和最受剥削的条件下），因为她们被转化为一种有价值的商品交易。在这里，我们还必须了解互联网当前支持的跨国电子“婚姻市场”中数据、图像（无论是“浪漫的”还是色情的）和身体流动的相互依存关系。[73]电子通信往往构成虚拟新娘市场的基础，为她们提供摆脱第三世界贫困的潜在途径。它为那些准备让自己变得具有异国情调的创业女性提供了一条通往西方的逃离途径，她们通过交换（首先是视觉图像）自己的吸引力，作为结婚的先决条件，从而获得进入梦想国家的签证。就像比曼指出的那样，“来自少数族裔和贫民窟社区的（年轻）女性” 148
被贩卖的交通路线，使新的地理格局正在形成。对于这些女性来说，这是唯一可用的“生存通道”，在这里，她们的图像的虚拟流通和身体的实际流通是相互依存的。[74]

地缘政治：反对受害者视角

传统上，地缘政治被认为是民族国家等权力主体的专属领域，但比曼关注流亡者和移民使用的战略（和战术）。[75]当然，在这里我们必须警惕编造某种“浪漫主义”目的论的危险，这种目的论使“毫无实权的人获得如救世主般的权力”[76]。T. J. 迪莫斯（T. J. Demos）坚持认为，比曼对移民的描述将“一种组织感、决心和能动性”延伸到其主体，并代表移民自己对其无权地位的质疑。[77]她致力于将权力的规范地图与移民轨迹“绘制”的越轨路线叠加在一起，形成一个超越传统参照系的叙事制图。[78]

这里的一个问题就是如何摆脱视觉表征的传统政治意义，在这一点上，移民本身实际是隐形的，除了他们失败（被抓获）的时候。因此比曼的纪录片《撒哈拉编年史》勾勒出一幅“反抗的地理图景”，展示了移民的“流动性、创造力以及严密组织性”，与“排斥他们的主权”做斗争。[79]她试图从非法移民视角展示一幅“不可见的旅程”地图，因此她将注意力集中在他们出发的那一刻，在他们开始向北穿越撒哈拉沙漠旅程的那一刻，想要在东北部劳动力市场上谋求一份工作的兴奋感十分明显。[80]

比曼的课题探讨在长期殖民的大背景下，撒哈拉以南非洲地区人口向欧洲的迁移以及对迁移的遏制背后的微观政治学，她将这种流动网络看作嵌入具体地方和历史条件中的社会实践。从历史上看，这一背景是由撒哈拉沙漠在 1884 年的柏林会议上被欧洲列强分割为不同领土造成的。撒哈拉沙漠曾是图阿雷格（Tuareg）部落长期居住的领地，柏林会议的分割客观上为今天的阿尔及利亚、利比亚、马里、尼日尔和乍得这几个独立国家的出现奠定了历史基础。[81]虽然图阿雷格并没有以国家形式被承认，但图阿雷格人仍然是这些国家中人数较多的少数族裔，他们保持着独特的语言和文化联
149 系。比曼认为，从定义来看，图阿雷格人的领土结构是跨国的，游牧政治和殖民政治之间的空间概念差异是这一争议区域的核心。她的课题是绘制一幅北非移民的地缘政治现实图表，该图表以被遗忘的地方为中心，这些地方现在重新成为国际移民网络中的关键节点。

比曼特别关注的地方是阿加迪兹，它横穿撒哈拉的贸易中心，是南部移民向北迁移的主要路线上的城市。这是“一个横跨撒哈拉的信息交流、路线以及社会组织系统”，以及“由当地顽固势力组成的临时网络，以此来抵抗和规避对其进行规训的意图”。图阿雷

格独特的地形非常受欢迎，因为有源源不断的撒哈拉以南移民通过他们的领土，他们把老旧大篷车路线改造成非法移民的公路。[82]在此背景下，他们为非法运输移民制定高度灵活且高效的模式，这一模式结合了他们在沙漠地形上根深蒂固的历史经验，以及他们作为司机和劳工的技能，这些技能可以应对这一条件恶劣地区以及新的移动电子通信技术带来的挑战。在这方面，图阿雷格人对该项复杂技术的掌握程度是可以和在亚丁湾活动的索马里“高科技海盗”相媲美的，这一话题将在本书后面与集装箱航运有关的部分展开讨论。[83]

迁移、想象力和创造力

到目前为止，有关移民的研究大多集中在商业精英和贫困移民这两个截然不同的案例中。人们大多从对立的观点来看待这一现象，将商业精英的流动视为他们（以及世界经济）的一种“资产”，而将贫困移民的流动视为问题以及一种需要“解脱”的痛苦。此二分法在谁有权掌握他们的流动这一问题的背景下具有重大意义，但如果我们只把移民视为被剥夺权力的“受害者”，那么我们就没有意识到他们自身的智慧。用弗洛里安·施奈德的话来说，是“将移民还原为神秘和灾难”[84]。在欧洲，来自东方的新移民经常策略性地寻找“可以转移到当地经济体系并在体系中循环利用的临时机会和利益”[85]。在这方面，迪纳·彼得雷斯库（Dina Petrescu）描述道：罗马尼亚北部移民在某一刻发现通过定期离家前往西方并在那里争取政治庇护，进而可以（并不总是成功）在领取福利津贴期间攒足够多的钱，以此来扩建和改善他们的家园。她认为，在某种程度上，

150 “移民是边界的产物”。他们穿过边界，并因发现漏洞扬扬得意，“但与此同时，他们也需要边界，并被边界另一边的事物吸引，因为其主要目的就是通过航线获利”[86]。

本着同样的精神，比曼认为我们要承认生活在国家边界地区的人们的智慧与创造性，因为他们必须不断地发展出创造性的规避策略，以免日益尖端的技术欺骗、控制他们。[87]同样，阿帕杜莱强调：“今天许多人必须随机应变：如果你在难民营里，面包每隔几分钟就会以夸张的价格上涨，那么，随机应变就是生存的一部分，他们充分调动想象力只是为了生存下去。”[88]如果迁移是涉及想象力和创造力的实践，那么它也是有自己的知识和专长的实践。马泰·贝热纳鲁（Matei Bejenaru）的《旅行指南》（*Travelling Guide*）是展示这一专长的很好的例子，它采取比较成本效益分析的形式，就试图非法移民到欧洲国家的相对风险水平（和可能的好处）向潜在的罗马尼亚移民提供了详细建议。[89]

如果迁移是涉及想象力和创造力的实践，那么它也是有自己的知识和专长的实践。

《旅行指南》不仅向潜在的移民读者介绍英国、法国、意大利和西班牙的相对工资和生活费用，还介绍到达每个国家必须避免的法律障碍，以及各国边境警察的效率；仔细比较了避免被发现的最佳路线、最佳过境点、过境的最佳时间，以及不同交通方式的相对风险和优点。如果有人想通过躲在卡车或货运列车里的方式从法国或比利时穿越英吉利海峡偷渡到英国，《旅行指南》则提供了不同港口的详细地图以及非常准确的信息，说明哪些停车场、哪些港口、在白天或晚上的什么时间最有可能为移民提供上船的好机会。除此之外，这本书进一步向移民提供了所需设备的确切信息：如果希望从港口进入，要准备工人的工作服、安全帽和码头报纸；还要准备好装有铝箔热材料的睡袋来规避传感器，这些传感器可以检测到人体的热量；以及根据过境所需的小时数仔细计算出的最低限度的水和干粮供应量。最后，这本书建议将要移民英国的人，最好的选择是从罗马尼亚预订机票到一个不需要提前获得入境签证的斯堪的纳维亚国家。然后，建议移民在预订行程时表示希望在伦敦希思罗机场转机，因此购买一张能让他深夜抵达希思罗机场的机票，表面上是为了赶上第二天清晨飞往斯堪的纳维亚国家的中转航班。凌晨 1 点以后，希思罗机场几乎空无一人，有些区域暂时关闭，更容易逃避管制，然后溜出机场，有时甚至可以获得 24 小时的“入境签证”，以便合法 151
地离开机场，去酒店（假装）等待早上的转机航班。

移民不仅需要聪明才智来跨越边境，而且需要在对他们容忍度极小的外国领土上生存下去。加兹曼德·卡普拉尼（Gazmend Kapllani）在他自己的移民经历自传中讲述了自己“融入”当地的过程。正如他所说，从移民的角度来看，与其大声要求多元文化权利以求与众不同，不如渴望在日常生活中“和当地居民一样拥有不被注意以及不被看见的权利”[90]。问题是，为了融入当地，移民必须学习当地的语言，但“在他这里，语言并不能流畅地说出来，而是磕磕绊绊的……他搞得一团糟”，他很快就从听者的表情中意识到，他最好保持沉默，而不是惹人生厌。所以移民们学会了当地口语，以表明自己是属于那里的人。他们训练自己尽快会说别人的名字，即使别人从来不会说他们那奇怪且复杂的外国名字。很讽刺的是，随着移民语言技能的提高，他们认为自己更有可能成功融入；但是，卡普拉尼警告说，危险在于，一旦你学会了它，你就会“真的感到完全陌生”，因为现在你会明白他们在电视新闻的“无情剧场”里怎么将你描述为“邪恶无情且黑暗的外国人”。[91]

欧洲要塞和中世纪朝圣者的回归

至此，我的论点结束了本章开头的循环，并重复了我先前对这些问题的讨论。[92]这里我们思考这样一个问题：移民的实际存在（以及虚拟表征）如何作为一种本体论威胁的形式，成为欧洲当代政治生活动态的重要组成部分。包括蒂莫西·加顿·阿什（Timothy Garton Ash）在内的一些批评人士认为，2015—2016 年的欧洲“移民危机”是一个具有象征意义的事件，其重要性不亚于 1989 年的东欧剧变。正如他所说：“我们在 2015 年看到的是欧洲 1989 年的倒退。记住，铁幕的物理拆除是从切断匈牙利和奥地利之间的带刺铁丝网开始的。现在是匈牙利带头建立新的围墙，煽动偏见，将移民拒之门外。”[93]

在这场危机中，欧洲新闻媒体不断播放准移民（及其子女）在地中海溺水或死在意大利和希腊海滩上的令人心碎的画面。在这段时间里，观众们看到了有关一群衣衫褴褛的难民和寻求庇护者的报
152 道，他们在各种天气条件下跋涉数周，穿越巴尔干半岛，寻找进入欧洲要塞边界的入口。当欧洲领导人在应对危机的自由主义和保护主义立场之间摇摆不定之际，这支队伍中的许多人从马其顿一路走

到了德国，经受着不同边境之间不断变化的可渗透性和不可渗透性的挑战。在这一点上，从南到北跨越整个领土的中央高速公路——在第二章中讨论过的“E5”，曾经被称为“兄弟团结之路”的高速公路——有了一个全新的意义。从整个世界来看，这场灾难的画面更像是中世纪的徒步朝圣，在希望之地寻求救赎，而不是属于高速旅行、全球连接和时空压缩的当代的任何东西。我们很难找到比这更生动的例子来说明各种交通、通信、边境维护和遏制技术在欧洲堡垒的建设和维护中所起的关键作用了。

注　　释

1 D. Morley（2000）*Home Territories*，Routledge.

2 Quoted in D. Massey（2005）*For Space*，Sage，p. 79；referring to F. Jameson（1991）*Postmodernism: The Cultural Logic of Late Capitalism*，Verso，pp. 356 - 357.

3 关于这一问题，请参阅：D. Chakrabarty（2001）Europe as a Problem of Indian History，*Traces* **1**，159 - 182.

4 J. Fabian（1983）*Time and the Other*，Columbia University Press，p. 35.

5 R. Wilk（1996）Colonial Time and TV Time，*Visual Anthropology Review*.

6 E. Reitz（2005）*Heimat: A Chronicle of Endings and Beginnings*，Series 3，Artificial Eye. 1989 年，2 万名驻扎在德国的美国士兵离开了，终结了二战后美国对德国的持续驻守。他们的空营房里挤满了来自苏联的德国人，这些人到现在才得以回到他们认为是故乡的地方——即使对于他们未来的德国同胞来说，他们也不过是来自一个被遗忘的时代的令人不安的幽灵。请参阅：W. Cook（2004）There's No Place Like Home，*Independent on Sunday*（September 19）. 另见：D. Morley and K. Robins（1990）No Place Like Heimat，*New Formations* **12**；S. Winder（2013）*Danuba*，Picador. 早些时候，随着奥斯曼帝国的崩溃，多瑙河流域原先的“奥斯曼”地区和人口被“归还”到西方。

7 D. Morley and K. Robins（1995）Techno-Orientalism：Japan Panic，*Spaces*

of Identity, Routledge.

8 A. Beckett (2012) For Richer, Not for Poorer, *The Guardian* (November 17).

9 G. Lewis (2006) Journeying Towards the Nation (al): Cultural Difference at the Crossroads of Old and New Globalisations, *Mobilities* **1** (3), 336.

10 A. Travis (2009) Here Today and Gone Tomorrow: A New Breed of Migrants, *The Guardian* (August 6).

11 H. Sherwood (2014) 10 Years On and Poles are Glad to Call Britain Home, *The Observer* (April 27). 珀琳·辛斯顿在采访中声称："许多东欧人对像我这样在这个国家建立了医疗服务体系和交通基础设施的人持种族主义态度，这让我非常生气。"

12 K. Robins and A. Aksoy (2016) *Transnationalism, Migration and the Challenge to Europe*, Routledge.

13 D. Miller (2008) Migration, Material Culture and Tragedy: Four Moments in Caribbean Migration, *Mobilities* **3** (3), 403, 401.

14 T. Kaiser (2008) Social and Ritual Activity In and Out of Place, *Mobilities* **3** (3).

15 A. Hargreaves (1997) Satellite Viewing Among Ethnic Minorities in France, *European Journal of Communication* **12** (4).

16 H. Kureishi (1998) *My Son The Fanatic*, Faber.

17 见第三章萨拉·艾哈迈德对移民的"隐喻化"的批判。

18 I. Ditchev (2008) *Mobile Citizenship*, Eurozine.

19 K. Robins (2008) Dear Europe, Dear Turkey, Why Are You Making Us So Depressed? *Third Text* **22** (1), 53; K. Robins and A. Aksoy (2015) *Transnationalism, Migration and the Challenge to Europe*, Routledge.

20 Robins, Dear Europe.

21 S. Moores and M. Metykova (2010) I Didn't Realise How Attached I Am: On the Environmental Experiences of Transeuropean Migrants, *European Journal of Cultural Studies* **13** (2), 32.

22 Moores and Metykova, I Didn't Realise, 171–189; A. Aksoy and K. Robins (2003) The Enlargement of Meaning, *International Journal of Communication Studies* **65** (4–5), 374–375.

23 J. Wood (2014) On Not Going Home, *London Review of Books* (February 20), 6; 7, 8; S. Ossman (2007) *The Places We Share: Migration, Subjectivity and Global Mobility*, Lexington Books on issues of "serial migra-

tion."

24 Robins, Dear Europe, 48.

25 A. Appadurai (1996) *Modernity at Large*, University of Minnesota Press, p. 22.

26 参见哈菲兹关于网络流量同一现象的讨论：Hafez (2006) *The Myth of Media Globalisation*, Polity Press.

27 Morley, *Home Territories*.

28 A. Aksoy and K. Robins (2000) Thinking Across Spaces: Transnational Television from Turkey, *European Journal of Cultural Studies* **3** (3), 343–365. 另请参阅我在第八章末尾的讨论：阿克索伊和罗宾斯的观点如何与霍斯特、米勒和斯莱特提出的所谓"媒体生态学"［这种用法与尼尔·波兹曼（Neil Postmman）之前提出的用法不同］相勾连。

29 J. Larsen, K. Axhausen, and J. Urry (2006) Geographies of Social Networks, *Mobilities* **1** (2), 279–280.

30 参见我之前在第三章中对持续的"当地关系"问题的评论。

31 R. Williams (1961) *The Long Revolution*, Penguin.

32 R. Cranshaw and C. Fowler (2008) Articulation, Imagined Space and Virtual Mobility in Literary Narratives of Migration, *Mobilities* **3** (3), 455, 460, 458, 464. 显然，在这种背景下引用这些材料也含蓄地支持了作者的论点，即文学叙事本身可以作为"数据来源"，对传统的社会科学方法进行有效补充。小说是经验的"精华"，本身就很有启发性，因为它们提供了当代行为和思维方式重要方面的总结性画像，而这些是基于对现实生活的观察。

33 然而，在这方面，玛丽亚·乔治乌（Myria Georgiou）承认，即使在一个网络通信的时代，领土主义仍然深植于身份的政治概念中，特别是当其转换成护照、签证和公民权利问题的时候。正如她指出的，即便文化和社群的流动破坏了国界，民族国家仍然是建立在唯一忠诚的理念之上的。正是在这种背景下，她认为散居的意义在于，由于移民自己（或祖先）的流动，他们同时体验不同的世界和文化。M. Georgiou (2011) Diaspora, Mediated Communication and Space, in. Christensen, A. Jansson, and C. Christensen (eds.), Online Territories, Peter Lang, pp. 205–220.

34 K. Fog-Olwig (1993) Defining the National in the Transnational, *Ethnos*, 3–4. 请参阅我在第八章末尾关于手机在多栖家庭中作用的讨论。

35 丹尼尔·米勒和唐·斯莱特在研究特立尼达拉岛文化背景下的互联网使用方式时，也指出这个岛国在很大程度上依赖于在全球不同地区工作的移民"返乡"的定期电子汇款。D. Miller and D. Slater (2000) *The Internet: An Ethnographic Approach*, Berg.

36 V. Burke (2014) My Best Shot, *The Guardian* (June 26), G2. See also the catalog to the "At Home With Vanley Burke" exhibition, Ikon Gallery Birmingham, 2015.

37 S. Vertovec (2004) Cheap Calls: The Social Glue of Migrant Transnationalism, *Global Networks* **4**, 223.

38 Larsen, Axhausen, and Urry, Geographies of Social Networks, 265; Wellman quoted in Larsen, Axhausen, and Urry, Geographies of Social Networks, 261.

39 D. McKay (2007) Sending Dollars Shows Feeling: Emotions and Economies in Filipino Migration, Mobilities **1** (2), 179 - 180.

40 Miller, Migration, Material Culture and Tragedy, 397, 409.

41 关于英国人对 20 世纪 60 年代伦敦加勒比移民的看法，请参阅：Alexander Baron (1963) *The Lowlife*, Black Spring Press, 2010. 有时，他们认为这些移民混淆了英国历史本身的“时态”，犹如黑人版的维多利亚时代。

42 相比之下，移民美国的人似乎更容易在回国之后重新融入社会，因为他们在美国被接纳的机会很小，因此他们也不太努力“融入”美国。

43 Larsen, Axhausen, and Urry, Geographies of Social Networks, 268; U. Beck and E. Beck-Gernsheim (2003) *Individualisation*, Sage.

44 D. Conradson and D. McKay (2007) Translocal Subectivities: Mobility, Connection, Emotion, *Mobilities* **2** (2), 168.

45 M. Christensen (2011) Online Social Media, in M. Christensen, A. Jansson, and C. Christensen (eds.), Online Territories, Peter Lang. 关于在法国的阿拉伯移民之间沟通实践的代际差异，请参阅：Hargreaves, Satellite Viewing.

46 Christensen, Online Social Media. 在这种背景下，克里斯滕森坚持认为，与其接受诸如在线社交媒体等技术如何增强全球流动的简单说法，不如在其特定的社会背景下对其使用模式进行实证研究。

47 N. Mai and R. King (2009) Love, Sexuality and Migration, *Mobilities* **4** (3), 297.

48 A. -M. Fortier (2006) The Politics of Scaling, Mobilities **1** (3), 324 - 325.

49 S. Ahmed (2004) *The Cultural Politics of Emotion*, Edinburgh University Press.

50 参见本章前面我对穆尔斯和梅蒂科娃关于移民如何“看到”当地人看不见或认为理所当然的事物的评论。

51 M. Nowicka (2006) Mobility, Space and Social Structuration, *Mobilities* **1** (3), 425.

52 M. Ondaatje quoted in D. Morley and K. Robins (1995) *Spaces of Identity*, Routledge.

53 Nowicka, Mobility, 429.

54 Conradson and McKay, Translocal Subjectivities, 169, 171.

55 C. Provost (2013) Migrant Billions Put Aid in the Shade, *The Guardian* (January 30).

56 A. Appadurai (1986) *The Social Life of Things*, Cambridge University Press.

57 S. Lash and J. Friedman (eds.) (1992) Introduction, in *Modernity and Identity*, Blackwell, p. 20; L. Berlant (1996) The Theory of Infantile Citizenship, in G. Eley and R. Suny (eds.), *Becoming National*, Oxford University Press.

58 V. Della Dora (2009) Taking Sacred Space Out of Place, *Mobilities* **4** (2); V. Baic (2007) Creating Ritual Through Narrative, Place and Performance, *Mobilities* **2** (3).

59 D. Tolia-Kelly quoted in Della Dora, Taking Sacred Space, 229.

60 有一个例子分析了现在印度的欧洲游客是如何经常把在印度为他们特别制作的纱丽带回家的，这不仅是他们真正的异国旅行的象征，也是他们自己从一种状态过渡到另一种状态的表现，形成了"纱丽与旅行中自我转变之间的联系"。在专业市场，裁缝们现在为西方游客提供了用"古董"印度材料制作西方风格服装的机会。这些混合服装"以极为便宜的西方价格再造了旅行者的背包衣橱，额外的好处是它们是公认的时尚服装，创新地结合了西方风格和印度面料"。购买这种服装的旅行者"在印度创造了'此时此地'的记录，作为一名旅行者，他以自己的方式将冒险精神融入这种布料中。它也是新的、重新制作的……变成了时尚的东西……一块旧布被重新赋予了意味深长的寓意"。[L. Norris (2008) Recycling and Reincarnation: The Journeys of Indian Saris, *Mobilities* **3** (3), 434, 428, 432.]

61 P. Basu and S. Coleman (2008) Migrant Worlds, Material Cultures, *Mobilities* **3** (3), 316. 请参阅我更早的一本书中的同一主题章节：Morley, *Home Territories*, pp. 44 - 47.

62 J. Berger (1975) *The Seventh Man*, Penguin.

63 K. Burrell (2008) Materialising the Border, *Mobilities* **3** (3), 356, 363.

64 Burrell, Materialising the Border, 365 - 366, 370; B. Malinowski (1922) *Argonauts of the Western Pacific*, Dutton.

65 Y. Barrada quoted in O. Enwezor (2011) A Radiant Conflagration, in Y. Barrada

Riffs, Deutsche Guggenheim exhibition catalog, Frankfurt, p. 22.

66 N. Tazi (2007) The State of the Straits, *Afterall: Journal of Art*, *Context and Enguiry* **16** (Autumn/Winter), 92.

67 O. Enwezor (2011) A Radiant Conflagration, in Y. Barrada, *Riffs*, Deutsche Guggenheim exhibition catalog, Frankfurt, p. 24.

68 T. Ben Jelloun (2009) *Leaving Tangier*, Arcadia Books, pp. 117, 125. 另见该书第 4 章中的一段：本・杰伦希望自己是一个包裹，这样他就可以更容易地到达欧洲。有时候，移民前往他们想要去的地方的路简直是不可想象的。在贺宁・曼凯尔（Henning Mankel）的小说《影子女孩》（*The Shadow Girls*）中，一个非洲移民角色说，当她离开家的时候，"不知道意大利在哪里，我甚至不知道非洲在哪里，也不知道世界上有被大洋隔开的大陆。我听说过欧洲和它的财富，也听说过美国，但没有人告诉我没有直达这些地方的路"（p. 274）。

69 U. Biemann (2007) The Black Sea Files, in A. Franke (ed.), *B-Zone: Europe and Beyond*, KW Insitute for Arts.

70 Biemann, The Black Sea Files, p. 68.

71 Biemann, The Black Sea Files; U. Biemann (2009/10) Counter Geographies, *Art and Research* **3** (1) (Winter); available at www. art. research. org. uk/v3n1/Biemann. HTML (accessed November 14, 2016).

72 U. Biemann (2010) *Mission Reports: Artistic Practices in the Field/Video Works 1998 - 2008*, Bildmuseet/Arnolfini Gallery, p. 70.

73 U. Biemann (2010) Turning Bodies into Codes, in *Mission Reports*.

74 U. Biemann (2010) Reorganising Women on a Global Scale, in *Mission Reports*, p. 41.

75 U. Biemann quoted in T. J. Demos (2010) Sahara Chronicle: Videos Migrant Geography, in Biemann, *Mission Reports*, p. 180.

76 A. Charlesworth (2009/10) Review of U. Biemann *Mission Reports*, *Art and Research* **3** (1) (Winter). 事实上，有人可能会说，当代移民的负担已经够沉重了，不必再背负任何其他人流离失所的政治幻想。请参阅：S. Marino, S. Dawes, and D. Morley (2016) Media, Migration and the Borders of Fortress Europe, *Networking Knowledge MeccSA*, *Postgraduate Journal*, **9** (4).

77 T. J. Demos (2010) Sahara Chronicle: Video's Migrant Geography, in Biemann, *Mission Reports*, pp. 179, 187.

78 参见布尔日国立高等艺术学校的乔瓦尼・扎佩里（Giovanni Zapperi）关于

"叙事制图"的作品。

79 J. E. Lundstrom (2010) Introduction, in Biemann, *Mission Reports*, p. 11; Biemann, *Mission Reports*, p. 91.

80 Biemann, *Mission Reports*, p. 85.

81 T. Pakenham (1991) *The Scramble for Africa*, Abacus.

82 Biemann, *Mission Reports*, pp. 85, 89.

83 见第九章关于远洋海盗的讨论。

84 F. Schneider (2011) Towards a Theory of Borders, in J. Seijdel (ed.), (*Im*) *Mobility*, NAi Publishers SKOR, p. 114.

85 D. Petrescu (2002) The Tactics of Faux Migration, in D. Blaney (ed.), *Here, There, Elsewhere: Dialogues on Location and Mobility*, Open Editions.

86 Petrescu, Tactics, pp. 66 - 67.

87 Biemann, *Mission Reports*, p. 57.

88 A. Appadurai, speaking in A. Appadurai and D. Morley (2011) Decoding, Diaspora and Disjuncture, *New Formations* **73**, 46.

89 M. Bejenaru (2006) Travelling Guide, in G. Cram and D. Zyman (eds.), *Kuba: Journey Against the Current*, Thyssen Contemporary Art. 贝热纳鲁的《旅行指南》以"概念艺术"作品的形式发表在一个关于沿多瑙河"逆流"旅行的展览目录册上。

90 G. Kapllani (2009) *Short Border Handbook*, Portobello Books, p. 152.

91 Kapllani, *Short Border Handbook*, pp. 19, 87, 82, 102.

92 Morley, *Home Territories*, Routledge.

93 T. Garton Ash (2015) Europe's 2015 is Like 1989 All Over Again, Only in Reverse, *The Guardian* (November 30), 27.

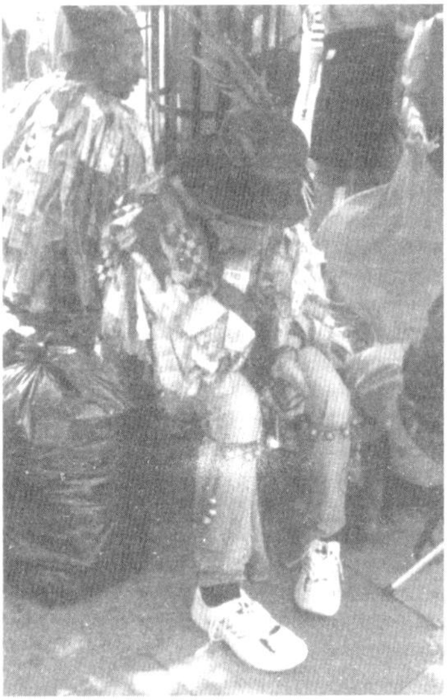

图 8-1　英国传统民间舞者查阅他的消息［2012 年华威民间音乐节（Warwick Folk Festival）］

图片来源：作者拍摄的照片。

图 8-2　东正教神父进行虚拟对话（克里特岛，2016 年）

图片来源：戴维·梅森（David Mason）提供的照片。

第八章　移动通信与无处不在的连接：变革的技术？

1. 手机：流动的现代性象征

第七章讨论了人口迁移的问题，包括人口统计学意义上的流动和身体流动，现在要讨论的是信息和信息流动性问题。通过对手机文化意义的分析——事实上，如今手机处于文化的中心——也许能最好地概括这个故事。众所周知，手机的各种材质和款式层出不穷，面对这一急遽变化的技术领域，我无法将个中始末一一赘述。相反，我将手机视为一种开启装置，以它为核心，可以凝结我们生活中有关文化和政治的各种重要讨论，这些讨论集中出现在它刚刚面世之时，那时它的新奇性更加明显。本章首先阐明手机最初在富裕的北半球西方国家出现时围绕着它展开的讨论的意义。我试图挖掘手机给这些问题带来的变革性影响，以及它如何反过来被当代文化驯化并融入其中，本研究在某种程度上类似于林恩·斯皮格尔的经典研究“为电视腾出空间”（Make Room for TV）（如果不考虑她在这一 159

更加细致的案例研究中表现出的深厚的经验研究功底的话）。她的作品考察了当电视成为一种全新的、潜在的革命性技术之后，如何逐渐融入家庭生活并普及。正如今天的手机一样，起初它被视为国民生活的变革，随着时间的推移，它成为日常生活中司空见惯的组成部分。[1]

近年来，手机、移民和集装箱货轮——正如本书其他章节所提到的，已经作为“象征性”技术为人所熟知——正如 20 世纪末期
160 的汽车、冰箱和电视机一样。[2]在所有这些东西中，作为 21 世纪人类的必需品，手机也许最能象征我们所处的“流动”时代。[3]当然，自 20 世纪 90 年代中期以来，在世界上的大多数地方，它已经成为社会生活中“习以为常”的一部分，因此它的重要性变得不那么明显了。然而，正如稍后会看到的，一项技术的重要性最为凸显之时，往往是其“归化”隐形之时。[4]

一项技术的重要性最为凸显之时，往往是其“归化”隐形之时。

理解它的存在意义的一种方法是将其他时代的人们最重要的随身物品的性质与之做一个历史类比。正如约翰·阿加（John Agar）所指出的，在 17 世纪的英国，（新发明的）怀表——最初是一种象征地位的奢侈品，后来才成为普通人的日常用品。它是所有者自主参与 E. P. 汤普森（E. P. Thompson）所谓的工业系统中“时间/工作”规范的证明与象征。[5]事实上，廉价怀表的出现是一场重大权力斗争的焦点：在那之前，对时间的测量和控制一直是行政当局、教会或工厂所有者的职责。就像曾经的怀表一样，手机一度成为地位的标志性符号，使它的主人参与当代文化并成为其象征。[6]

我在其他地方谈到，手机作为象征物的重要功能与中世纪欧洲

基督教游方僧侣脖子上佩戴圣克里斯托弗勋章的心理功能类似：在危机四伏的环境中，这是安全感和归属感的象征，也是一种新的家的模式，通过它，一种令人安心的社会家庭意识得以在山川异域之地或背井离乡之际成功维持。[7]手机无疑为用户提供了一个全新的便携式护身符，其带来的家庭意识与安全感有助于抵御失范感的威胁。与其让手机归约为实际功能，不如将其也视为“让一切回归正常”的（神奇的）个人财产：既是秩序的护身符，也是人们试图在不稳定和混乱的世界中保持方向感的实用手段［或者正如戴维·米切尔（David Mitchell）所描述的，简单来说，是“一个不知疲倦地反映着周围人生活状态的晴雨表”］。[8]显然，在它短暂的发展历程中，手机已经遭遇了各种转变。对许多用户来说，它现在不再仅是（甚至不主要是）通话工具，在当前万物互联的计算时代中，它成为人们在虚拟世界的信息路径上导航时连接社会生活的纽带；没有它，许多人几乎不知道如何是好，人们对它的种种功能十分依赖。事实上，约翰·诺顿引用英国通信管理局 2014 年的一项研究，该研究表明，当时 80%的英国智能手机用户即使身在家中也用手机作为主要上网方式，[9]从伊丽莎白·肖夫的实用主义视角来看，手机在处理 161
“自力更生的社会”所面临的繁杂任务中，提供了一种尽可能“掌握全局”的途径。[10]

除了手机为用户提供本体安全感，解决部分社会心理问题之外，我还将引入当代关于其“影响”方式、程度和性质的讨论——或者说这项技术为用户带来的“赋能”。在这方面，我将特别注意手机中名为“分离”或“封装”技术的作用，它既将特定用户群体更紧密地联系在一起，同时又将他们分离到社会日益分裂的公共领域中。[11]我想从语境主义角度来考察手机在社会、人口、技术和政治假设都迥异于富裕的北半球西方世界的文明和地区中是如何发展和使用的。基于这一背景，我将关注在手机使用方面的一系列发展，这可能会有助于打破西方固有假设。[12]我们不应该把巴黎、纽约或东京从 19 世纪末使用固定电话的特殊历史误认为是现代基础设施的必由之路。对此，希瑟·霍斯特（Heather Horst）和丹尼尔·米勒提出中肯的警告：大多数手机研究都存在都市本位主义的狭隘，这些研究基于过去拥有大型和成功固定电话系统的国家，侧重于手机为用户带来的移动性和个人所有权方面的新变。[13]然而，我们还必须认识到对那些大多数人第一次接触和熟悉的电话形式就是手机的社会而言，手机有着截然不同的含义。在这些社会，电话第一次以移动形式出现（跳过固定电话阶段），正如我们将看到的那样，其影响可能是非常不同的——就像它被引入游牧社会而非定居社会，或者被引入宗教社会而非世俗社会一样。

虚拟的力量：技术、声音和公众

相较于其他权力，手机的民主潜质是公认的，就目前而言，据说它绕过了政治或商业控制，促进了多对多和一对一横向通信渠道的发展。因此，人们称它提供了“不依赖于正式的政治以及大众媒
162 体框架”的社会和政治动员的自治场所。但是，重要的是，要弄清楚备受吹捧的手机和短信潜在的政治力量的确切性质。曼纽尔·卡斯特以及他的同事们对于试图将某种社会政治现象归因于技术的直

接影响的研究提出了质疑，这一质疑是正确的。有关学者经常援引2001年菲律宾群岛组织推翻埃斯特拉达总统的“人民力量革命”时手机所发挥的作用作为案例，他们指出，手机在制造该事件中的作用仅次于“一个相对弱小国家的存在”。他们指出，即使在那时，手机也不是孤立地产生影响，而是与旧有的媒体结构相联系，譬如，教会下辖的“真理广播电台”在赋予抗议者建立的短信系统的合法性方面发挥了至关重要的作用。[14]

在2004年的西班牙游行示威中——马德里地铁爆炸案使人们对政府操纵信息的行为提出抗议。短信系统同样发挥着关键作用。卡斯特等人认为短信系统之所以如此有效，是因为人们是从他们的“通信录好友”那里收到的短信。因此，这些信息的传播速度非常快，但正是信息来源与接收者的社会接近度赋予了其可信度，使通过人际信任渠道流动的信息创造出一个政治版的“快闪族”。[15]米娅西·克里斯滕森和安德烈·扬森（Andre Jansson）也提出了同样的观点[16]，他们指出，基于2009年来自世界各地的伊朗青年学生抗议选举舞弊，就夸大网络社交媒体的作用，其后果很危险。同样，对2011年夏天英国多个城市骚乱的报道最初强调年轻人将社交媒体作为组织工具；后来证明，广播和电视等“旧”媒体同样发挥着重要的作用，它们是暴乱者了解抢劫最佳机会、地点的主要信息来源。这些网络平台（推特、Flickr、YouTube等）并不是“天然”具有进步功能：在英国媒体驱动的“恋童癖恐慌”达到高潮时，被误导的暴民们通过短信系统组织起来，袭击医院儿科医生的家。[17]此外，这些系统的力量不可避免地成为“双刃剑”。在瞬息万变的政治环境中，当示威者试图组织起来并随机应变地制定新策略时，推特或短信无疑发挥着重要作用。但不管怎样，对于希望摸清对立力量底细的安全部门来说，这是一个更有力的设备。以前示威或抗议中的那些信息转发者的确切记录，为今后在冲突事件中通过逮捕以前抗议的“头目”来震慑其他人提供了精准的指南。

163 如果我们审视社交媒体在 2011 年“阿拉伯之春”运动中的作用，情况会更加复杂。因此，对于 2010 年 2 月脸书网页在鼓动开罗抗议者方面的作用，占领解放广场的组织者随后表明，由于其用户只有一小部分民众，该技术在政治运作中不可避免地存在局限性。在这方面，除了相关的虚拟网络之外，我们还需要注意更加普遍的因素，包括面对面的社交网络（如开罗出租车司机的网络），这些网络将抗议组织者的信息传递给更广泛的受众。正是这些人际网络“放大”了社交媒体联系的重要性，这些联系最初在年轻并受过良好教育的活动者之间建立，并将他们与更广泛的埃及人民联系起来，而埃及人民的加入成为斗争成功的关键。同样，当到了民主党人需要鼓动开罗更广泛人群大规模参与抗议的临界点时，他们采取了非常传统的策略，即在该市的贫困地区游行，高呼受欢迎的口号，以吸引人们跟随他们前往解放广场。[18]在这种情况下，我们不仅需要考虑新媒体的作用，也需要考虑“旧”媒体的影响——在开罗危机的早期，埃及国家电视台（是大多数穷人主要接触的媒体）在提升穆巴拉克（Mubarak）的支持方面形成了非常有效的宣传。这种宣传一直持续到它被迫停播的那一刻——人们采取了一种中世纪的策略，即围攻广播大楼。在所有这些例子中，我们看到的不是任何虚拟技术孤立的“效果”，而是它与实际通信线路的各种连接的作用。[19]

技术与社会

与其关注传播技术自身的所谓奇迹，更明智的做法是将它放在不同的文化背景中加以考察。

发展研究中的“政策性”交锋长期以来聚焦于各种新技术的变革潜力，以解决第三世界贫困问题。类似地，我们可能会想到丹尼尔·勒纳过于乐观地强调使用晶体管收音机在中东灌输“现代”耕作方法，认为这是20世纪60年代农业发展的潜在“兴奋剂”。在当代一些将手机“赋予”相似角色的关于经济发展的讨论中，人们设想晶体管收音机将“改变”中东农民的“传统主义”偏见，从而使他们能更好地吸收农业实践的“现代/科学”思想。反过来，这 164
将带来整个地区的和平与繁荣。这是早期传播/“现代化”政策的一个反面案例，因为它根本没有把握他们旨在改变的“传统”行为在多大程度上植根于其他话语和结构中，而是仅仅提供这种“技术建议”（无论通过何种媒介都是不可能奏效的）。[20]

回到当代背景下，与一些手机的拥趸最近声称手机作为一种技术可以为第三世界的经济发展提供解决方案的观点相反，卡斯特和他的同事坚持认为：“出于有效性，移动通信技术需要与其他生态和社会基础设施领域（例如，更好的干线公路和邮政系统）的发展协调一致地存在。”[21]与之相似，唐·斯莱特最近对在“发展”政策领域中占主导地位的通信技术工具主义概念提出了批评。正如他指出的，在信息和通信技术促进发展（ICT4D）的世界里，人们只是假定这些技术具有确定的本质，可以根据预测的“最佳实践”模型有效地加以利用，以实现健康/政治教育或经济发展方面的具体目标。[22]但问题是，在特定情况下，这种干预往往会产生意想不到的后果。如果我们以健康教育为例，托马斯·塔夫特（Thomas Tufte）表明，仅仅基于使用新技术来传递“健康建议”的简单传播策略是相当不足的。[23]正如他所展示的那样，当人类免疫缺陷病毒和艾滋病等问题与贫困、文化和性别角色纠缠在一起时，简单地通过提供（以任何技术方式）“实用建议”来防止流行病传播的想象是没有多大意义的。

虽然更广泛的历史视角对于有效理解当今虚拟世界的地位至关重要，但忽视当代最新技术提供的具体（和新颖）启示的重要性显然是鲁莽的。[24]另外，我们需要提防技术变革修辞学中“意识形态推动的形而上学”的诱惑，因为并不一定是“新的”才最重要。[25]的确，如前所述，有时只有当技术被“归化”时，它们才会产生深远影响。[26]它们的相对不可见性反映了其在日常生活结构中“理所当然”的中心地位（我们可以想到电视天线在现代城市中实际上是“不可见”的，而卫星天线作为一种更新颖的现象仍然是“引人注目的”；
165 或者我们也可以想到，在英国，电力塔最初作为乡村景观丑陋的“污点”被人憎恶，经过一个世纪，也变得很自然）。从这个意义上说，对于越来越多的人来说，虚拟世界或许最好被看作与物质生活的平庸叠加，而不是某个单独的神奇领域，在过去十年中，虚拟已经从非凡转移到世俗。

这里的关键在于我们如何概念化技术和社会之间的关系。与行动者网络理论中社会结构如何铭刻在技术过程中的模型类似，卡斯特和他的同事认识到“技术并不决定社会：技术即社会”，只能被“理解为……一种社会实践。……在这种实践中，它的作用……从根本上来说，是由人们和组织的兴趣、价值观和习惯来塑造和改变的”。然而，他们仍然坚持认为，技术本身的特殊性可以“通过扩展可行领域，在通信领域和内容上实现、增强和创新”。虽然他们声称不认同技术决定论的立场，但他们确实发现了一种新的“沟通模式”，与他们所描述的“网络逻辑定义信息时代的人类经验”有关。他们认为其研究是“在不同文化和制度背景下，构建一个以用户塑造这种逻辑为基础的、具有实证依据的论证”[27]。后一种提法在原则上确实考虑到了技术发展的社会和文化塑造力量，但它最终仍被归结为一种以技术“社会逻辑”形式出现的“力挽狂澜”的力量。问题在于这是一个循环论证，它有效地“再现”了复杂的社会过程，然后参考对其“固有”性质所做的预判来解释其（假定）效果。在本章结束时，我将重新讨论发生在索马里的一个备受瞩目的案例，在这个案例中，我们可以认为，在特定的文化背景下“网络逻辑”是“反向”发挥作用的，而非产生不可阻遏的或单一的效果。

2. 冲击和影响？

手机的角色是什么？

当前个性化移动通信系统被认为具有多种变革效应。在这里，我还将梳理在当下社区构成和远程互动模式的背景下，手机的具体功能与不断变化的物理移动模式之间的关系。例如，伊藤瑞子（Mizuko Ito）和冈部大介（Diasuke Okabe）认为手机在创造新的边界、融合地理和技术基础设施方面发挥了作用[28]，而斯科特·拉
166 什认为手机和其他“远程技术”使我们现在拥有“多地一体”的媒介体验。[29] 有人还提出，移动设备应该被理解为一种“异质技术”——能够“改变空间和时间的性质，并将不同的潜在意义楔入先前存在的结构”[30]。这种说法旨在表明手机如何渗透日常社会互动和仪式，与现有的物理空间和社会情境相交叉，并和日常事务交织在一起，巩固已经存在的社会技术秩序。通过这种方式，手机有效地创造了新形式的技术社会公共空间——甚至是新类型的人，如特拉德斯（Terrades）和博纳（Bona）所说的凯塔沙（keitasha）① 或者“移动人”。[31]

如前所述，与其说虚拟维度取代物质维度，不如说它通常是物质维度的一部分——在这里，手机扮演着关键角色，是使“我们赖以移动的空间以及赖以互动的数字信息”逐渐融合的媒介。[32] 智能手机和无处不在的计算结合在一起，产生全新的混合空间形式——虚拟和实体融为一体。在这种情况下，问题不是技术如何压缩两点之间的空间，而是明显的“数字鸿沟”现在可能横亘在有权和无权进入数字空间的两个群体之间。如果没有这种访问权限，人们就不能有效地导航至他们的目的地。正如弗里斯（Frith）所指出的，我们所穿越的城市街道（对于拥有合适的智能手机的群体来说）越来越

① 应为 keitaisha，日语，意为“移动者”。——译者注

多地“增强”基于地理标记/位置的信息层，而这对其他人来说实际上是不可见的。这可能会产生一个双层系统，在这个系统中，只有一部分人可以获得“增强”流动性所需的优质信息。他们可以使用智能手机获取周围物质空间的数字信息，或者绘制社交网络中其他成员的位置图（更好地把控城市经验中潜在疏离的随机性），这些个体在“可塑的、个性化的、数字化的街道”上流动。[33]未来的困难在于，随着物质环境越来越多地建立在这样一种假设之上，即“正常”人（不言而喻）拥有相关的延伸技术来导航，那些缺乏技术的群体的选择将越来越受限。[34]

这些技术不仅扩大了日常交流范围，而且潜在地改变了私人和公共领域之间的关系。它们还让人们能够从公共空间以虚拟的方式退出，进入自我中心茧房——实际上，这是他们的移动家园。

这些技术不仅扩大了日常交流范围，而且潜在地改变了私人和公共领域之间的关系。它们还让人们能够从公共空间以虚拟的方式退出，进入自我中心茧房——实际上，这是他们的移动家园。[35]因此，这些移动设备可以被视为一系列“封装”或“分离”技术（与私家车、直升机和封闭社区分庭抗礼）的一部分，通过这些技术，个人可以制定策略，在公众的压力和冲突体验中生存下来——本章后面会重新讨论这一问题。[36]我也将探讨公共场合技 167
术实际使用中的“伦理”争议，阐明私人闲聊对公共领域所谓“殖民化”的政治意义。我还会回顾关于手机促成的“持续在场”文化重要性的讨论，因为有人声称，手机的使用有助于加强家庭联系和亲密关系，但会牺牲更广泛的社会联系。

在这些争论的早期阶段，巴里·韦尔曼认为，手机的主要影响之一将是提高个体间社交网络的重要性，相应地降低位置的重要性，因此“个体——而非地点、家庭或群体——成为沟通的主要方式”[37]。对卡斯特来说，关键因素是移动通信方式，通过提供“个性化、分布式的能力……可以在任何时间从任何地点访问本地/全球通信网络”，创造一种对无处不在和永久“连接”的无尽预期，任何特定个体都很难在不付出代价的情况下断开自己的连接。[38]从这个角度来看，一旦某个通信设备的使用被视作普遍意义上的标准，那些不具备该能力的人便将沦为实际上的社会残障人士。因此，正如伊藤瑞子所说，在日本，“没有手机就相当于盲人走路，就无法及时了解你在社交网络中身处何时何地”[39]。

理查德·塞勒·林（Richard Seyler Ling）强烈赞同此类观点，他遵循马克斯·韦伯关于现代性“铁笼”的观点，认为移动通信技术现在如此“普遍化”，以至于越来越多的人认为其他个体也都在持续使用。因此，我们可能由于害怕社会排斥和羞辱，实际上在被迫遵守这些预期的技术用法。[40]因此，在对牙买加手机使用情况的研究中，霍斯特和米勒引用了他们的其中一名受访者的原话：“如果你现在没有手机，你就无法成为牙买加的一部分……并且寸步难行。”还有一种感觉是，这种强迫以特别的力量施加于处于边缘地位的穷人——他们认为自己地位卑微，需要在公开场合展示自己与现代社会的融合。正如霍斯特和米勒所指出的，“牙买加的情况是这样，即没有手机与其说是贫困，不如说是一无所有”——那些因过于贫穷而无法拥有手机的个体将被视为“严重的失败者和新的无依无靠者”。[41]

从技术效应到“可供性”

基于我在绪论中概述了技术决定论危险的原因，谈论手机的“影响”是不恰当的，不过我们可以很好地讨论它能够强化哪种文化模式。在这一背景下，约翰·汤姆林森拒绝了通信技术具有必然 168
后果的想法，但他借鉴了伊恩·哈奇比（Ian Hutchby）的概念，即特定技术的“可供性”，这些“可供性”内置在设计中，“应该被视为恰当地从属对象”，因为它们是事物的物质属性之一，至少部分地定义了其使用潜力。[42]在这里，我们也可以效仿伊丽莎白·肖夫，将这些技术看作为行动提供的潜在的“脚本”。[43]即使对象的设计特性不能完全决定其解释和使用，它们也“具有明显的和可识别的……邀请我们以特定的方式回应它们的属性”[44]。因此，汤姆林森认为，他所说的“不耐烦的”当代技术，如手机和互联网，带来了“煽动即时性期望和态度的特征脚本”，这些脚本虽然不一定会自发产生影响，但有助于文化倾向、价值观和情感的转变。[45]

通信设备的便携性和个性化使我们能够实现一种“临场感”，即与我们社交圈中的关键成员持续联系。[46]然而，如果说这些远程技术为持续联系提供了崭新的机会，那么这种本体论上的互相（重新）肯定的需求也绝不是现代所特有的。相反，正如汤姆林森所主张的那样，这些“炉边谈话”，现在或许以远程形式，提供传统的闲聊功能，即保证我们仍然“属于”一个社区，即使现在它在某种程度上是流动的。[47]同样，在这方面，理查德·塞勒·林支持涂尔干强调仪式互动在增强社会凝聚力方面的作用，但同时也认为这些仪式现在越来越多地采取媒介化形式。他指出，共同在场现在经常被媒介互动改变，因为我们通过预告信息和后续信息有效增强了“身体会议”的暂时性。如今人际互动一般通过伊藤瑞子所谓的“远程嵌套实践”来进行，即稳定的文字交流被语音通话和面对面的会议偶尔打断。[48]

封装和分离技术

斯蒂芬·格雷厄姆在 2001 年预见的趋势近年来迅速发展，这一趋势涉及个性化网络安排，这一网络可支持个人增强流动性，提供如影随形的定制数据的“个人气泡”。与利芬·德·库特（Lieven de Cauter）在封装和分离技术方面的研究类似，格雷厄姆认为，我们在这里看到的是从私有化、安全和公共多功能开放空间
169 向封闭、单功能空间撤退的过程，在那里，个性化的远程通信形式进一步加强了现有的社会隔阂。[49]德·库特将“封装”定义为一种恐惧驱动的反应，试图在一个日益被看作潜在敌对或威胁的环境中创造“防御空间”。他将其描述为倾向于产生孤立的身份认同：“从内部封闭自己……并通过……郊区化、个性化、技术化和……一种内部迁移的融合：放弃外部空间和隔离……在受保护的飞地里隐居。”[50]安德烈·扬森在对德·库特理论的阐述中提到，对德·库特来说，网络媒体技术提供了一个保护茧，将它们的用户与有问题的变化形式分开。[51]从这个角度来看，住

> 住宅结构如封闭社区、交通方式如私家车、通信方式如手机，都是“茧化技术”。它们允许人们避开公共领域破旧空间的体验，并提供一种令人安心的联系和归属感——但仅限于某些类型的选定的他者。

宅结构如封闭社区、交通方式如私家车、通信方式如手机，都是“茧化技术”。它们允许人们避开公共领域破旧空间的体验，并提供一种令人安心的联系和归属感——但仅限于某些类型的选定的他者。[52]

然而，民主必然是一个应对困难的痛苦过程——与差异共存，这种从问题形式变化中撤退到更受控制的空间（无论是身体还是精神），只与熟悉和/或志同道合的人居住的能力，也可能产生严重的负面效果。这里，康奈尔·桑德福斯在对当代网络粉丝文化的分析中警觉地意识到，在他所说的巨大网络“符号苔原”的背景下，人们可以避开他们不喜欢的内容——因此粉丝社区通常起到“封装”（或茧房）的作用：成为志同道合者的封闭社区。在这方面，桑德福斯与齐格蒙特·鲍曼产生了强烈共鸣，他观察到，“矛盾的是，随着选择范围的不断扩大，迅速找到现成的‘类似想法’的可能性……却在萎缩和枯竭”，而不是在公共领域持续分裂成自给自足的“空间”的过程中，增加我们的机会。[53]

在场互联，永恒联系：社会纽带的减少？

基于类似的理念，克里斯蒂安·利科普（Christian Licopp）的研究聚焦在手机如何使每个人以“在场互联”的方式和朋友、家人保持长期联系。处在移动通信网络中的个体体验到一种持续“在耳边”的感觉，这正是所谓的“环境可访问性”。[54]理查德·塞勒·林的主要观点与该论点产生互文，即这种形式的移动通信有利于增强与亲密的家庭成员、朋友和同事之间的联系，加强微社群的互动与融合，而非有利于打造更广阔的社会网络。它可以采取多种形式，

170 例如父母使用手机作为一种想象的“脐带”与孩子保持联系，或者一群青少年通过持续的、媒介化的八卦网络加强社会联系。然而，这也可能会引起冲突，因为它与遵守不同礼仪的其他人（也许是老一辈人）的期望相矛盾。因此，理查德·塞勒·林指出，当手机铃声响起时，我们与共同在场的个体之间的互动被打断——这与加芬克尔（Garfinkel）的经典实验之一有些相似，即“打破”社会期望。[55]显然，新的远程交流形式可能会制造麻烦，因为从传统意义来看，社交礼仪要求专注于与之交谈的人。然而现在，事实上是最亲密的朋友或家人（尤其是当“来电显示”确实是他们时）最有可能给你打电话，这意味着你可能优先选择和身边相对不熟悉的人交流而不是回电。[56]

理查德·塞勒·林认为，这些压力导致了人们更倾向于发展出一种更为窄化的团结形式。[57]同样，手机在手里/包里时，我们更有可能与已经建立“心理联系”的密友打电话，而不是在公共汽车或超市排队时与陌生人聊天——无论我们走到哪里，他们都通过媒介的形式与我们同在。当然，这对我们的吸引不难理解。就像伯杰和凯尔纳很久以前指出的那样：“个体与对他而言重要的他者关系的破裂会使其陷入混乱，因为他们始终存在并为他提供一贯的支持，使其能够在世界上任意地点都有种在家的感觉。”[58]在某种程度上，手机有助于促进“家庭生活”，这主要涉及公共领域的驯化，将分散的社会关系“缩小”成具有媒介化亲密关系的“远距茧房”。很自然，这些“专职亲密领域”个体之间的纽带在重复的日常互动仪式中得到进一步巩固，却牺牲了其他关系。正是因为亲密朋友经常互通电话，所以他们对彼此的日程安排了如指掌，以至于清楚地知道一天中朋友何时方便接听电话——从而进一步同步他们亲密网络的互动节奏。[59]

因此，手机可以被认为有助于促进群体互动，向一种更加“巴尔干化”的关系集群模式转变。这种“有限团结”形式倾向于产生一种回声效应，强化群体成员现有的倾向。[60]为将这一观点转移到更清晰的（或在这种情况下是字面上的）政治层面，在一些特别冲突的情况下，我们可以看到来自“分离主义”的压力：它在微观层面上将人们引入更加自我封闭的社区；在宏观层面上，还可以通过经 171
济、文化和体制结构来运作。以巴尔干地区的焦点事件为例，在波斯尼亚，由于种族差异造成的政治化创伤，消费者几乎无一例外地使用各自族裔群体内部的企业家建立的手机公司生产的产品——这种单独通信网络的常规模式，进一步使文化分歧制度化。[61]很明显，封闭的网络系统倾向于肯定现有群体的忠诚、情感和智慧。在这里，我们可以看到罗格·西尔弗斯通（Roger Silverstone）对广播政治的担忧，他主张人们要突出与他者实现所谓的“适当距离”的伦理重要性——不要轻视那些与众不同的人，也不要不加批判地声援那些所谓的自己人。[62]

在这种情况下，评论家们认为全球化的“风险社会”已经打破传统的集体和信任结构，因此当拼凑自己的生存策略时，“注定要走向个体化”。因此，如前所述，罗伯特·帕特南（Robert Putnam）、乌尔里希·贝克（Ulrich Beck）和斯科特·拉什都谈及“社会资本的丧失”和/或社会的“个人化”。[63]然而，霍斯特和米勒对该论点的抽象层面进行了恰当的批评——这“使整个世界成为从社会到个人主义的转变之地”，他们认为，在其他背景下，手机等技术被用来“活跃社会关系”，而不是以某种不可避免的方式对“社会纽带的松动”负责。[64]此外，正如理查德·塞勒·林所说，不仅我们的生活更多在“个体化”层面上进行，而且我们越来越多地生活在由朋友、同龄人和家人组成的“社会队列”中，这些人（以具身和虚拟的形式）是我们应对策略的核心。[65]在某种程度上，可以说手机的普遍使用使我们重新回到前工业化时期小型社区的通信模式，由于这些社区在地理上毗连，因而人们生活在一个由家人、朋友和邻居组成的紧密相连的社会网络中。而在它们的当代形式中，这些类似村庄的社区网络显然共享在线/虚拟区域，就像飞地一样。[66]尽管如此，在某种程度上，我们仍然是本地人。如果说在最初的市场营销中，手机被宣传是用来征服距离的，那么它如今同样在许多地理相邻的关系中发挥着关键作用。事实上，大多数手机、短信和电子邮件的传输距离都很短，主要是为了在当地协调面对面的安排。在此种程度上，这些技术不仅加强了家庭和友谊联系，还加强了地域联系：75%以上的电话和短信是发送给距离发件人50千米以内的人员的。[67]

3. 超越西方

跨文化比较视角

172 在这里，我想回到绪论中提到的一种担忧上，即众多媒介理论都是建立在富裕的西方个体经验基础之上的。正如我在前文所说的那样，如果我们要发展出适用于这些“WEIRD”社会地理范围之外的媒介分析形式，那么对我们来说，尝试陌生化欧洲中心主义的假设就是至关重要的。与技术决定论者的观点相反，阿加认为手机在任何引入它的文化中都会产生相似结果，“手机是由使用它们的国家塑造的，作为回报，它重塑国家形式”——这一立场与霍斯特和米勒在研究牙买加的手机使用情况时的立场非常相似。因此，阿加说，手机对于不同国家的人来说含义也非常不同：它是菲律宾政治变革的推动者，是亚洲和非洲经济增长和发展的重要工具，是“东欧重建经济的一种方式，西欧统一的工具……［和］……日本的时尚宣言”[68]。从中可以看出相同技术在不同环境中发展的不同方式。在某些情况下，简单的地理差异因素却可能会产生深远的经济后果。就手机而言，与澳大利亚或加拿大等人口分散的国家相比，土地面积小、人口稠密的国家（例如英国、丹麦和日本）具有建立相关无线基础设施的低成本优势。[69]在这里，物质地理和人口统计学问题仍然与理解虚拟通信形式的发展有关。[70]

政府政策和体制结构也导致不同地方的技术发展存在显著差异。因此，阿加指出，在美国，联邦通信委员会决定逐个城市发放许可证，但几乎没有为用户提供网络转换的服务，这意味着“美国移动（celluar American）最初非常分散”，因为它使用各种不兼容的数字标准，这使人们很难在自己所在的地理区域之外使用手机。此外，美国使用特殊的定价机制（与欧洲或日本不同），机主接电话时需要缴费，这使他们不愿意透露自己的手机号码，从而阻碍了手机作为日常通信媒介的发展。[71]

除了这些地理学、经济学和制度结构的问题之外，正如前面所
173 指出的那样，我会主张采用“语境主义”研究方法。[72]在这里，需要仔细研究的一个对比维度是：移动技术的使用在富裕的北半球/西方的个人主义文化中与贫穷的南半球/东方的集体主义文化中的差异。许多学者注意到，在非洲和印度，手机越来越多地作为一种集体通信工具而非个人通信工具使用。当然，有证据表明，在这些文化中，共享手机的趋势更加明显，无论是以非正式的方式（在家庭或亲属关系网络中），还是以企业为基础，机主实际上是把手机“出租”给那些没有能力拥有一部自己手机的人使用。在这里，人们可以看到即兴分享形式的经济需求与文化规范力量的结合，后者使人们更倾向基于亲属关系的使用模式。在这种情况下，个人所有权是不现实的。另一个例子，在韩国，年轻人的友谊团体中集体共享手机是很正常的，以至于那些不分享手机使用（更有甚者，用密码锁住手机）的人被同龄人描述为“不酷”。[73]

相比之下，在西方，手机是在一种激进的个人主义的文化背景下发展起来的。作为一种“个性化”的通信技术，它完全符合 20 世纪 90 年代自由市场资本主义的感觉结构，反映了从集中式组织模式向更“大众化”分散式网络模式的普遍转变。更确切地说，这是一种与 20 世纪 80 年代里根/撒切尔政治相吻合的技术，它取消传统社会结构的合法性，支持个人竞争，并强调发展主体性模式，如尼古拉斯·罗斯（Nicholas Rose）所说的“企业家自我”。[74]在 20 世纪 90 年代“自我的十年”的背景下，手机还被誉为和“拉撒路”

具有同样宝贵功能的机器——为过去“已死的”（或者虚度的）旅行时间注入活力（或至少是经济上可衡量的生产力）。在此意义上，这项技术的发明为新定义的“问题”提供了解决方案：在当时的政治文化所鼓励的个人主义增强的背景下，如何最大化个人形式的生产力以获得竞争优势。

从这个角度看，对手机最好的理解——不是简单的技术对象，而是作为彻底的个人主义生活方式的一部分；而且从某种意义上说，正如伊丽莎白·肖夫所指出的那样，由于以前时代更安全、更可预测、更稳定的社会结构遭到了广泛破坏，手机成为尤其必要的发明。正如阿加所观察到的，它还涉及对信息快速交流的拜物教理念。这是基于这样一个愿景，即“如果你将手机接入网络，你就可以实现与世界的互联”，而通信是与“自由交流”的理念联系在一起的，正如诺基亚的口号“随时随地交流”，或者像法国电信（Orange）的广告语，简单地“说出你所想，无论何时何地”[75]。在这 174
里，自由意味着使用（强化技术的）沟通能力，以最有效的方式宣称和满足你的愿望，在这个世界上，传播的“效率”被定义为在最短的时间内交换最大数量的信息。[76]显然，这是对“传播”本身的非常狭隘的功能主义和工具主义定义。

个人主义和集体主义文化之间的互照也对隐私的跨文化理解有一定影响。在公共场合使用手机的伦理争议中，既有文化模式发挥着不可忽视的决定性作用。举一个简单但重要的例子，在意大利或泰国等集体性较强、善于交际的文化中，人们对公共空间手机通话数量（或性质）的关注远低于美国或北欧等社会，后者从传统意义上更关注隐私和个人空间问题。[77]交流本身在文化中受到重视的程度，显然对手机使用有着深远影响，如果我们考虑芬兰和牙买加的对比案例，就能很容易地看出这一点。尽管有可能助长对“沉默的芬兰人”粗鲁的刻板印象，但芬兰文化在历史上确实很少把任何形式的“闲聊”放置于重要位置，而是倾向于尊重沉默，并认为沉默一旦被打破是因为有实质性的内容要说。这是一种系统地“偏向于沉默”的言语文化，在这里不仅短信通常比面谈更受欢迎，而且电话交流通常简短、信息丰富、切中要害；与此同时，用户渴望得到尊重，私人谈话侵入公共空间会给他人带来潜在的不便。[78]这与牙买加的情况形成鲜明对比——正如霍斯特和米勒的一名受访者所说：“牙买加人喜欢说话！”事实上，牙买加式的“饶舌”文化、公共场合的声乐表演的中心地位以及各种公共“敬酒”活动的价值和地位都意味着，在牙买加手机进入了一个已经非常发达的语言文化声景中。在芬兰，手机最初被视为与文化的主要价值观背道而驰；与此相反，在牙买加，手机提供的功能被视为一种受欢迎的形式，增强和放大了牙买加自身文化的表达价值。[79]尽管如此，对文化背景的关注并不一定会忽视技术本身的特殊性。霍斯特和米勒细致入微地试图捕捉因果关系问题的多个层面，他们将研究描述为对“牙买加人使用手机后的变化以及手机自身变化”之间辩证关系的研究。[80]

技术、传统和迷信

175 与手机早期发展起来的西方强烈个人主义形成对照的是，有大量证据表明，在许多亚洲国家，手机加强了传统的亲属关系结构，如韩国传统的“情”（Cheong）和“家族主义”。在韩国，人们非常担心移动通信技术对传统的破坏，而这些传统被认为体现了韩国文化的精髓。[81]然而，正如尹权雄（Kyonwong Yoon）在对首尔年轻人手机使用情况的研究中指出的，几乎没有证据表明手机将年轻人从固有的社交习惯中脱离出来。尹权雄发现，手机更多地被用于加强现有关系，而不是建立新的关系：年轻人通过手机使用的仪式化来增强他们在“情”文化中的参与感。事实上，他们通过不断分享信息和感受，利用手机来增强该文化所重视的集体形式。因此，总的来说，这些年轻的韩国人现在“以一种新的媒介化形式在情（Cheong）空间中的体现，实现维持地方社会性的目的”，传统规范通过手机使用的特别方式得到加强。在此意义上，正如赫尔曼·鲍辛格尔（Herman Bausinger）说到的那样，民俗文化在当前技术时代依然存在并且始终焕发活力，韩国年轻人通过对全球技术的重新利用来观察和更新韩国本土传统。[82]

尽管不断试图监管它们的边界，但科学与宗教、民俗文化、传统及前卫（progress）等领域长期以来相互渗透。的确，在新技术和神秘领域之间存在一种根深蒂固的历史联系，正如杰夫·斯康斯（Jeff Sconce）在其著作中说明的那样，在19世纪末（美国和欧洲）发明新技术时，诸如固定电话等新发明有时被理解为不仅可以进入物理上遥远的疆域，而且可以进入超自然领域。[83]同样，由于手机模糊了时间和空间的界限，模糊了实存和未知的边界，从广义上讲，也模糊了此世和来世的分界，因而，手机有时也被认为拥有超自然力量。[84]这些领域之间的联系在今天的某些亚洲和中东社会中更容易看到，在那里，宗教和迷信仍然是日常生活更加核心的部分。然而就像斯康斯历史著作中表述的那样，所有这些都与第三世界存在非排他的或内在的联系。今天，人们也可以很容易在欧洲基督教用户中找到手机用于宗教用途的证据。近些年来，天主教徒已经能够以圣像“壁纸”的形式为他们的手机下载“神的庇佑”，显示手机用户选择的圣
176 徒。同样，英国的圣公会在过去也偶尔为教会人士的手机、电脑提供“祝福”，就像传统上教会为农民的庄稼或劳动工具提供祝福一样。[85]

正如斯康斯所指出的那样，许多生活在 19 世纪的欧洲人相信电话可以帮助他们与死去的人沟通，如果把目光转向印度尼西亚，我们会发现那里有证据表明人们对“幽灵电话”（闹鬼电话）的恐惧。[86]同样，在非洲，众所周知，在拉各斯和撒哈拉以南非洲的其他地区，女巫经常偷别人手机中的 SIM 卡并改变上面的通话记录，通过这一方式挑拨离间以使配偶怀疑对方的忠诚。在许多文化中，迷信仍然起着一定的作用——因此，一些中国人会花大价钱购买带有“幸运”数字的手机号码，还会带着手机去寺庙祈福。[87]在东亚其他地方，有一项古老的传统是火葬时烧掉逝者所有珍贵财产的“纸样”，现在已经更新到包括他们的手机模型，这被认为是逝者在来世生活的必需品。[88]

第三世界对移动设备的适应：超越边缘

现在回到我先前的论述，即有必要从比较的、跨文化的视角看待通信技术。虽然许多新媒体理论认为它们主要适用于富裕的西方

发达国家，但正如我们所看到的，这些技术在其他地方，尤其是在第三世界，也发挥着至关重要（虽然有不同）的作用。然而如前所述，即我在绪论和第一章对拉金研究的讨论中所指出的，这不仅仅是补充西方之外的“其他地方”关于媒介使用的“异国”案例，以此为提出的西方假设增色的问题。[89]

手机当前已经超越北半球的西方富裕社会而在其他地方产生了深远影响，在这些地方，现代性以完全陌生的形式为未来提供完全不同的潜在模样。此外，由于第三世界大城市快速增长的贫民窟居民将构成未来规模庞大的手机市场，在未来一段时间里，如果想提供更广泛的相关手机使用模型，我们就应该着眼于这些背景。在这种情况下，西方国家认为理所当然存在的基础设施（固定电话、恒定的电力供应等）很少，手机是穷人能够获得的唯一有效且（相对）负担得起的通信形式。事实上，它们已经成为非特权人群青睐的交流手段——朱迪思·马雷斯卡尔（Judith Marescal）和欧亨尼 177
奥·里维拉（Eugenio Rivera）甚至把手机看作“扶贫服务”——在这里，手机使用的主要模式截然不同。[90]

在整个非洲，与小额融资举措有关的手机银行业务发展（如肯尼亚发明“M-Pesa”电话货币或乌干达使用预付通话时间来转移支付）显然能够填补巨大的空白，使大多数农村人口第一次有机会接触正规经济。当然，这仍不是解决所有经济问题的灵丹妙药，尤其是在贫穷国家的偏远地区，仍然只是一小部分人口使用手机。手机依赖的信号塔依靠既昂贵又不稳定的燃料和电力供应，由此导致网络覆盖参差不齐。尽管如此，所有这些确实为以前被排除在这些系统之外的边缘化人群打开了潜在通道。那么问题是，他们中的哪些人认为这些机会与他们相关，以及他们又以何种方式利用这些机会。在一定程度上，这是经济优先事项的问题，但有时会以违反直觉的方式发挥作用：在贫困家庭中，通信技术支出却得到出乎意料的高度重视，因为这将使其能够获得他们认为至关重要的生存信息。[91]

在这方面，比尔斯·塞利克（Burce Celik）指出，在土耳其，最积极的手机使用群体是城市贫民——尽管手机花费相当高昂，而且他们自己也相对贫困。她说，他们已将这种技术运用到为自己创造一种全新现代文化身份的斗争中，这种身份与阿塔图尔克（Ataturk）所设定的传统精英世俗现代化的形式截然不同。正如她解释的那样，这些“不成熟的”城市新移民（最近来自安纳托利亚农村的新移民，通常包括穆斯林和库尔德人）处于官方文化的边缘，“处于现代历史、社会进步和发展的边缘”[92]。他们将手机作为一种赋能工具——作为他们自己特有的“现代生活方式”的象征，这使他们摆脱文化落后的标签，同时区别于现代民族国家的“官方”世俗主体。对他们来说，这是相当自豪的事情，正如一位受访者所说，“我们（被视为）乡巴佬（kiro）”，但“看，我们并不像人们想象的那样无知（cahil）。我们知道如何使用这项技术，我们知道哪种模式是好的，哪种是最好的”[93]。

虽然此前所有信息和通信技术都要求其用户精通英语，但土耳其的全球电信运营商很快意识到，如果能够实现“本土化”——通过以土耳其语提供菜单操作说明，或者在某些情况下为文盲设计一套视觉图标，手机在低收入者中可能会有巨大的潜在市场。在这种情况下，本土化过程的一个关键步骤就是对手机重新塑造，以便更容易被应用于逊尼派伊斯兰教的文化实践中，而他们是土耳其城市贫民的典型群体。这包括打破信息通信技术与现代世俗形式的联系，因为电话被改编成使伊斯兰传统“技术化”的代理人。在此基础上，手机成功地将“伊斯兰模式”推向市场，因为它们含有提醒用户祈祷时间临近的铃声，并启用数字形式的传统“安神念珠”（worry beads）计数，为祈祷时身体的正确方向提供以麦加为中心的指南针，并为各种场合提供合适的《古兰经》的经文。[94] 178

正如塞利克的一位受访者所说：“……通过我们的使用方式，让手机适应我们的文化。”通过将他们的“母语”安置在这种全球性技术中并适应它，他们成功地教会了手机“说他们的话”。因此，手机使他们能够在争取文化认同的斗争中更有效地开展叙事。本着类似的精神，巴特·拜伦芮特（Bart Barendregt）报道苏哈托政权倒台后印度尼西亚对手机的热情接受。[95]就像在土耳其一样，在印度尼西亚的语境中，技术的新应用将手机融入一种文化现代性形式，这种形式与西方的个人主义、理性主义和世俗化倾向截然不同。即使是新的“时髦”的短信，也常常从著名口头诗歌的传统体裁中借鉴文体模式，并显示出与超自然和精神世界的持续联系。如果对许多印度尼西亚人来说，现代性等同于流动性，并以技术创新来定义，那它仍是一种基本的伊斯兰文化。因此，拜伦芮特指出，许多手机和媒体实践被“伊斯兰化”了，就像它们在土耳其的境遇一样——最明显的可能是以多媒体播放器的形式出现，这种播放器通常被称为“口袋穆斯林”或“第一个穆斯林 iPod”。[96]在这里，我们再次看到，手机的新用户创造性地利用移动媒体丰富当地文化形式和实践。

回到前面提到的牙买加案例，霍斯特和米勒是从移动电话（或他们所说的“手机”）出现之前令人懊恼的观点开始他们的阐释的。他们的重点是如何利用技术特别的能力来实现未完成的文化愿景。他们认为，这方面的关键是在牙买加文化中——尤其是穷人——对广泛的朋友和亲属关系网的强烈需求，以便在需要时得到帮助和支持。在牙买加人的话语中，这被称为“接洽”（link-up），即在需要时与能够提供帮助的人取得联系的能力——这就是手机被应用的文化背景。因此，低收入的牙买加人“以一种看起来旨在最大限度利用沟通和联系的方式给予、交换和接受帮助”。正如他们指出的，这在“人口中最贫困的群体”中尤其显著，他们生活在极度贫困中，几乎一直处于财政危机的状态，“因此经常需要亲戚或其他人的紧急接济”，“在这种情况下，手机现在对他们来说是不可或缺的”[97]。正如福-奥尔维格指出的，关键因素是手机如何“渗入并加
179 强当地的固有实践，建立广泛网络，让尽可能多的人保持联系”。这项技术对他们来说是“有效”的，正是因为它实现了更好的“接洽”形式，并增强现有的文化倾向。[98]

流动性的文化背景：游牧文化中手机使用的特殊性

关于手机在西方的重要性的争议理所当然地以它如何影响总体上定居人口的生活为前提。然而，当它被引入游牧民族的生活中时，它的意义明显发生了改变。如果说，对于北半球西方工业地区

定居人口而言，手机给他们的生活注入了新的（也是正需要的）灵活和随机形式，那么对于其他处于不同环境中的人来说，它的吸引力和意义可能恰恰相反。对于无权无势的弱势群体来说，他们在别无选择地不断流亡——因战争、洪水、干旱或摇摇欲坠的经济而流离失所，“有一串回拨号码，从而有一个固定的身份点……作为与亲族保持联系的一种手段……是非常有价值的”——事实上，这是危机时期的生存手段。显而易见，这些人口无法使用固定电话，手机是他们获得“可接触性”/连通性资产的唯一途径。诺基亚研究员简·奇普蔡斯（Jan Chipchase）报告说，在第三世界的穷人中，“从人力车司机到妓女、店主、日工和农民，大家都认为手机给他们带来了收入的提高”[99]。

这里的概念问题，虽然在某些方面相当简单，但具有根本重要性。如果我们考虑新技术对土著、游牧民族影响的研究，主要关切之一是新技术的进入可能会对当地文化造成破坏。然而，正如安德鲁·泰勒（Andrew Taylor）在复盘这项研究时指出的那样：“世界各地的土著人民非常迅速地适应和使用特定通信技术……［信息直接传输方式］……以满足他们的需要，并获得他们认为可取的利益。”正如他指出的那样，就澳大利亚土著人民的具体情况而言，他们长期以来一直热衷于采用和改造欧洲技术，如用于狩猎和采集活动的枪支和机动车辆。举一个突出的例子，丰田陆地巡洋舰在澳大利亚土著群体中备受欢迎，因为它有能力“实现穿越艰难地形的长途旅行，并为集体旅行提供便利——这对土著文化来说是尤为重要的考虑因素，因为土著文化依赖于——实际上也需要——在特殊场合集体前往遥远的特定地点举行仪式”[100]。

180 如果我们转向俄罗斯北部苔原游牧民族的案例，研究则着眼于雪地移动设备和手机等技术的变革潜力。像澳大利亚牧民一样，这些游牧民族很容易将手机融入他们的生活，他们非常清楚手机在以下方面带来的好处：方便对远方的人做出安排，在苔原的广阔领土上协调驯鹿放牧，与家人和分散的亲属网络保持联系等。然而在这种背景下，弗洛里安·桑德勒（Florian Sandler）认为，在定居社会里，“手机可能为新形式的游牧自由和灵活性创造了空间”，相比之下，在游牧民族中，它们的使用效果很可能会适得其反——“收紧对人们生活节奏的控制，减少（他们的）自由和灵活性”。于是，人们对传统的好客礼仪产生一种失落感，在这种礼仪中，人们相信从很远的地方“不打招呼”就来到这里进行社交拜访是可以被社会接受的。鉴于现在有更大的能力来安排和计划这样的访问，以前自发形成的旅行传统正在被废弃。[101]

以索马里游牧民的手机使用为例，其中许多人实际上正从他们的传统家园和牧场离散，变得流离失所——这代表着一系列不间断的（有时危及生命的）困难，就像救助难民一样，手机在其中发挥着“生命救助”功能。我们还可以看到，这与霍斯特和米勒在牙买加手机使用情况的研究中提出的“风险分散”和“链接”生存策略有相似之处。在研究索马里手机的使用情况时，格雷格·柯林斯（Greg Collins）探究人们如何使用各种移动和“链接”策略在混乱和不可预测的环境中生存。[102]在所有这一切中，手机无疑发挥着至关重要的作用，但它只有在与索马里人生活中根深蒂固的游牧文化相联系时才发挥作用。这一文化遗产深刻地影响着当代跨国生存战略，这是建立在他们对移动连接的理解之上的：移动连接是解释经验和指导行动的战略资源——如果在当代环境中采用新技术形式的话。[103]

因此，传统索马里游牧民让牛群“分开”，不断转移以寻找牧场和水源，从而提高严酷沙漠环境中的生存概率。在这种情况下，可以预见的是，灾难迟早会袭击每一个牧民——唯一的问题是何时、何地以及以何种方式。因此，“保险”策略在应对灾害上的重要性可见一斑。[104]今天，索马里人在国内及更大范围内采取类似的策略，在国家之间进行连锁（再）移民，寻找“可生存的”领土。他们利用“风险分散”策略，通过进入由多种小规模的互助贷款构成的大规模网络中，与许多人保持义务联系来“保障”自己免受个 181
人灾难，在面临困难时，这些人可以通过这个复杂的交换系统向他人求助。在这个系统中，这些责任、债务和联系在大家庭和宗族网络之间构成隐匿的个人生存“安全网”。在尽可能大的范围内维持“安全网”，比在自己的银行账户中存款提供了更多更具流动性（也更安全）的资产。在定居模式被破坏和流离失所的情况下，在特定地点面对面维护这些网络变得更加困难，而手机成为保持和维护这些网络的关键技术手段。事实上，金融汇款（通常以电话通话信用额度的形式）的传输是一种“可兑换”的经济货币，这些电信连接形式在索马里境内和海外大范围地巩固了社会联系。

现在，让我从这个“异国”经验中回到更广泛的理论考察中，即如何将任一技术的潜在“效应”理论化。在这方面，柯林斯关于移动电话如何在游牧社区的特定条件下使用的分析，提供了一个被卡斯特称为“网络社会理论”的例子，但可能是相反的例子。因为，在这种情况下，这显然不仅仅是一个技术产生具有其自身不可避免的确定性的“网络逻辑”问题；相反，我们在这里非常清楚地看到，先前存在的文化逻辑是如何引导、放大和改变这些技术的接受和当代使用的。

4. 移动的身体与移动技术

移民与手机

在结束本章时，我将结合跨国移民和各种空间压缩技术同时兴起的背景，谈谈手机在当代全球不同地区移民生活中的具体作用。如前所述，移民在理论话语中往往被定位为与新的移动通信技术世界有着密切的共生关系——甚至是一种“选择性亲和”关系。因此，贝尔纳（Bernal）认为，互联网是“典型的散居媒介，非常适合让不同地方的移民建立联系、共享信息和分析情况以及协调各自的活动”[105]。

然而，从一种命题——准确地确定一个重要的研究空间，到一
182 种话语——拿着智能手机的游牧民代表全人类的未来，就好像他们是某种具有认识论特权视角的进化先锋一样[106]，这只是迈出了一小步（而且是危险的一小步）。此外，正如前面已经提到的，我们不应认为移民的当代地位意味着他们必然代表着世界大部分人口中新出现的一套行为准则。正如哈姆·德·布莱（Harm de Blij）所观

察到的，世界人口中的移民人数不仅仍然很少——大约为3%，而且事实上这一比例还在相对缩小，因为当代流动政治日益决定“本地人（那些最贫穷、流动性最低、最容易受到地域影响的人）的数量将越来越多地超过幸运的‘世界公民’（globals），在这些幸运儿看来，世界相对而言是无限的”[107]。然而，我们仍需要解决连续几代信息和通信技术与新出现的长途移民之间累积的衔接问题。

安德列亚斯·赫普（Andreas Hepp）在仔细分析散居社区中媒介技术的使用情况时认为，移民“就其在日常生活和整个生命周期的流动而言，他们以其情境性和传记性的……流动而显得与众不同”[108]。在这方面，移民为了保持与分散环境中人们的沟通和联系，显现出对一系列不同媒介的独特使用能力，他们的身体移动与各种形式的交互移动密切相关。正是在这种背景下，米尔卡·马迪诺和丹尼尔·米勒试图理解一系列媒介在当代移民经验中的结构性作用。他们特别关注的是，移民的多栖家庭和留守家庭如何产生对有效的和负担得起的远程通信形式的特殊需求。由于这些需求，南半球经历了相对廉价的手机的繁荣发展。[109]

而问题的关键在于，就这一切而言，到底什么是新出现的。从人口统计学上看，我们确实看到家庭关系正在发生变化，因为在一些地区，由于移民模式的影响，父母带孩子不再是必然常态。[110]从技术角度来看，各种廉价的远程通信的可用性创造了一种背景，在这种情形下，包括远程育儿在内的新的家庭生活形式已经变得可以想象和接受。现在，移民工人不仅可以通过汇款来为家庭生活改善做出贡献，还可以通过这些媒体参与家庭福利的日常事务，现在这些新做法也催生出“互联跨国家庭”（connected transnational family）的新形式。[111]

正如马迪诺和米勒指出的那样，变化规模是巨大的：一位受访者报告说，以前一年收发 12 封信和录音带，而现在一天可发送 12 条短信；手机曾经是“一种非常特殊的家庭聚会工具”，而现在父母和孩子则可以通宵达旦地发短信。随着这些系统的经济从稀缺而昂贵的固定电话时代转向丰富且可承受的手机时代，网络摄像头等技术创造了更大的潜力，可为相距遥远的祖父母和孙辈之间创造更
183 多的即时性联系，而这在以前是不可想象的。[112]根据迪明斯库（Diminescu）的研究，赫普和他的同事认为，如今由于他们能够使用互联网、手机、VOIP（互联网协议语音或互联网电话）技术、电子邮件和社交媒体，一种全新的综合的交流性连接已经被引入“互联移民”的生活。因此他们认为，“这些人对移民身份的表达与不同形式的媒体深刻交织，并被其塑造”[113]。

作为早期采用者的移民：“生命线”和优先支出

移民往往是新媒体的早期、狂热的采纳者和老练的使用者，这与流行的刻板印象相反，这种刻板印象的形成通常是由于人们认为他们要么太穷，要么技术知识不足，无法做到这一点。他们使用这些技术既是为了在离开前研究海外机会，也是为了在离开时与家人还能在一起。在当代任何一个城市里，只要去移民聚居区的街头小摊上看看，很快就会发现，这些社区往往处于新的远程通信技术大规模商业使用的前沿。

这反映在他们的优先支出事项上：与富人相比，穷人在电信方面的支出往往占其收入的更高比例。当然，对许多移民来说，手机作为特别珍贵的财产，占其支出的很大一部分，在某些情况下，他们在移动服务上的支出高达总收入的20%。[114]霍斯特和米勒认为，许多牙买加受访者并没有将手机支出视为边缘支出，而是将其视为经济生存策略的“核心”。[115]

正如米努·托马斯（Minu Thomas）和林珊珊（Sun Sun Lim）指出的那样，中国南方的农民工“如此习惯于手机所能提供的永久联系，以至于他们在手机服务上花费了大部分工资，与收入不成比例”[116]。他们采访在新加坡工作的菲律宾和印度住家女佣发现，她们将总收入的10%～12%用于通信。[117]他们在报告中提到，虽然电话总支出受到严格控制，但受访者也意识到，打电话给远亲的“面子消费”有时是故意为之，因为众所周知，这也是表明打电话者有多关心那个人的一种手段。因此，麦凯研究的菲律宾移民也将他们微薄收入的很大一部分投资在手机和短信服务上，以便能够每天与家人联系几次。这些电话也构成与家庭和远程朋友的宝贵连接，他们认为这是精 184 神上必不可少的。在托马斯和林珊珊研究的新加坡住家女佣的具体案例中，这一点尤为明显。由于她们的身体行动受到雇主强加的孤立生活安排和长时间工作的限制，这些女佣就将手机和互联网视为“生命线”，以便在身体受限的日子里暂时“逃离”雇主的家，与亲人联系。[118]

媒介逻辑：中介、可供性和倾向

显然，手机对许多移民来说至关重要，但问题是如何以一种摆脱技术决定论和斯图亚特·霍尔曾经所称的“低级行为主义”（low flying behaviourism）的方式来定义他们与手机的关系。[119]在这方面，最近关于“中介化”或“媒介化”的各种争论一直关注新通信技术出现的后果和意义。虽然一些作者认为，这些技术发展在制度上是由独特的“媒体逻辑”驱动的，其结果不可避免，但马迪诺和米勒关注的是他们所谓的“技术和社会环境的相互塑造”，或者正如他们在其他地方所说的，他们关注的是传播媒体如何在自身被社会塑造的同时改变社会进程。问题在于，正如尼克·库尔德利（Nick Couldry）目前观察到的那样，媒介化倾向于意味着一个单一的媒介逻辑同时改变整个社会空间。[120]然而，回到之前讨论过的哈奇比提出的专业术语，谈论技术“可供性”只是承认既定媒体可能有自身的特定用途。但这只是一种倾向——媒介实际使用将取决于一系列背景因素。技术能力不能被理解为人们实际做什么的决定性因素——实际行为取决于特定用户在特定文化背景下如何感知和使用这些偏好。

出于同样的原因，赫普对媒体中心主义方法论持批评态度，该理论将手机孤立地视为“影响”后续发展的唯一原因，赫普的分析与雷蒙·威廉斯关于“移动和复杂社会与现代通信技术发展”之间关系的分析相一致。他试图展示“手机如何与其他……媒体一起在交互移动的过程中发生迁移”。他认为，我们需要从人们掌握的各种交流可能性和技术中理解他们的选择——尤其是理解为什么他们在与特定类型对话者交流时会为某一目的或主题选择特定的媒介。[121]同样，奥瓦尔·洛夫格伦指出：“面对一系列……备选方案，我们在不同的媒体之间选择……［用于］……不同的任务以及……目的。这条信息的传递需要通过电子邮件、明信片、电话、正式的信件，还是面对面会议？"[122]这种方法可以与社会语言学中约书亚·菲什曼（Joshua Fishman）在研究多语言社会时提出的经典交际选择模型——"谁说哪种语言，对谁说，出于什么目的说，在什么情况下说？"[123]——有效地结合。在此意义上，回到赫尔曼·鲍辛格尔的论点，我们需要从这个时代"不起眼但无所不在"的通信技术所提供的"媒介组合"中的地位来理解手机。[124] 185

媒介特异性与媒介菜单："复媒体"

基于丹尼尔·达扬（Daniel Dayan）的研究，赫普指出："散居传播空间是通过……大众媒体，如卫星电视或报纸，以及信件、个人视频信息、电子邮件和社交媒体等'小型媒体'（small media）来交织实现的。"[125]因此，虽然赫普及其同事的研究中移民特有的"媒介菜单"可能以独特的族裔内容为标志（例如，移民司机在出租车上播放来自其"家乡"的音乐），但它也以非常广泛且不同形式的沟通联系为特征，既有大众媒体也有个人的，这些沟通以混合形式并存，因为作为移民需要保持不同的关系并满足各种需求。[126]

在这方面，马迪诺和米勒的"复媒体"模型也有助于理解移民在想要发送特定类型的信息时如何从他们所掌握的不同技术中进行选择。[127]问题是特定的媒介可能具有何种决定性作用。然而，弗里德里希·基特勒认为，症结在于，作为原则性问题，在数字时代媒介特异性已经不复存在——

> 因为渠道和信息的普遍数字化消除了各个媒体之间的差异。声音和图像、语音和文本被简化为表面效果……光纤网络将以前不同的数据流变成一组标准的数码序列，因此任何媒体都可以被转换为其他任何媒体。……数字基础上的全部媒体连接将消除媒体的概念。[128]

问题是，他的论断与经验证据相矛盾，即这些技术的用户确实出于不同的目的、通过不同的交流模式对使用各种媒体表现出不同的偏好，而且他们认为不同的媒体因其特殊性能而更适合于不同用途。

186 如果要从媒介特异性的角度来考虑，我们可以建立个别技术的特殊可供性（和限制性）的列表。例如，一般来说，有些媒体可能被认为更适合用于亲密关系或强关系中，或用于休闲而不是工作目的。一种媒体是否适用于某一目的可能取决于诸如“隐私、酌处权、即时反馈、沟通实效、谈话频率、熟悉程度或关系形式、可用时间、交换的质量”等因素。[129]从这种角度来看，大多数媒体都有其优缺点。因此，对不同媒体优缺点的“常识性”总结成了公认的智慧：电子邮件被认为有利于准确传递信息，但缺乏同步性和情感深度；书信可能承载着深厚的情感，但传递速度缓慢；手机通话是交流情感的厚媒体，但也是侵入性的，有时会不受欢迎或泄露信息，其同步性很难跨越遥远时区；短信/推特是无侵扰的，不需要同步性，但它是一种薄媒体；即时通信（IM）提供了即时性，但又是侵入性的；脸书和类似的系统在分享视觉体验方面很好，但在访问等方面很难控制。[130]

与这种对每一种媒体的固有特性进行简单化处理的做法不同，马迪诺和米勒的“复媒体”概念可以部分地从结构主义命题中推导出来，即同一性不是由事物的（内部）“本质”构成的，而是由它与其他相关实体的区别构成的。从这个角度来看，与其寻求不同媒体的性质，不如通过差异来理解它们是如何构成的。正如他们所说，电子邮件是“由它与语音电话或文本的差异……构成其独特性的”，因为电子邮件“在关系中被定义为……不是一封信，不是一条短信，也不是通过网络摄像头的对话，更不是移动电话”[131]。该观点的优势在于，它可以更好地反映这样一种情况：在当今媒体融合的世界中，人们倾向于使用多种替代方案，在电子邮件、即时消息、社交网络、视频通话和短信之间随意切换。因此，关键问题不是任何本质主义定义中的媒介特异性，而是某一特定元素在当前“媒介环境”中的位置，以及用户如何发掘可用的整个传播系统的潜能。[132]

然而，事情比这更复杂，因为特定媒体对一方（例如，马迪诺和米勒研究中的母亲）有吸引力的特质可能恰恰对其他人（例如她们的孩子）来说吸引力不够。电子邮件缺乏同步性是许多孩子喜欢的一个特点（尽管他们的母亲不喜欢）——正是因为它不那么具有侵入性，更难用作监视手段。同样，在一些场合，某种媒体对某些话题的 187
交流具有吸引力；但在另一些场合，这可能正是相同的人希望避免使用它的原因（例如，在视频通话中撒谎比通过电子邮件撒谎更难）。这些新技术空间压缩并不只是简单地“拉近人们的距离”，它还“创造了新的监视领域，从而产生潜在冲突”。因此，一些儿童受访者报告说，这些新媒体使他们与不在身边的父母的关系更糟：“好妈妈”眼中的“负责任的”养育方式，在她们的孩子看来往往是不必要的侵扰。[133]

虚拟和实际的接近性

回到中介化/媒介化问题上来，似乎要谨慎对待通信技术根据单一的“媒体逻辑”改变我们生活的强有力主张，因为在特定情况下，对其进行的实证研究所揭示的结果具有可变性。此外，如第六章所述，中介化在多大程度上成为传播新颖且独有的特征本身也是值得怀疑的。并非电子或机械技术将中介化引入人类沟通中，因为语言本身就是一种中介形式，正如刘易斯·芒福德（Lewis Mumford）指出的，最好将其概念化为一种技术形式——一种多人交流的技术。就像马迪诺和米勒指出的那样，这里的问题是，我们倾向于认为任何新媒体（出于某种原因）都比旧媒体“更易于”受中介化的影响——导致我们对以前惯用的媒体进行怀旧式的简化——长期以来，对这些媒体的熟悉程度使我们在使用这些媒体时形成了一定的专业技能，这让它们有了一种虚假的透明度，基于长久以来的熟悉，我们很大程度上是无意识地使用它们的专门知识。[134]

将身体“在场”的地位提高到评估其他互动模式的黄金标准的位置，显然是有危险的，它会导致我们“简化和浪漫化无中介的共同在场”。然而，正如我在前面的讨论中所指出的，就博登和莫洛奇关于“强迫接近”的

将身体“在场”的地位提高到评估其他互动模式的黄金标准的位置，显然是有危险的，它会导致我们“简化和浪漫化无中介的共同在场”。

研究（在第六章的末尾）而言，具身在场对于某些重要目的仍然至关重要。正如马迪诺煞费苦心提到的，“每一次中介化互动都在提醒你，不能远程拥抱你的孩子”（这很好地解释了母亲在视频通话后哭泣的频率），事实证明，这通常会产生相反的效果，让人们更敏锐地意识到地理距离——并怀念他们身体上无法到达的地方。[135]

总之，我想回到我在本书绪论中所关注的传播和运输的虚拟和物质层面的衔接问题，这与阿克索伊和罗宾斯在分析土耳其受访者通过各种虚拟和实际连接方式参与伦敦和伊斯坦布尔生活的多个维 188
度时所提出的难点相关。在这一情境下，我们也许可以将马迪诺的例子称为“网络摄像头创伤”，并与米勒和斯莱特的建议形成有趣的关联，即手机和其他空间压缩技术必须考虑如何与交通和物质通信更平庸和日常的方面联系起来，以形成特定的“媒介环境”。因此，当他们谈到特立尼达的手机是经济资源匮乏的贫困家庭中的一项重要资产（因为它能够使他们在需要时从国外亲戚那里打电话借钱）时，他们考虑的重点是，在这种情况下，手机如何不仅与国际金融系统联系，而且以放贷的形式与当地机构联系——以及与从偏远地区前往这些机构所需的公共汽车和出租车联系。在这种情况下，重点是理解这些不同的技术如何有效地协同工作，以迅速将所需的对象（在这种情况下是金钱）拿在手里。然而，对于那些因通过网络摄像头与远方的孩子互动而十分痛苦的母亲来说，我们看到的恰恰相反——在这种情况下，虚拟技术让远方的孩子被看得清楚。而在某些情况下，这令人难以忍受——因为它加剧了而非减轻了地理距离造成的煎熬。[136]

在最近的两章中，我们已经讨论了人和信息技术的流动能力，最后，我要谈谈以集装箱运输系统的形式使物品——特别是商品流动的技术。

注　释

1 L. Spigel（1992）*Make Room for TV*，University of Chicago Press.

2 K. Ross（1996）*Fast Cars and Clean Bodies*，MIT Press. 另见：S. Yoshimi（1999）Made in Japan，*Media*，*Culture and Society* **21**（2）. 本文分析了日本天皇的"三宝"（剑、珠宝和镜子）如何在战后日本消费社会的象征性剧目中，转变为冰箱、洗衣机和电视（在那个时期是黑白电视）。

3 Z. Bauman（2000）*Liquid Modernity*，Polity；G. Myerson（2001）*Heidegger*，*Habermas and the Mobile Phone*，Icon Books.

4 V. Mosco（2005）*The Digital Sublime*，MIT Press.

5 J. Agar（2003）*Constant Touch: A Global History of the Mobile Phone*，Icon Books；E. P. Thompson（1967）Time，Work Discipline and Industrial Capitalism，*Past and Present* **38**，56 - 97. 文学方面，另见：A. Tanpinar（2014）*The Time Regulation Institute*，Penguin（first published Istanbul 1962）. 这是一部关于20世纪初"欠发达"社会中将个性化时间管理作为衡量生产力和现代化的标志的著作。

6 Myerson，*Heidegger*，pp. 3 - 5；Agar，*Constant Touch*，p. 106.

7 D. Morley（2003）What's Home Got to Do With It? *European Journal of Cultural Studies* **6**（4）；D. Morley（2007）*Media*，*Modernity and Technology*，Ch. 7 and Ch. 10.

8 J. Tomlinson（2001）Instant Access，*University of Copenhagen Global Media Cultures Working Paper No. 13*，p. 17；D. Mitchell（2015）It Used to be Rude Not to Answer the Phone，*The Observer New Review*（January 18）.

9 J. Naughton（2015）Mobile Internet is Now Just the Internet，*The Observer New Review*（December 27）.

10 E. Shove（2003）*Comfort*，*Cleanliness and Convenience: The Social Organisation of Normality*，Berg，pp. 183 - 184.

11 S. Marvin and S. Graham（1998）*Net Effects*，Comedia；L. de Cauter（2004）

The Capsular Society: The City in an Age of Fear, NAi Publishers SKOR.

12 B. Larkin (2008) *Signal and Noise*, Duke University Press.

13 H. Horst and D. Miller (2006) *The Cell Phone: An Anthropology of Communication*, Berg.

14 M. Castells, M. Fernández-Ardèvol, J. L. Qiu, and A. Sey (2007) *Mobile Communications and Society*, MIT Press, pp. 209, 191－192. 卡斯特关于网络社会运动的政治意义和革命时代新通信技术的政治意义的前沿观点，参见他之后的著作：M. Castells (2015) *Networks of Outrage and Hope*, Polity Press.

15 Castells, Fernández-Ardèvol, Qiu, and Sey, *Mobile Communications and Society*, p. 202. 关于这一点另请参阅对于推特在2011年埃及民众抗议活动中的使用的研究：A. Nunns and N. Idle (2011) *Tweets From Tahrir*, OR Books.

16 A. Christensen, C. Christensen, and A. Jansson (eds.) (2011) Introduction, in *Online Territories: Globalisation, Mediated Practice, and Social Space*, Peter Lang.

17 参见脸书网页被用于鼓动反动的种族主义者对少数群体进行大屠杀的证据。

18 M. Husain (2011) *How Facebook Changed the World*, BBC2, Transcript (September 5 and 15).

19 关于这些问题，请参阅：M. Christensen (ed.) (2013) New Media Geographies and the Middle East, special issue, *Television and New Media* **14** (1). 至于其他"旧"媒体在破坏穆巴拉克政权稳定方面发挥的重要"预备"作用，还必须指出，有线电视台的讽刺性谈话节目以及阿拉·阿斯万尼（Alaaal Aswany）颇具影响力的小说也功不可没，该小说以及后来的电视节目以前所未有的方式无情地嘲笑了旧政权。请参阅：A. Aswany (2004) *The Yacoubian Building*, American University in Cairo Press.

20 D. Lerner (1965) *The Passing of Traditional Society*, Free Press.

21 Castells, Fernández-Ardèvol, Qiu, and Sey, *Mobile Communications and Society*. 然而，我们必须认识到，"发展不平衡"的进程意味着，在某些情况下，第三世界的技术发展速度比富裕的北半球发达国家快——非洲的电话银行业务发展速度远远超过发达的北半球国家。

22 D. Slater (2013) *New Media, Development and Globalisation*, Polity Press.

23 T. Tufte (2011) Mediapolis, Human (In) Security and Citizenship in A. Christensen, C. Christensen, and A. Jansson (eds.), *Online Territories: Globalisation, Mediated Practice, and Social Space*, Peter Lang.

24 事实上，勒纳在《传统社会的消逝》一书关于20世纪50年代现代性研究的方法论注释中提出了有趣的观点，其中提到了一种新形式的“移动人”的出现。请参阅：Lerner，*Passing of Traditional Society*. 另见注释 31。

25 J. Curran (2011) “Technology Foretold” in N. Fenton (ed.), *New Media, Old News*, Sage.

26 Mosco, *The Digital Sublime*.

27 Castells, Fernández-Ardèvol, Qiu, and Sey, *Mobile Communications and Society*, pp. 246, 3－4, 258.

28 M. Ito and D. Okabe (2005) Technosocial Situations, in M. Ito, D. Okabe, and M. Matsuda (eds.), *Personal, Portable, Pedestrian: Mobile Phones in Japanese Life*, MIT Press, quoted in R. Ling (2008) *New Tech*/New Ties, MIT Press, p. 4.

29 S. Lash (2002) Foreword, in U. Beck and E. Beck-Gernsheim, *Individualisation*, Sage, p. xii，见第七章关于移民生活中多地点性的进一步讨论。

30 Weight quoted in M. Berry and M. Hamilton (2010) Changing Urban Spaces, *Mobilities* **5** (1), 128.

31 Berry and Hamilton, Changing Urban Spaces, 125. 然而，需要关注的点在于，需要认识到“移动人”这一概念也许并不像人们以为的那么新。卡尔勒·诺登斯特伦（Kaarle Nordenstreng）指出，在 20 世纪 60 年代经济和社会发展研究的背景下，“移动人”概念作为一种“新”现象出现在中东各个村庄。请参阅：K. Nordenstreng (2011) “The Fantastic Growth of Communication Research Since the 1950s—But For What?” Paper presented to 50 Years of Communication Research in Local and Global Contexts Conference, Cairo; Lerner, *Passing of Traditional Society*.

32 J. Frith (2012) Splintered Space: Hybrid Spaces and Differential Mobility, *Mobilities* **7** (1), 132.

33 Frith, Splintered Space, 146.

34 参阅我早先的评论，在第四章中关于穷人在新奥尔良洪水期间所经历的危险，是由于缺乏处理危险情况所必需的“义肢”技术，而地方政府却想当然地认为所有公民都可以利用它们。

35 参阅早期随身听作为一种新形式的声学唯我论的推动者的研究：P. du Gay, S. Hall, L. James, et al. (1997) *Doing Cultural Studies: The Making of the Sony Walkman*, Sage/Open University Press; I. Chambers (1998) A Miniature History of the Wakman, *New Formations* **11**; M. Bull (2004) To Each His Own Bubble, in N. Couldry and A. McCarthy (eds.), *Media Spaces*, Routledge.

36 L. de Cauter, quoted in A. Jansson (2011) Cosmopolitan Capsules, in A. Christensen, C. Christensen, and A. Jansson (eds.), *Online Territories: Globalisation, Mediated Practice, and Social Space*, Peter Lang.

37 B. Wellman (2001) Physical Place and Cyberplace: The Rise of Networked Individualism, in L. Keeble and B. Loader (eds.), *Community Informatics*, Routledge, p. 19.

38 Castells, Fernández-Ardèvol, Qiu, and Sey, *Mobile Communications and Society*, p. 248.

39 M. Ito (2003) A New Set of Rules for a Newly Wireless Society, quoted in Castells, Fernández-Ardèvol, Qiu, and Sey, *Mobile Communications and Society*, p. 173.

40 R. Ling (2014) From Ubicomp to Ubiex (pectations), in J. Servaes (ed.), *Technological Determinism and Social Change*, Lexington Books. 参阅我早先关于所有“正常”公民都应该拥有某些“义肢”技术（例如在新奥尔良卡特里娜飓风的背景下的汽车）的假设——在本章和第四章。

41 Horst and Miller, *Cell Phone*, pp. 159, 59 - 60; O. Leal (1990) Popular Taste and Erudite Repertoire: The Place and Space of TV in Brasil, *Cultural Studies* **4** (1). 这篇文章描述了在巴西一个贫穷家庭中炫耀性地展示一台“现代”电视所带来的特殊自豪感。

42 Tomlinson, Instant Access, p. 143; I. Hutchby (2001) *Conversation and Technology: From the Telephone to the Internet*, Polity Press.

43 Shove, *Comfort, Cleanliness and Convenience*.

44 Tomlinson, Instant Access, p. 132. 很明显，这种表述非常符合斯图亚特·霍尔的观点，即虽然象征性文本没有完全固定的意义，但它们确实有可识别的结构，这些结构会优先或“倾向”对其进行特定的解释，以满足读者的需要。[Morley (1995) Theories of Consumption in Media Studies, in D. Miller (ed.), *The New Study of Consumption*, Routledge, pp. 296 - 328.] 其中介绍了霍尔的“优先解读”概念如何应用于技术的材料设计以及向潜在消费者推销的市场营销和指导话语。

45 Tomiinson, Instant Access.

46 Tomlinson, Instant Access, pp. 132 - 133, 105 - 106.

47 Y.-F. Tuan (1996) *Cosmos and Hearth*, University of Minnesota Press; Tomlinson, Instant Access, drawing on Tuan, p. 119.

48 Ling, *New Tech/New Ties*, pp. 55, 79; M. Ito (2005) Mobile Phones, Japanese Youth and the Replacement of Social Contact, in R. Ling and P. Paderson (eds.), *Mobile Communications*, Springer, quoted in Ling,

New Tech/New Ties, pp. 118, 127. 这通常是通过短信实现的，短信的主要功能是让收信人放心——发信人正在想着他们。

49 S. Graham (2001) The City as a Sociotechnical Process, *City* **5** (3), 341 - 342; M. Crang (2000) Public Space, Urban Space and Electronic Space, *Urban Studies* **37** (2); R. Skeates (1997) The Infinite City, *City* **8**.

50 De Cauter, *Capsular Society*, p. 110.

51 Jansson, Cosmopolitan Capsules.

52 当然，手机的这一功能并不新鲜，可以这样理解：它在一系列先前的技术（例如书籍和报纸）中占有一席之地，这些技术长期以来被用于“驯化”公共或过渡空间，允许用户在心理上退缩到一个独立的、私人的领域。请参阅：Berry and Hamilton, Changing Urban Spaces; O. Lofgren (2008) Motion and Emotion, *Mobilities* **3** (3).

53 关于民主的“竞争性”本质，请参阅：C. Mouffe (1999) Deliberative Democracy or Agonistic Pluralism, *Social Research* **6** (3), 745 - 758. 关于“差异化生活”的困难，请参阅：K. Mercer (1994) *Welcome to the Jungle*, Routledge; C. Sandvoss (2011) Fans Online, in A. Christensen, C. Christensen, and A. Jansson (eds.), *Online Territories: Globalisation, Mediated Practice, and Social Space*, Peter Lang; Z. Bauman quoted in Tufte, Mediapolis; T. Gitlin (1998) Public Sphere or Public Sphericules? in T. Liebes and J. Curran (eds.), *Media, Ritual, Identity*, Routledge, pp. 168 - 175.

54 Licoppe quoted in Ling, *New Tech/New Ties*, p. 4; Ito and Okabe, Technological Situations quoted in R. Ling (2008) *New Tech/New Ties*, pp. 121, 168; J. Katz and M. Aakhus (2002) *Perpetual Contact: Mobile Communication, Private Talk Public Performance*, Cambridge University Press.

55 H. Garfinkel (1967) *Studies in Ethnomethodology*, Basic Books.

56 呼叫筛选和来电显示无疑为个人时间和注意力的分配带来了一种新形式的冷酷无情：随着固定电话传统礼仪的落伍，那种忽视铃声可能被认为是不礼貌的做法的观念，如今对于许多人来说，在不知道来电人是谁的情况下接听电话是一个完全陌生的概念。

57 Ling, *New Tech/New Ties*, P. 176.

58 P. Berger and H. Kellner (1964) Marriage and the Construction of Reality, *Diogenes* Vol. 45 quoted in Ling, *New Tech/New Ties*, p. 180.

59 R. Rettie (2008) Mobile Phones as Network Capital, *Mobilities* **3** (2).

60 K. Gergen quoted in Ling, *New Tech/New Ties*, p. 181.

61 Castells, Fernández-Ardèvol, Qiu, and Sey, *Mobile Communications and*

Society，p. 6.

62 R. Silverstone（2007）*Media and Morality: On the Rise of the Mediapolis*，Polity Press，p. 46，drawing on Hannah Arendt.

63 R. Putnam（2001）*Bowling Alone: The Collapse and Revival of American Community*，Simon and Schuster；U. Beck and E. Beck-Gernsheim（2002）*Individualisation*，Sage；U. Beck，A. Giddens，and S. Lash（1994）*Reflexive Modernisation*，Stanford University Press.

64 Horst and Miller，*Cell Phone*，p. 81.

65 Ling，*New Tech/New Ties*，p. 181.

66 K. Fox（2006）The New Garden Fence，in *The Mobile Life Report*，Carphone Warehouse.

67 J. Larsen，K. W. Axhausen，and J. Urry（2006）Geographies of Social Networks，*Mobilities* **1**（2）；Z. Smoreda and F. Thomas quoted in Rettie，Mobile Phones，294.

68 Agar，*Constant Touch*，pp. 110，162.

69 Castells，Fernández-Ardèvol，Qiu，and Sey，*Mobile Communications and Society*，p. 30.

70 Katz and Aakhus，*Perpetual Contact*. 其中对早期不同文化背景下的手机进行了一些有趣的比较研究。

71 Agar，*Constant Touch*，pp. 40－42.

72 D. Morley（2012）TV，Technology and Culture：A Contextualist Approach，*Communications Review* **15**（May）.

73 Yoon，Retraditionalising the Mobile：Young People's Sociality and Mobile Phone Use in Seoul，South Korea，*European Journal of Cultural Studies* **6**（3），337. 事实上，在一定程度上这可能是一代人的做法——即使在西方，共享手机的形式也可以在年轻群体中找到。A. Weilenmann and C. Larsson quoted in Castells，Fernández-Ardèvol，Qiu，and Sey，*Mobile Communications and Society*，pp. 64－65，155.

74 Castells，Fernández-Ardèvol，Qiu，and Sey，*Mobile Communications and Society*，p. 110；N. Rose（1999）*Governing the Soul: The Shaping of the Private Self*，Cambridge University Press.

75 Myerson，*Heidegger*，pp. 18，19，20，25. 对这种平庸的交流概念的批判，认为它只是一种自我驱动的自我表达形式，请参阅：J. Durham Peters（1999）*Speaking into the Air*，University of Chicago Press. 欲了解最大限度地提高沟通效率的冲动的喜剧表演，请参阅：D. Eggers（2013）*The*

Circle，Penguin.

76 Myerson，*Heidegger*，pp. 21，65，55.

77 Castells，*Networks of Outrage and Hope*，p. 71.

78 J.-P. Puro（2002）Finland：A Mobile Culture，in Katz and Aakhus，*Perpetual Contact*，p. 25.

79 卡伦·福-奥尔维格将她所称的牙买加“聊天场景”定义为包括“液态的、流动的、多用途的、以自我为中心的社会现实形式，基于个人根据特定生活环境达成的零碎非正式谈话”。K. F. Olwig（2005）Commentary on H. Horst and D. Miller “From Kinship to Linkup，” *Current Anthropology* **46**（5）（December）.

80 Horst and Miller，*Cell Phone*，pp. 17，181，7.

81 C. F. Alford（1999）*Think No Evil: Korean Values in the Ape of Globalisation*，Cornel University Press.

82 Yoon，Retraditionalising the Mobile，340；H. Bausinger（1990）*Folk Culture in a World of Technology*，Indiana University Press.

83 J. Sconce（2000）*Haunted Media*，Duke University Press.

84 Castells，*Networks of Outrage and Hope*，p. 125.

85 J. Hooper（2007）Italian Firm Offers Saintly Mobiles，*The Guardian*（December 5）；S. Rushton（2010）Harvesting Calmness in the Modern Age，*The Independent*（January 15）.

86 关于这一点，请参阅：Sconce，*Haunted Media*；B. Barendregt（2010）Sex，Cannibals and the Language of Cool：Indonesian Tales of the Phone and Modernity，*The Information Society* **24**（3）. 另请参阅：M. K. Peterson（2008）The Voice of the Young：An Anthropological Perspective on Cell Phone Use Among Young Ni-Van in Vanuatu. MA Thesis，Department of Anthropology，Copenhagen University.

87 Castells，Fernández-Ardèvol，Qiu，and Sey，*Mobile Communications and Society*，pp. 72–73.

88 关于对这些“新技术”丧葬仪式进行摄影记录的作品，请参阅：K. Tong（2010）*In Case It Rains in Heaven*，Kehrer Books.

89 Larkin，*Signal and Noise*. 另见：P. Mishraj（2006）*Temptations of the West*，Picador. 其中对“西方”作为普遍“发展”模式的有限相关性做了讨论。

90 J. Marescal and E. Rivera（2007）Mobile Communications in Mexico in the Latin American Context，*Information Technologies in International Devel-*

opment **3**（2），41－55；G. Goggin and J. Clark（2009）Mobile Phones and Community Development，*Development in Practice* **14**（4－5）.

91　此外，我们还必须注意到一个复杂的因素，即迄今为止第三世界国家使用手机的方式（例如，用于银行/信用转账目的）有时比西方国家发展得更为成熟。

92　B. Celik（2011）Cellular Telephony in Turkey：A Technology of Self-Produced Modernity，*European Journal of Cultural Studies* **14**（2），148－149.

93　Celik，Cellular Telephony，156.

94　Celik，Cellular Telephony，157.

95　Celik，Cellular Telephony，155；Barendregt，Sex，Cannibals.

96　Barendregt，Sex，Cannibals，pp. 161－162.

97　Horst and Miller，*Cell Phone*，pp. 5，165.

98　Olwig，Commentary，769.

99　J. Chipchase quoted in S. Corbett（2008）Can a Cellphone Help End Global Poverty? *The New York Times Magazine*（April 13）.

100　A. Taylor（2012）More than Mobile：Migration and Mobility Impacts from the"Technologies of Change"for Aboriginal Communities in the Remote Northern Territory of Australia，*Mobilities* **7**（2）（May），276，288.

101　F. Sandler（n. d）Mobile Phone Revolution in the Tundra? Technological Change and Russian Reindeer Nomads. Available online at www. folklore. ee/folklore/vol41/stammler. pdf，p. 71（accessed November 14，2016）.

102　G. Collins（2009）Connected：Exploring the Extraordinary Demand for Telecoms Services in Post-Collapse Somalia，*Mobilities* **4**（2）.

103　Collins，Connected，210. M. Glenny（2001）*McMafia: Seriously Organised Crime*，Vintage Books. 请参看其中的这部分内容：在过去的几个世纪里，古老的伊格博人（Igbo）的长途贸易传统与他们现在采用的互联网欺诈技术之间十分"契合"——就像当代尼日利亚的"419"欺诈业务一样。有关揭露 419 起诈骗案的虚构故事，可参阅：A. T. Nwabaum（2009）*I Do Not Come To You By Chance*，Phoenix Books.

104　Collins，Connected，219.

105　V. Bernal（2006）Diaspora，Cyberspace and Political Imagination：The Eritrean Diaspora Online，*Global Networks* **6**（2），175.

106　G. Lukacs（1971）*History and Class Consciousness*，MIT Press. 显然，这是一种知识分子立场，它将复制乔治·卢卡奇早年提升所谓无产阶级的固有认识论特权所引发的所有问题。

107 关于“本地人”和“世界公民”的统计资料来源和评论，请参阅：H. be Blij (2009) *The Power of Place*, Oxford University Press, pp. 25, 5.

108 K. Tololyan (1991) The Nation State and Its Others, *Diaspora* **1**, 3; A. Hepp (2008) Communicative Mobility After the Mobile Phone: The Appropriation of Media Technology in Diasporic Communities, in M. Hartmann, P. Rossler, and J. Hoflich (eds.), *After the Mobile Phone*, Peter Lang, p. 139.

109 M. Madianou and D. Miller (2012) *Migration and New Media*, Routledge. 事实上，随着手机乃至智能手机在富裕的北半球西方国家的市场逐渐饱和，许多公司现在似乎认为，剩余的盈利市场主要集中在贫穷的南半球国家。

110 参见本章“第三世界对移动设备的适应：超载边缘”部分福-奥尔维格的讨论。

111 Madianou and Miller, *Migration and New Media*, pp. 1, 10, 13.

112 Madianou and Miller, *Migration and New Media*, pp. 70, 119, 108; Madianou and Miller (2012) Polymedia, *International Journal of Cultural Studies* **16** (2), 176. 在这个意义上，我之前对手机在引起各种形式的家庭混乱方面的潜在作用的推测已经得到充分的证实。

113 E. Diminescu (2008) The Connected Migrant: An Epistemological Manifesto, *Social Science Information* **47** (4), 565; A. Hepp, C. Bozdag, and L. Suna (2012) Mediatised Migrants, Media Cultures and Communicative Networking in the Diaspora, in L. Fortunati, R. Pertierra and J. Vincent (eds.), *Migration, Diaspora and Information Technology in Global Societies*, Routledge.

114 Castells, Fernández-Ardèvol, Qiu, and Sey, *Mobile Communications and Society*, pp. 70, 85.

115 Horst and Miller, *Cell Phone*, p. 108.

116 M. Thomas and S. S. Lim (2010) Migrant Workers' Use of ICTs for Interpersonal Communication: The Experience of Female Domestic Workers in Singapore. Available online at mediathro@easaonline.org (April). 另见：S. Lim (2015) *Mobile Communication and the Asian Family*, Springer.

117 Madianou and Miller, *Migration and New Media*, p. 109. 他们接收和发送的许多信息以前主要是为了让对方知道发送者在想他们，而现在信息传递也有了转账功能，移民通过转账重新分配他们的收入，并将其用于未来投资，在他们预期的回乡时间与家人和亲戚分享。McKay (2007) Sending Dollars Shows Feeling, *Mobilities* **2** (2), 185 - 189.

118 Thomas and Lim，Migrant Workers' Use of ICTs，pp. 5，6，9.

119 S. Hall (1981) Encoding and Decoding in TV Discourse，in S. Hall，D. Hobson，A. Lowe，and P. Willis (eds.)，*Culture*，*Media Language*，Hutchinson.

120 S. Hjarvard (2008) The Mediatization of Society，*Nordicom Review* (February 29)；M. Castells (1996) *The Rise of the Network Society*，Blackwell；Madianou and Miller，Polymedia，174；N. Couldry (2008) Mediatisation or Mediation，*New Media and Society* (March 10)，375. 对中介化/媒介化概念的有用性（或其他方面）的彻底批判，请参阅：D. Deacon and J. Stanyer (2014) Mediatization：Key Concept or Cultural Bandwagon? *Media*，*Culture and Society* **36** (7)，1032－1044. 迪肯（Deacon）和斯坦尼尔（Stanyer）提出了一个重要问题，即这一概念实际上是否属于他们所称的"伪普遍性"，因为在许多版本的论证中，仍不清楚中介化或媒介化不是什么，对什么不起作用，以及它的局限性是什么。因此，人们通常认为，中介化是一种无孔不入的（可能是不可阻挡的）力量。从这个意义上说，这是一种预测，假定通信技术本身是社会变革的主要推动者，因此趋向于一种以媒体为中心的方法。

121 R. Williams，quoted in Hepp，Communicative Mobility，135－136；Hepp Communicative Mobility，142－143，147.

122 O. Lofgren (2007) Taking Place，in J. Falkheimer and A. Jansson (eds.)，*Geographies of Communication*，Nordicom Press，p. 301.

123 J. Fishman (ed.) (1972) *Sociolinguistics*，Penguin.

124 Hepp，Communicative Mobility；Madianou and Miller，*Migration and New Media*；H. Bausinger (1984) Media，Technology and Everyday Life，*Media*，*Culture and Society* **6** (4).

125 A. Hepp (2009) Differentiation，Mediatisation and Cultural Change，in K. Lundby (ed.)，*Mediatization*，Peter Lang；D. Dayan (1999) Media and Diasporas，in J. Gripsrud (ed.)，*TV and Common Knowledge*，Comedia/Routledge，pp. 18－33；see also A. Sreberny and A. Mohohammadi (1994) *Small Media*，*Big Revolution*，University of Minnesota Press.

126 A. Hepp (2009) Localities of Diasporic Communicative Spaces，*The Communication Review* **12**，335，344；A. Hepp，C. Bozdag，and L. Suna，Mediatised Migrants，172－188.

127 赫尔曼·鲍辛格尔提出了一个经典论点，即媒体很少被孤立地使用。因此我们需要考虑人们可以接触到并参与其中的"媒体组合"。请参阅：Bausinger，Media，Technology.

128 F. Kittler（1999）*Gramophone*，*Film*，*Typewriter*，Stanford University Press，pp. 1－2.

129 Madianou and Miller，*Migration and New Media*，p. 105；Broadbent quoted in Madianou and Miller，Polymedia，173.

130 Madianou and Miller，Polymedia.

131 Madianou and Miller，*Migration and New Media*，p. 137；Madianou and Miller，Polymedia，175.

132 Madianou and Miller，Polymedia，175，169，171，172；Madianou and Miller，*Migration and New Media*，pp. 139，8. 正如他们所说，在这里，我们需要仔细考虑这种“不断涌现的通信机会的新兴环境”在哪里“可用”的先决条件（可用性、可负担性和媒体素养问题）。虽然它在富裕的北半球西方国家相当普遍，但在许多其他地方，只有一小部分人口可实际使用。

133 Madianou and Miller，*Migration and New Media*，p. 115；Madianou and Miller，Polymedia，182；M. Madianou（2014）Polymedia Communication，in K. Lundby（ed.），*Mediatization of Communication*，De Gruyter，p. 338.

134 L. Mumford（1966）*The Myth of the Machine*，Harcourt Brace；Madianou and Miller，*Migration and New Media*，p. 142.

135 Madianou and Miler，*Migration and New Media*，p. 149；Madianou，Polymedia Communication，337.

136 Horst and Miller，*Cell Phone*；D. Miller and D. Slater（2000）*The Internet: An Ethnographic Approach*，Berg，London.

第九章 作为全球化的集装箱运输：商品的流动

引 言

前几章已经把移民和手机确定为我们这个时代两个特有的象 199
征，本章要介绍第三个象征：集装运输的“箱子”，因其无处不在，反而在很大程度上被人们熟视无睹。集装箱是多式联运系统的关键，该系统确保货物能在全球范围内无缝运输，成为全球经济所依赖的分散式生产链的物质基础。本章将运输研究中对集装箱化的技术讨论置于更广泛的传播理论框架中，并把集装箱化和数字化作为两种不同的技术标准模式进行类比研究。进而，参照 BBC 长达一年的纪录片《改变英国的集装箱》(*The Box That Changed Britain*) 来说明这个问题，该片通过跟踪拍摄并借助网络、电视、广播等媒体呈现了集装箱在世界各地的流转。“箱子”曲折的跋涉历程，将本书中涉及的不同话题连缀起来，通过聚焦多平台媒体策略讲述了人们赖以生存的多式联运系统的故事。

图 9-1　集装箱（洛杉矶港口，2007 年）

图片来源：作者拍摄的照片。

图 9-2　集装箱船和起重机（洛杉矶港口，2007 年）

图片来源：作者拍摄的照片。

1. 改变世界的箱子?

航运问题：全球化的物质基础

在当代全球化理论中，海上贸易问题往往被忽略。这很奇怪，因为在许多方面，尤其是在行业的所有权和组织模式上，航运长期以来一直处于全球化的前沿。的确，所有权的复杂性在这一行业比
比皆是：“一艘希腊的船可能由韩国制造，租赁给一家丹麦运营商， 200
该运营商雇佣由塞浦路斯招聘代理的在巴拿马注册的菲律宾海员，这艘船在英国投保，用来运输德国的货物，并以瑞士货运代理的名义，从荷兰港口通过中国香港和澳大利亚港口运营商的特许经营码头，将货物运输到阿根廷。”关键是，这种“方便旗”的制度（或用国际航运公会的中性说法：“开放登记制度”）使得船主从劳动力最便宜的地方雇佣船员[1]，用以避税，或避免工会对其大部分（如果不是全部）权力的限制[2]。总体而言，正如罗斯·乔治（Rose George）指出的，船由富裕国家的公民拥有，而由贫困国家的人员掌舵。鉴于管理者与“下层”船员的生活泾渭分明，船上的劳动组织同样是“全球化的”：管理者的母语多是英语，而“下层”船员主要是非英语母语的第三世界公民，通常来自印度或亚洲和远东的其他地方，尤其是菲律宾。[3]

在传播学和文化研究中，全球化通常被认为主要与信息和人员流动有关，但它也关乎货物的流动，而迄今为止最便宜的长距离运输货物的方式就是集装箱货轮航运。我们可能某种程度上生活在一

个虚拟的电子世界中，但世界的港口从未像现在这般繁忙，忙着处理源源不断的货物。正如艾伦·塞库拉指出的，在大家都谈论电子的瞬时性以及“空间崩溃”的时代，一艘货船横跨大西洋仍然需要8天，横穿太平洋则需要12天。这些缓慢而大规模的移动构成了全球交流中“沉默的大多数”。塞库拉的观点与通常认为的“计算机和电信是第三次工业革命的（主要）引擎”这一普遍观点正好相反。[4]此外，在一个以速度为特征的时代，这些问题实际上更加复杂。与其说航运历史上航速一直在不断提高，不如说在过去的半个世纪里，货轮的速度总是随着某一刻石油价格的波动而波动。尽管在20世纪60年代建造的船只尺寸越来越大，以比之前更快的速度航行，但在20世纪70年代石油危机之后，通过降低速度以节省石油成本反而更加有利可图。随后，航运速度持续随着石油成本的变化而波动。目前，为了节省燃料成本，最新的集装箱船的航速会设计得更慢，因为“慢速航行”可以节省高达5%～7%的总成本。[5]可见，在全球化进程的中心地带，有些事情实际上正在慢下来。事实上，“慢速航行”的做法意味着现代大型集装箱船通常只以每小时14海里①的速度行驶，比19世纪中叶的运茶船还要慢。[6]

与其说航运历史上航速一直在不断提高，不如说在过去的半个世纪里，货轮的速度总是随着某一刻石油价格的波动而波动。

对塞库拉来说，问题在于，在当代关于全球化的书写中，对信息流动的思考往往伴随着错误的看法和未经检验的预设，例如“世
201 界上大多数货物都像人一样通过航空运输”的“拟人化概念”，以

① 1海里约为1.85千米。——译者注

及“电子邮件和航空旅行涵盖了全部全球运输”的看法。这种误解使得海洋在世界上大多数货物依旧经由海运流转的情况下，成为“失落的空间”或“未被报道的海洋”。[7]事实上，据估计，90%的世界贸易是由集装箱运输进行的，这个行业被描述为“资本主义全球化可能的充分条件”，或者更通俗地说，是“全球化的搬运工”。[8]

所有这些都表明航运仍然很重要。我们生活在一个经济极度相互依赖的时代，没有一个国家能够完全自给自足，都要靠国际贸易和运输生存。[9]除此之外，整个世界仍在基于石油运转——考虑到船舶运输与管道运输的相对成本，60%的石油仍通过船舶运输，且在未来可预见的时间内，这一事实将继续存在。正是因为这个原因，谁控制了苏伊士运河和巴拿马运河、博斯普鲁斯海峡、马六甲海峡、波斯湾的霍尔木兹海峡或红海入海口的曼德海峡，谁就能扼住世界石油供应的六个“咽喉要道”。显然，近年来海盗在这些关键地区的猖獗也证明了它们的重要性以及海上贸易持续的地缘政治意义。

正如塞库拉和诺埃尔·伯奇（Noel Burch）所说，海上贸易仍然是世界工业体系一个不可或缺的组成部分，但我们被这样一个神话分散了注意力，即“海洋只不过是……充斥着文化和经济落后遗物的蓄水池，一个陈旧的经济遗迹——一个衰老、锈迹斑驳、缆绳吱呀作响以及沉重货物缓缓移动的世界”。事实上，正如他们所指出的，在今天的全球经济中，船扮演了这样的角色：

> 类似于旧日流水线工厂的传送带：［但现在］……零件在它们通往最后装配线的旅程中横跨世界。如果没有远洋货运和装卸技术的革命，全球工厂就不会存在。……20 世纪 50 年代

中期的美国在货品物流方面的适度改进，使集装箱这一运输形式如今具有世界性的历史意义。[10]

从散装到集装箱化

在运输地理学方面，众所周知，运输速度和运输能力的显著提高，使大量的物资和人员能够在全球范围内跨越较大距离以较低的成本运输，这是全球经济的主要驱动力之一。在海运领域，关键的发展是以集装箱为基础的“多式联运”系统，它可以有效地从铁路
202 转到公路再转到船舶，正是这些集装箱货轮（或“货柜船”）主导着海上贸易。我的目的是探讨这项技术提供的特殊的、新颖的“可供性”。不过，与我在前几章的观点一样，我不认同技术决定论者对诸如手机等技术的描述，依旧会将技术的发展置于法律、政治、经济和文化背景等更广泛的框架中。在本章后面，我还会进一步考察技术标准化进程（集装箱化只是其中的一部分）在多大程度上不可避免地存在着诸多局限和争议；最后，探讨这项技术在不同背景下被赋予的许多其他用途。

某种程度上，产品在市场上的竞争受到运输成本的限制，而集装箱化从根本上将其地理规模扩大到以前出口贸易无法覆盖的地区。事实上，由于集装箱化，即使是长途运输的成本，现在通常也不超过商品零售价格的1%，运输成本的降低极大地扩展了全球市场。因此，集装箱运输的这一特点使远距离运输的商品的售价也可以低于当地生产的同类商品。正如罗斯·乔治指出的：“海运如此便宜，以至于苏格兰鳕鱼被送到一万英里外的中国进行切片，然后

运回苏格兰的商店和餐馆，都比付钱给苏格兰切片加工商划算。”[11] 1956 年，当第一艘集装箱船从纽瓦克驶向休斯敦时，世界上到处都是本地经营的小制造商；如今，半成品在越来越长的供应链中被运往世界各地，创造了新的经济地理学，使世界制造体系（world system of manufacture）成为可能。[12]

最重要的是，集装箱化带来了综合交通运输体系的优势，该系统将“长距离……铁路线路运输的经济性（line-haul economies of rail）……以及卡车在本地揽货和送货的效率”结合在一起。[13]的确，正如让-保罗·罗德里格（Jean-Paul Rodrigue）和迈克尔·布朗（Michael Browne）所指出的，最近一个时期的主要特点之一是海运和内陆货运系统之间的一体化程度日益加深。考虑到内陆运输成本（尽管其涉及距离较短）往往占集装箱运输总成本的 80%以上，这种整合尤为重要。其结果是出现了被称为“陆桥”的长距离走廊（就北美而言，“陆桥”主要表现为铁路货运）。在欧洲的案例中，罗德里格和布朗指出了“计划中的北半球东西货运走廊的重要性，该走廊越过大西洋……从西伯利亚横跨到挪威纳尔维克港”[14]。

旧的“散装”运输系统与集装箱运输系统的关键区别在于固定
成本与可变成本的关系。旧系统的固定成本相对较低，但可变成本
非常高（以码头工人工资的形式），而集装箱运输以固定成本昂贵 203
的设备（现在约占总成本的 90%）取代了人工成本。[15]效率方面的主
要区别在于，以前，使用旧系统的船必须花费多达一半的时间在港口
装卸货物，而集装箱船舶装卸货物的速度是以前的六倍，因此大约
80%的时间可以用于海上航行。归根结底，“一艘船只有在海上才能

赚钱。停在港口意味着支出。越快回到海上，就越能赚更多的钱”[16]。通过在离港口较远的地方装载集装箱，而不是一次一件地在码头上处理货物，该系统不仅减少了货物的运输时间（有时被贬称为“滞留时间”），还几乎消除了货物的被盗和破损（以前也是一个相当大的成本）。[17]

一个能够跨越不同运输系统的标准化集装箱——这一基本概念——是如此简单，以至于这个平平无奇的物体几乎不能被认为是技术进步的重要形式。集装箱运输系统的“发明”部分归功于海陆运输公司（Sea-Land Transport）的“英雄人物”马尔科姆·麦克莱恩（Malcolm McLean），他于 1956 年在北美东海岸的港口首次使用集装箱。但是集装箱运输并不是一个新点子，也不是麦克莱恩发明的。他只是最先发现可以围绕着货物建立起一个全新的运输系统，即把货物放在一个封闭的箱子里，通过各种运输方式，从原产地到目的地进行门对门的运输，并基于这种既有的技术建立了一个完整的行业。[18]

隐形的基础设施与移动的隐喻

麦克莱恩的关键创新基于他在 1937 年首次提出的一个简单问题：“如果挂车可以仅仅被举起来放在船上，而不必动里面的东西，那不是很好吗？”[19]如果说集装箱对全球经济影响巨大，它本身则平平无奇：尺寸标准、结构简单、随处可见，以至于我们几乎注意不到。正如威廉·吉布森（William Gibson）的小说《幽灵之国》（*Spook Country*）中的一个角色所言，尽管他可能含糊地“读过个别箱子上的名字……韩进（Hanjin）、中远（Cosco）、天泰（Tex）、川崎汽船（K-Line）、马士基海陆（Maersk Sealand）”，但很少思考它们。你只是“有时从高速公路上瞥见它们，作为当下的一种事物，它如此普遍，以至于不需要被考虑，也不需要被质疑”，尽管我们知道“现在几乎所有的东西……都伴随它们一起旅行”[20]。

因此，集装箱反映了一个复杂的悖论：一方面，它在我们的日常环境中无处不在；另一方面，正是因为它无处不在，所以它从不引人注目。此外，所有集装箱的构造都是标准化的——仅以其两侧印有的物流公司的标志来区分。箱体本身是暗色的金属材质，油漆经常在海浪和海风的侵蚀下剥落。我们看不到它们的内部——它们向我们隐藏了封闭在黑暗中的宝藏，在那里“我们的新东西——玩具、电子产品、白色大型家电和衣服……仍然被塑料和纸板包裹着”[21]。只有在大型事故发生的时候，比如 1997 年，“东京快车”的 62 个集装箱被抛进康沃尔海岸附近的海里时，我们才得以一见这片黑暗中所装载的东西。在这次事件中，有一个集装箱因其装载物而短暂地出名：500 万件乐高玩具，在这次海洋灾难的背景下，具有讽刺意味的是，其中包括4.2 万个小型章鱼配件和 2.6 万个黄色小救生衣配件。[22] 204

> 集装箱反映了一个复杂的悖论：一方面，它在我们的日常环境中无处不在；另一方面，正是因为它无处不在，所以它从不引人注目。

正如集装箱的随处可见致使其“隐身”，因此，推而广之，尽管整个海上货运领域对全球化进程具有重要战略意义，但除了从事该领域工作的人之外，基本上它仍然默默无闻。正如布赖恩·霍姆斯（Brian Holmes）所说：“我们很容易忽视……［这些］……运输系统的存在，这与技术无意识有关，这些无意识源于大量常规行为的自动化，对此，我们不再给予丝毫关注。”[23]关于集装箱的相对不可见性的观点可以推及整个配送的运输和物流系统的不可见性。虽然这些系统对我们生活的组织至关重要，但它们仍然是相对不可见的，因为仓库、码头、集装箱园区和其他这类基础设施往往位于城市的边缘和外围，那里地价低廉，交通通畅。[24]在这方面，正如苏霍夫·桑杜（Sukhev Sandhu）所指出的："书写物流或基础设施的人面临的挑战在于，如何展示一个看起来如此遥远的事物怎样影响公众的生活。”[25]

如前所述，我们可以将隐喻理解为意义的传递；我们也可以认为集装箱本身（在运输业的行话中有时被称为“罐子”）具有一个隐喻性的维度。[26]除了实用目的之外，这个箱子还作为时代的关键标志之一，“代表”处于全球经济核心的长途运输的整个过程。[27]因此，我们不仅需要发掘它的实际功能（或用专业术语来说，它的“可供性”），还需要发掘它作为我们时代“全球标志”的象征性意义。[28]

如果说马克思将商品视为“死劳动”（dead labor）的容器，又如果说奴隶船或许是第一艘“集装箱船”——从字面上看，它是潜在劳动力的运输工具——那么集装箱本身大约可以被视为远程劳动力的“棺材”，在分散的长距离生产链中被输送到全球各地的市场。[29]许多评论者认为，集装箱的地位与麦克卢汉赋予电子媒介的地
205 位相似。因此，他们表示，如今，“全球货运的快捷和成本的低廉，对货物和原材料的影响就像电子媒体对视觉和听觉的影响一样……麦克卢汉的信息、思想交互的地球村想象与集装箱化的货物地球村

如出一辙”[30]。

戏剧般的全球化：BBC 纪录片《改变英国的集装箱》[31]

为了举例说明其中的一些观点，我将以 BBC 的一个项目作为研究案例，该项目涉及的一些主题，为我们提供了这本书中许多有关传播和运输问题的缩影。2008 年 8 月，BBC 赞助了一个集装箱，并为其做了“标记”，集装箱上附有一个 GPS 发射器，由于 GPS 覆盖全球，因而可以对集装箱进行一年以上的监测。该项目的美妙之处在于它非常简单：一方面，从字面上就可以看出，GPS 设备可以让人在 BBC 官网上在线追踪它（及其变化的内容），从而获得对国际贸易流动的地理图景和复杂性的生动感受。与此同时，“箱子”不仅是物质内容的载体，也不仅仅是运输地理学的“活教材”，而是一个隐喻，是产生一系列关于世界经济和全球化的详细个体故事的媒介，为 BBC 的电视、广播和在线观众提供多平台的内容。[32]

实际上，该项目将“扶手椅纪录片”（armchair documentary genre）类型提升到了一个新的高度，即在线观众是全球化地理直播实验的参与者，基于这一特定案例，观看到了不可预见的事态发展。与网站相连的全球定位系统具有每日实时跟踪“箱子”进展的能力，为决定“箱子”旅程的宏观动态带来了一系列揭示性的“微观”一瞥。正如米歇尔·卡隆（Michel Callon）和布鲁诺·拉图尔所指出的，即使是最长的旅程最终也是建基于——并依赖于——数量不确定的微观联系的有效运作上，而这个项目在不同的阶段暴露了这些（所谓的）“全球”联系多方面的脆弱性。[33]纪录片提供的叙述中略带偶然的因素是，实验发生在非常情况之下：在集装箱环球旅行期间，全球经济几乎崩溃，全球贸易动态在该纪录片中因此得以更加戏剧化地呈现，这超出了策划者的预期。

2008 年 9 月中旬，正当信贷危机开始在英国肆虐时，这只“箱子”从英国中部的纳尼顿（Nuneaton）站乘火车开始了它的旅程。然后，它被卡车转送到格拉斯哥附近佩斯利（Paisley）的一个仓
206 库，在那里装载了 15 120 瓶 12 年的芝华士威士忌。在 2008 年上半年这一阶段，苏格兰威士忌制造商的出口增长了 14%，尽管全球经济整体低迷，但他们对自己的前景仍然非常乐观。“箱子”旅程的下一个阶段依旧是通过公路到达格里诺克（Greenock）海运码头，在那里它被装上“织女星斯德哥尔摩号”（Vega Stockholm），这艘集装箱船把它带到了南安普敦（Southampton）。在那里，它和大约 1 500 个集装箱一起被重新装上“哥本哈根快车号”，里面装着从德国化学品到冻猪肉等各种东西，最终驶往中国上海。

这艘集装箱船驶过爱尔兰海，越过比斯开湾，经过直布罗陀海峡，穿过地中海到达苏伊士运河。这是旅程的一个关键阶段，因为运河路线节省了 20 天的航行时间，否则就要环非洲航行。然而，就在“箱子”10 月初通过运河时，人们也开始担心这条航线日益受到在亚丁湾南端活动的索马里海盗的威胁。该传闻的重要性在随后的日子里得到了充分证实，在这一时期，该地区海盗活动的重新出现导致了一系列国际危机——我将在本章后面再讨论这个问题。

然后，这个“箱子”沿着红海穿过印度洋，于 10 月中旬抵达新加坡。当“箱子”到达那里时，全球经济放缓已经削减了整个行

业的装运量，新加坡受到的打击尤其严重，运费跌至新低，当地航运公司的股价直线下降。在旅程的这一阶段，更令人焦虑的是，近年来，马六甲海峡也发生了越来越多的高科技海盗“劫持船只”的事件。海盗自己非常有效地利用了与BBC项目安装在集装箱上的发射器完全相同的GPS发射器——显然，GPS本身，就像任何技术一样，是一把双刃剑，可以用于各种合法和非法的目的。[34]

在这个阶段，这个项目也遭遇了经典的实验困境，即实验者的方法开始影响研究的结果。一艘集装箱船上的正常情况是，船员对船上箱子里的具体内容基本一无所知，或者对它们所谓的内容保持怀疑。然而，此时情况发生了变化，船员的亲属监控着BBC的网站，告诉他们船上的一个箱子里有大量非常优质的威士忌——船长幽默地透露了这一点，尽管他最终选择按兵不动，但他依旧给予了“额外的安全措施”。

这个“箱子”接着从新加坡出发，穿过南海，于10月底抵达上海洋山港，结束了从格里诺克出发的1万海里的旅程。当时，洋山港已经是全球最大的港口之一（虽然现在被建造在东海人工岛上的码头所超过）。然而，在离开南安普敦仅一个月后，全球经济危机的影响越发显著。在航运业内部，需求下降意味着厢式运输的费用比前一年下降了三分之一。此外，在中国，玛莎百货（Marks&Spencer）等公司刚刚开设了针对中国新兴中产阶级的第一家大型门店，希望对中国的出口销售能够填补其国内利润的下降，但是很明显，鉴于对个人财务预期的担忧，中国消费者也在控制支出。 207

在上海，“箱子”里装满了各种廉价的中国消费品（在宁波一家工厂生产），如塑料喷雾瓶、数字浴室秤和金属卷尺，这些将运往美国的一家连锁 DIY 商店出售。近年来，中国大部分产品的出口贸易都是通过集装箱途经该路线运输，出口商与沃尔玛等美国大型零售商建立了非常密切的联系，沃尔玛的“准时制”供应网与集装箱运输的计算机化库存控制系统非常有效地配合。然而，尽管在过去 10 年中，从中国跨越太平洋流向美国西海岸的出口一直是全球贸易的支点，但到 2009 年，中国也经历了全球经济衰退的影响，对美国、欧洲和日本出口的订单下降（在某些情况下减少了 70%）。当然，这也对中国本土的劳动力市场产生了重大影响，因为生产这些消费品的许多工人是在早期繁荣时期来到城市的农民工，现在他们害怕因全球危机而失业。

一个在全球经济低迷中沉寂下来的“箱子”……

在中国待了大约一个月后，这个“箱子”于 11 月下旬离开上海，前往日本仙台，然后前往洛杉矶，行程约 12 天。当它抵达洛杉矶时，世界经济陷入了更深的困境，在航运行业，集装箱船的租赁费进一步暴跌。在繁荣时期，公司在对运输的需求会无限期地继续增长这一乐观预期下，将船只越建越大。然而，在经济低迷的背景下，集装箱航运行业面临着供过于求的危机。此外，如果说洛杉矶港在 20 世纪 90 年代末是亚洲新兴的大规模生产体系和美国大规模消费体系之间的重要纽带，那么这种关系已经进入危机，其中一个标志就是洛杉矶港口边堆积如山的空集装箱。考虑到美国几乎没有可向亚洲出口的商品，集装箱现在只是被遗弃在港口，而不是被空着送回去——堆积如山的空集装箱投下的长长的阴影残酷地表征着将它们困在那里的无奈和危机。

这个“箱子”从洛杉矶出发，通过铁路穿过宾夕法尼亚州到达西海岸，于 12 月中旬抵达纽约郊外长岛的一家名为“大卖场”（Big Lots）的进口公司，该公司在美国有 1 300 多家连锁店，专门向美国工人阶级消费者出售来自远东的廉价进口商品。该公司希望，即使在市场崩溃的情况下，这些“物美价廉”的商品也能比大多数商品更好地保持自己的销量。然而，在其旅途的这一阶段，经济危机意味着这个“箱子”在被继续装满启程之前，需要在新泽西州特伦顿（Trenton）的一个集装箱堆场里闲置很长一段时间。与此同时，安装在“箱子”上的 GPS 跟踪装置出现故障，需要返回英国修理。就像在关于技术的故事中经常发生的那样，系统崩溃的时刻最能揭示问题——在纪录片中，则表现为设计所依据的在线跟踪系统难以有效运转。事实证明，故障很难修复，在“箱子”剩余的旅程中，网站上的“定位”功能只是间歇性的，或者充其量是回顾性的，从而削弱了最吸引该项目关注者的即时感。

事实上，这个集装箱直到 2009 年 1 月底才离开纽约，当时它装载了各种各样的物品，从钢笔的“替芯”到留兰香调味品、添加剂乃至聚酯纤维。从纽约出发，经过 21 天的旅程，它于 2 月底抵达巴西的桑托斯港（南美洲最繁忙的集装箱港口之一）。同样的事情再次发生，“箱子”抵达时，经济形势表现低迷：尽管巴西近年来总体经济取得了增长，但在过去六个月里，该港口的贸易已经减少了15%。然后，这个“箱子”在桑托斯的特肯迪（Tecondi）集装箱码头“空置”了几个星期，这才载上了下一批要运输的食品。它于3月份乘坐日邮克拉拉号（NYK Clara）经好望角、新加坡、中国香港开往日本。同年4月，当它结束了从巴西出发的漫长旅程，抵达东京湾的横滨港时，可以看出，全球经济衰退对日本的影响和对巴西的影响一样大。不过，眼下的事实表明，在进口货物流入日本的速度放缓时，有一样“东西”，日本政府非常渴望出口，那
209 就是大量巴西劳工，在繁荣时期吸纳的打工者如今看来是多余的。事实上，尽管日本仍然愿意从巴西进口食品，但政府现在热衷于鼓励巴西劳工回国。他们中的许多人处于别无选择的窘境，只能接受日本政府的补贴，最终被“再出口”到巴西。这里所揭示的，只是劳动力和商品的不同“流动制度”之间的复杂的不同步性的冰山一角。[35]

这就是全球化在低迷时期的考验。在经历了半个世纪的持续年增长后，2009年5月，在BBC“箱子”的旅程中，船上的货运量首次下降。虽然该项目是在全球贸易蓬勃发展的时候规划的，但BBC“箱子”的旅行故事，如其所展示的，由于缺乏消费需求，它在各个阶段陷入困境，恰恰反映了全球航运业衰落的命运。正如罗兰·比尔克（Roland Buerk）在上海的报告中指出的那样，经过长途旅行，集装箱看起来有点破旧，油漆也有点褪色——这恰如其分地象征着全球的经济状况。最终，人们可以说，“箱子”讲述了与预期完全相反的故事。它被设计成一种展示全球贸易活力的示范性教学工具，但最终证明了这种贸易安然无恙地持续到未来的假设是

愚蠢的。面对运力供过于求的危机，随之而来的则是在危机爆发前就已经下达了建造更多船只的乐观订单，此刻，它成为集装箱航运业的笑话。[36]

在我对 BBC《改变英国的集装箱》纪录片负责人杰里米·希尔曼（Jeremy Hillman）的采访中，他解释说，他们希望"找到一种方法，让全球经济和……贸易失衡或汇率等抽象的东西对人们来说'真实'（有形）"。正如他所说，该项目以"一种让人们参与的多平台方式——通过地图和 GPS 跟踪系统——使我们能够围绕一个中心讲述不同地理位置的真实故事，因为集装箱提供了一个叙事装置，将故事联系在一起"。他认为，从主题方面来说——

> 值得一提的是，有一些东西能够让事物慢下来，并且进行抓拍，尽管它只是一个抓拍——但一年的抓拍，而不是一天或一周的抓拍……看看它告诉了你什么？那些你无法仅从一次中国之旅中发现的事情。……这样，你可以看到……［集装箱］……在不同的阶段携带的各种货物……以及在这段时间里事情是如何变化的。……因为"箱子"是一种缓慢移动的事物，它有助于让我们看到日常事件背后的一些长期过程。

此外，正如官方解释的那样，关键是该项目如何适应 BBC 的 210
"365 度"多平台协同计划：

> 这个想法的核心之一是，它必须为广播、电视和在线观众提供"多平台"的服务……很简单——如何在线实时跟踪一个集装箱环游世界：你可以随时通过点击屏幕上的地图跟踪它——不仅仅是在节目播送的时候，如果你想，你甚至可以在

> 半夜查询。你能够点开并看到集装箱在哪里，又或在去哪里的路上。因此，它的核心是在线“装置”——最重要的是，我们能够连贯地讲述它所到达的每个目的地的传统故事——关于“箱子”里的东西是如何制造的，以及当它们到达目的地时，它们又是如何融入消费者的生活的。……它使我们能够讲述有关全球贸易的“人类故事”，并展示航运业如何运作的实际工序——因此它“抵达”了许多不同的层面。[37]

2. 标准化的政治

技术融合

然而，除了详述 BBC 纪录片的新闻产出和独创性之外，我现在想通过回到我早先关于定义传播学研究领域的一些主题，让这个“箱子”成为装着“新酒”的“旧瓶”。这里的主要问题是，我们应该如何理解运输和传播的关系，更具体地说，我们应该如何将传播的物质维度重新整合到这个领域中，正如我前面指出的，传播学目前倾向于被认为是对信息和信息流动的符号领域的研究。从媒介和传播学的角度来看，集装箱行业最有趣的事情之一是，自 20 世纪 60 年代标准化集装箱首次发明以来，它历经的变革为通信行业在数字化时代的新变提供了一个不可思议的准确的“前传”。

运输行业中集装箱化的关键在于，就像数字时代的“融合”媒体一样，它是一个多式联运系统，在这个系统中，相同的单元（标

准尺寸和形状的集装箱）可以轻而易举地移动于铁路、公路或海运 211
等不同的交通系统。从这个意义上说，集装箱的到来是运输标准化的永久性革命吗？该行业与传媒行业最近的转型有明显的相似之处，现在它们也开始转向基于标准化形式的跨模态、多平台转换配置——在传媒业的情况中，数字化的信息单元可以很容易地在不同的媒体平台上转换。正如第八章所说，弗里德里希·基特勒质疑融合媒体意味着媒体特异性的终结时，很可能夸大了他的观点。然而，他的观点至关重要——当我们谈到媒体研究中的“融合”时，我们必须认识到，我们可以从运输行业中的“多式联运”分析中学到很多东西。[38]

作为不断革命的标准化？

在此背景下的一个重要问题是，技术标准化在构成和划分地区、区域和领土方面的作用。为任何一项技术建立一个公认的行业标准的斗争往往是漫长而艰苦卓绝的，从早期视频领域 VHS 和 Betamax 格式的竞争中就可见一斑，最近高清电视和 DVD 格式的斗争也是如此。[39]正如安德鲁·巴里关于技术标准化在（欧洲和其他地方）建筑市场中的作用的研究所表明的，这种看似技术的问题总是涉及政治和经济利益，随之而来的争端的解决仅仅是进入一个暂时的、内在脆弱的平衡时刻。[40]

在考虑传播和运输标准化过程之间的相似性时，约翰·阿加指出，手机等通信系统的有效运作不仅依赖于一系列固定的物理基础设施（基站、交换设施等），还依赖于固定的技术标准。正如他所观察的，这也适用于国际贸易中货物的流动，其取决于集装箱化接受的单一标准，它还适用于互联网这种取决于标准化 TCP/IP 协议的存在。[41] 正如货运行业的情况一样，标准化只有在一系列长期而复杂的斗争结束后才能实现，阿加表明，最初欧洲大国的电信垄断企业都以不同的方式设计了自己的蜂窝状移动电话系统，采用了不兼容的标准。然而，到 1982 年，欧共体意识到，建立一个基于 GSM 标准的欧洲蜂窝状移动电话系统将理念铭刻在这一物质系统中，为欧洲一体化理念的落地提供了绝佳的途径。[42]

本着类似的精神，马特·富勒（Matt Fuller）指出了货运集装箱
212 和数字“分组交换”技术之间的相似之处，即他所说的标准或“元对象”。[43] 从这一点来看，两个实体都涉及协议形式，这些协议围绕着具有不变性质的标准化单元组织传播和运输过程。它们都体现了走向标准化的轨迹，不仅是对象的标准化，还有过程和运行组织系统的标准化。人们很容易看到，所有集装箱上的标准角件“允许”起重机以统一的方式移动每个箱子。除此之外，这个“标准物体”本身就意味着需要特定的技术配合——以配套起重机的形式。正如富勒所说，组织原理实际上是由这些标准/元对象规定并“内置”的。[44] 因此，就集装箱运输而言，这种完全一体化的多式联运系统是这样一种系统：“每一件设备，从起重机到叉车，再到卡车和船只，都被设计用于处理一种统一的货物——一个可移动的金属箱。”[45]

在运输业的背景下，早在 20 世纪 50 年代人们就认识到，正如亨利·福特（Henry Ford）通过标准化装配过程彻底改变汽车制造业一样，他们现在必须把货物处理过程标准化，将所有货物装入统一大小

的集装箱，以便开发机器使这一过程自动化。[46]标准对于跨软件平台和基础设施组件的相互操作的普遍逻辑至关重要。没有它们，货物集装箱就不能如此轻松地从轮船转移到卡车，软件操作系统就不能跨平台交换数据，电路板也不能制造出适合多台计算机设备使用的产品。[47]标准和协议的政策在塑造实体（无论是物品、消息还是人）的流动方面非常关键，它们所构成的网络，就是亚历山大·加洛韦（Alexander Galloway）所说的“原生力量”。[48]在某种意义上，“谁制定了标准，谁就统治了世界”，即使标准随着时间的推移而改变和发展，而仅有某些标准被确立为“通用标准”。[49]

布雷特·尼尔森（Brett Neilson）和奈德·罗斯特（Ned Rossiter）将集装箱化这一系列长期而激烈的冲突和谈判后的结果描述为“20世纪后期物流的标志性成就”。这是因为创建“一个流畅、同质的技术区，会使流通速度最大化”（正如安德鲁·巴里所观察到的那样）非常困难。安装标准化系统的尝试总会遇到在当地实际应用中的突发问题，因为，在地方环境中，任何特定的标准、分类或测量系统本身都可能成为争论和冲突的来源。[50]

事实上，我们在这里的假设应该谨慎，因为关于集装箱化在全球贸易中作用的通俗解释可能会高估标准化实际上已经实现的程度。因此，马丁·帕克（Martin Parker）指出，尽管50年来一直试图实现集装箱标准化，但各种不同尺寸的集装箱仍在一些地区中使用，它们偏离了所谓的“40英尺等值单位”和“20英尺等值单位”的全球标准。即使在欧洲内部，欧盟的多式联运装载单位倡议仍在努力协调不同的当地运输协议，其中的一个关键问题涉及度量 213

系统的术语，这个系统是美国特有的——欧洲各地仍然使用英制单位，而不是其他国家使用的公制单位。正如帕克指出的那样，这一术语体现了美国集装箱化的独特起源。在此程度上，这一系统的地方性起源在某些地区不利于其普遍实例化。[51]

全球经济中的区域动态

标准化进程任重道远（而且成本不菲），因为运输系统的每个部分——港口、船只、起重机、储存设施、卡车、火车——都必须标准化。它还涉及严重的行业混乱和巨大的社会成本，如码头行业工人的失业，以及伦敦和纽约等旧港口的停用，这些港口被专为这种新贸易形式定制的“集装箱港口”绕过了。然而，工业集装箱化革命是一个持续的过程，今天，曾经被接受的标准再次迎来转变。当前，海上贸易促使人们着重生产更大的船只，以便用更低的成本在世界各地运输货物。问题是，这些庞然大物现在需要更大规模的定制设施，因此最新一代集装箱船只能在极少数深水港卸货，就像新一代 A380 空客只能在极少数世界最大机场着陆一样。

如果说多年来北大西洋是世界上最繁忙和最富有的贸易通道，纽约和伦敦是世界航运之都，那么从 20 世纪 60 年代末开始，随着亚洲国家开始制造大量适合集装箱运输的廉价消费品，国际贸易的重点就从大西洋转移到了太平洋。日本和亚洲“四小龙”借着铁路和水路运输服务效率的提高，大大增加了亚洲货物进入美国市场的机会，并开始发展出口贸易生产。今天，中国的制造业产品贸易出口大多以集装箱为载体，其中一半产品是用进口材料生产的，这些材料也是通过集装箱运到中国进行组装。尽管集装箱航运是美国人的发明，但如今，在该行业的前 10 名中几乎没有一家美国公司，这一日益壮大的行业正由亚洲公司，尤其是中国公司主导。就像 20 214
世纪 90 年代，美国西海岸的集装箱港口的重要性超过了东海岸的集装箱港口一样，随着时间的推移，现在世界贸易的支点正稳步向东方转移。在此意义上，当代海事行业的动态甚至可能预示着 20 世纪地缘政治最早宣布的预言之一："大西洋时代"的结束。[52]

虽然目前一些较老的港口（如鹿特丹、洛杉矶和费利克斯托）仍未退出竞争，但现在不仅世界上大约 25%的集装箱来自中国，而且世界上四个最大的集装箱港口中有三个分别在中国香港、上海和深圳——它们最大的竞争对手是新加坡——因为这些巨型港口能更好地适应新的巨型船只。迪拜的马克图姆（Maktoum）酋长购买了英国半岛和东方航线公司（British Peninsular and Orient Line Company）之后，于 21 世纪初在此建立起当时世界上最大的港口（事实上，有一段时间，世界上五分之一的起重机曾同时在这里施工）。显然，考虑到我在第五章中对迪拜有望取代伦敦希思罗机场成为"世界航空之都"的评论，这两个主要运输领域的综合实力使迪拜在世界地缘政治中具有越来越重要的战略地位。

规模矛盾

到 2002 年，20 个最大的集装箱港口已经处理了全球 50%以上的货运，而且这一比例还在继续提高。[53]但是，规模经济贸易若想最好地实现就要向少数枢纽集中，但实现过程中产生了一系列严重的问题，涉及交通拥堵、延误和污染等方面，这些问题日益抵消了这一系统的优势——洛杉矶港周围的水泄不通每天都在见证这一点。事实上，这种情况造成了马克·莱文森（Marc Levinson）所说的规模“不经济”——此时，你“需要马不停蹄地处理同时涌入的大宗货物……效率成了一个大问题”[54]。此外，诸如港口、运河、战略通道或“海峡”的大小和深度等因素最终限制了可通行的船只大小。这些因素制约了本来可以通过建造更大船只来实现的规模经济的优势。最大的“超巴拿马型”或“超苏伊士型”集装箱船只能使用专门建造的、空间相对无限的超大型专用近海港口，例如：新加坡港（马六甲海峡附近，30％的世界贸易通过马六甲海峡），巴哈马自由港，萨拉赫港（阿曼），丹戎帕拉帕斯港（马来西亚），阿尔赫西拉斯港（西班牙），马尔萨什洛克港（马耳他），焦亚陶罗港、塔兰托港和卡利亚里港（意大利）。而其中涉及的规模变化是惊人的。麦克莱恩的第一艘船，在集装箱化伊始，只装载了58个集装
215 箱。而最新的“Triple E”型货轮将荷载1.8万个集装箱，航运公司努力将船只建得越来越大，以实现更大的规模经济——为维持这一发展，港口的吞吐量也承受了日益增长的压力。对于世界上大多数港口（包括北美和南美的所有港口）来说，“Triple E”货轮太过庞大，对于巴拿马运河来说也吃不消（因此，中国目前倡议修建一条穿越尼加拉瓜的更大的新运河）。它们可以挤过苏伊士运河（2015年拓宽）和马六甲海峡，有几个欧洲港口可以停靠，但比“Triple E”还要大的轮船已在筹建之中——为此，英国和比利时政府正忙于投资建设更大的港口（伦敦门户港和安特卫普港），费利

克斯托和鹿特丹现有的规模相形见绌。[55]

技术创新与监管环境

如果对标准化的技术形式的分析得益于考虑不同行业基本流程之间的相似之处，另一个问题则涉及技术创新与监管环境变化之间的关系，监管环境变化使特定技术既可行又（潜在地）有利可图。在运输研究中，集装箱化的故事有时被构建为一种技术决定论——如前所述，这项“发明”被认为“改变了世界”。然而，关键问题不仅仅是集装箱的发明本身，而是运输业放松管制（尤其是在美国）为这一发明提供的新环境，以前在垄断立法中被禁止的跨行业所有权形式此时监管日渐放宽。因此，并非仅有集装箱作为一项特殊的技术创新创造了全球化。相反，正是《关税及贸易总协定》等旨在降低全球贸易壁垒的多边贸易框架的发展，创造了放松管制的环境，使集装箱运输作为货运系统的基础技术变得可行，这也确实改变了全球经济。[56]

当今，世界各地都建立了多式联运系统，在集装箱化革命发源地的美国，货物转运却一直受到美国州际商务委员会（Interstate Commerce Commission，ICC）的严格监管，该委员会的成立是为了界定和监管铁路、公路和水运之间的分界。每一种运输方式都致力于提供它最适合的服务。像这样，“在运输领域，‘模态主义’成为国际政治中民族主义的工业等价物”，以至于美国州际商务委员会认为其反垄断角色之一是阻止试图跨越不同运输方式的新兴所有权结构。然而，麦克莱恩洞见到轮船“只不过是运输货物的另一条 216
高速公路”，并认为当时分隔不同运输方式的监管只是需要克服的暂时障碍。尽管如此，但这些障碍持续了相当长的时间，到里根时代美国运输业才略微放松管制。而直到 20 世纪 80 年代，美国州际商务委员会对运输行业的监管才果断地放松。[57]

这与我们在媒体和传播研究中关注的问题有明显的相似之处，即 20 世纪 80 年代英国对媒体行业放松管制如何为数字化“融合”技术的发展铺平了道路。放松管制允许了以前被反垄断法禁止的各种形式的跨媒体所有权。如果没有这种转变，多媒体公司现在可以使用的“规模经济”（在各种媒体平台上重新部署相同的内容）将是非法的，无论这项任务所需的技术是否可用。简单来说，这里需要的是一个更复杂的动力学模型，在更广泛的背景下，反映技术创新、发明和实施之间的相互作用，监管结构可以设定参数，以确定哪些技术可以在特定时刻得到有益的发展。[58]只有这样，才能充分认识数字化和集装箱化的意义。

3. 集装箱化的矛盾

运输与物流

布赖恩·霍姆斯在讨论集装箱运输和“准时制”交货系统在全球贸易体系转型中的作用时，认为厄里对移动系统的分析（见第三章）因遗漏了物流分析而美中不足。物流学被定义为“时间和空间控制的管理科学”，其快速跟踪和快速反应的技术提供了“全球仓储和准时交货之间的关键枢纽”。[59]实际上，这就是“多式联运的分配机制”及其“相关的表征和通信……技术”，可以说这是我们时代的主要移动系统。正如他所指出的，多式联运建立在三个关键基础之上：“箱子的标准化、可在船上‘堆叠’，并通过专门的起重机转移到卡车或铁路上；［通过］……机读提单……连续溯源；最后，能够完成货物从始发地到目的地的持续追踪”。霍姆斯认为，基于这些原则的集装箱运输系统不仅大幅削减了货运成本，还使物流成为全球经济“关键的操作性规则”。核心在于集装箱化的出现如何将 217
“准时制”生产系统变成全球供应链的基本原则。之前，由“大箱子”们的零售商指挥的庞大的配送系统，现在则是由“供应链管理”这一新科学所指导的物流驱动，在这一科学中，这些信息、物资和资金流的有效协调成为“竞争成功的主要决定因素”。[60]

到了21世纪初，美国集装箱进口产品由沃尔玛等大型零售商主导，这些零售商将大部分商品的来源地转向中国。这些“大箱子”零售商与集装箱化的共生之处在于它们对高效物流的依赖。像沃尔玛这样的公司，其增长依赖于严格的库存控制，它使用集装箱运输系统通过供应链来跟踪和转运货物，其反应如此之迅速，以至于在向供应商付款前，它就几乎能将大部分商品销售出去。[61]在这种情况下，正如维姆·尼延胡伊斯指出的那样，“重点不再是机械速度的提高”，而是“减少多式联运平台转移和中转地点的延误”。[62]物流被定义为一门物理分配的科学，它关注于为“货物在特定目的地提供所需的一系列操作”，如果说运输传统上被视为“克服空间的工具”，物流则在时间管理方面至关重要。[63]由此，物流学科现在成为进一步创新和盈利的兵家必争之地。

在本章开头，我强调了在全球化进程中物质运输和通信手段的持续有效性，人们还必须充分认识到虚拟领域的重要性——这一点在码头和其他任何地方都同样适用。[64]不仅仅是“箱子”这一实物改变了码头，而是其与装卸程序的计算机化结合在一起引发了改变。集装箱运输系统的效率取决于“箱子”的材料形式与计算机系统的衔接，通过不断地反复计算，以优化集装箱的移动路径。正是码头起重机对每个集装箱的卸货程序的计算机化，大大缩短了港口周转时间。

物流需要做到成本最小化，集装箱运输要求以自动化的方式让承运人跟踪其箱子并确定其运输成本，所有这些都需依赖计算机化。因此，正如罗德里格等人指出的：“现代多式联运的核心是数据处理和分发系统……［这些系统］确保对不同运输方式之间的货物流动进行安全、可靠和高性价比的控制。”[65]由于每个集装箱都有一个独特的识别码，因此人们可以利用计算机程序在运输过程中跟踪其位置，以保证运输服务的可靠性。正是这些物流程序带来的信
218 心，使“及时交付”补货政策成为可能，而该补货政策对于降低持有“缓冲”库存的仓储成本非常重要，这有利于“精益管理”，即用“按需供应”替代库存。可见，货物的持续流动依赖于计算机化集装箱技术，因为它无缝地“将海运、陆运、铁路和空运结合在一起，实现了效率最大化”[66]。在一个生产过程从本土扩展到世界各地的时代，可靠和及时的交货与成本同等重要，海运物流的发展大大促进了运输集装箱化的进程，其在提供门到门服务方面整合了多式联运、经济和组织形式。[67]由此，保罗·维利里奥认为，作为物流革命的一部分，我们正在“从运输革命转向装载革命”[68]。

海盗与优先证券化

如果“物流业的首要任务是通过数据库和电子表格等测量技术来管理人和物的有效流动”[69]，那么关键问题就在于，物流能否有效地管理系统内部独立组件的中断和故障，进而避免危机。正如尼尔森和罗斯特指出的，任何物流系统都涉及一个“计算地理学”，旨在使相关系统内的所有运动变得可见、可知，因此也是可管理的。[70]基于这一前提，如果关键的“物流时刻”发生在软件协议规定用于装卸集装箱的最有效模式下的港口，那么无线电频率识别技术就可跟踪船舶和货物的地理位置，并且“对海上船舶移动进行持续监测……根据港口泊位的可用性协调航行速度和航线”[71]。

突发事件还是会不可避免地出现（无论是意外的恶劣天气、装载过程中的误判、船上有问题的材料泄漏，还是地平线上发现的海盗船），如果要保持供应链的协调平衡，就必须预防这些可能性。在这方面，尼尔森和罗斯特指出了用于管理风险的“证券化”方法的拓展使用。这就产生了一种物流行业处于“持续警戒状态”的情况，在这种状态下，他们对其经营环境的不确定性做出的反应，是对所有可能性威胁的“投机性先发制人”（speculative preemption）的政策。[72]考虑到这些问题，到 2008 年，马克·莱文森在其颇具影响力的著作《集装箱改变世界》（*The Box*）（最初出版于 2006 年）的后续文章中已经警告，他所说的“货运痛苦”的感觉越来越强烈——这表明，由于“9·11”后对远程供应链可靠性下降的安全担忧，一些北美公司可能会退出全球化。正如他当时指出的，一些美

219 国公司已经通过依靠更短的供应链减少它们面临的不确定性，这些供应链基于墨西哥和中美洲而不是东亚等国家。[73]

回到我在对 BBC《改变英国的集装箱》纪录片的评论中顺便提到的一个问题，近年来海盗激增，达到了与 18 世纪初相当的水平。海盗活动的规模是巨大的：每年有 42 000 艘商船在索马里海岸附近水域航行，据估计，2012 年海盗给世界经济造成了 43 亿英镑的损失。海盗的活动也改写了航运业的经营模式，因为越来越有必要配备武装警卫来保护船只，或者改变航线，比如沿着国际推荐的过境走廊（IRTC）航行以避开海盗区，这是一条 492 英里（约 792 千米）长的绕过也门南部海岸的双车道海上公路。结果，通过亚丁湾的船只的保险费用增加，导致一些航运公司开始考虑通过好望角绕道非洲的长途航线，而不是冒这些风险。[74]

海盗们自称“海洋的救世主”，并将自己视为海盗黄金时代的后裔。受内战、贫困和饥荒的困扰，他们无法与富裕国家的现代渔船竞争，海盗自己声称，他们目前的活动只是索马里国家崩溃后外国拖网渔船不断侵犯索马里水域的结果。他们认为，所有这一切使他们不可能从事传统的捕鱼活动；他们声称，只是为了应对这种对他们的生活方式的威胁才从事海盗活动，从而“钓上大鱼”。[75]索马里人一生的平均收入只有 9 000 英镑左右，在这种情况下，从事海盗行为完全可以被视为合理的经济选择，因为在每次袭击中，他们能赚到两倍于这个数的金钱，足以证明他们铤而走险的合理性。从这个意义上说，索马里海盗行为可以被简单地看作外国船只为了安全通过而被有效地“征税”（或支付买路财）的生意。事实上，海盗可以被视为理性的经济行为者，在犯下这些“市场依赖”的罪行时，遵循着可理解的商业规范。考虑到2010年海盗行为的平均利润率约为25%～30%，海盗可以被视为古典经济学所描述的理性利润最大化企业家精神的象征，正是出于这一原因，哈佛商学院将索马里海盗行为选为2010年“年度商业模式”。[76]

好东西和坏东西的流通

最后，在任何情况下，仅仅谈论那些符合设计者意图的集装箱的用途都是不够的。正如我们所知，集装箱，像任何其他技术一样，使用的方式多种多样。马丁·帕克在对集装箱化传统描述的批 220
评中，质疑了有关集装箱固有叙事的单一性，称其“整齐地堆放在无缝移动和交换的账户中”，并反对将流动性简化为与“历史的目的论版本”相关联的“技术的决定论”描述。虽然这段历史提供了在一个日益“扁平的世界”中“基于人、零件和过程的互换性”的合理化和标准化的叙事，但它也可以被解读为一个意识形态的道德故事。这个故事（无论是明确还是含蓄）颂扬了放松管制的优点，即“自由化”市场利用技术为“合理和高效”的组织形式服务——但通常没有解决这些术语定义中的关键问题，即谁在行使权力。[77]

帕克沿袭厄里的观点，认识到集装箱化像任何移动系统一样，会产生复杂和矛盾的影响，其中“它的相似造成差异，它的安全制造危险，它的丰富产生空虚”。所以，就像铁生锈一样，“集装箱也变得迥然不同”。集装箱通常与相似、安全和丰富有关，但实际上也与差异、危险和空虚有关。即使就它们的物质性而言，“它们也不都是铿明瓦亮、马不停蹄地……在路上奔波……而是各种各样，常常锈迹斑斑、停滞不前，且周围杂草丛生”[78]。

全球化的理论家们创造了一种乌托邦式的话语，在这套话语中，技术进步被认为具有（广泛的）社会效益，而“集装箱化增强了世界贸易，促进了世界和平”，而且这是“一个有助于使世界更加紧密地联系在一起的行业，随着各国日渐相互依赖，和平也愈发胜利在望”[79]。然而，正如帕克指出的那样，集装箱不仅仅是标准化流动系统中的一个功能元素，而且在这个系统中，“市场经济与同质性和安全性相结合，产生丰富的东西”。一个密封集装箱或许会在码头上神不知鬼不觉地失窃，“效率使它成为国际贸易的有效工具，同时也使它成为国家安全的重大威胁”，因为“密封集装箱带来了……隐藏东西的可能性”[80]。所以，集装箱化加强了货物的流动，但它也产生了相当大的安全风险。正如一位安全专家指出的那样：“支撑全球货运令人难以置信的高效、可靠和负担得起的系统在‘9·11’后的世界中存在一个明显的缺点：它建造时，并没有可靠的保护措施，以防止它被恐怖分子和犯罪分子利用或成为其目标。”[81]正如我们稍后将看到的，理论上，为了不妨碍贸易流动从而使整个系统崩溃，只有极小比例的集装箱能够被检查，目前这一比例估计在世界范围内低至5%。[82]每一刻的延迟都会带来严重的经济成本，正如麦克莱恩所坚持的那样，“港口时间”是昂贵的，盈利要求将其减少到最低限度。因此，在整个转运过程中保障畅通无阻的流转

速度是重要的，相应地，这也意味着难以同时保证安全，以及防止任 221
何形式的危险和赃物走私。[83]就美国洛杉矶长滩港而言，如果要检查每天抵达的每个集装箱，将需要 35 000 名海关官员。[84]

记者罗斯·乔治在报道她自己在集装箱船上长达六周的旅行经历时，对任何防止借助集装箱走私的追踪安全系统的有效性持有严重怀疑的态度。她回忆道，在她的旅程中，只有极少一部分集装箱在通过港口时受到认真检查。奇怪的是，这些船上的船员对货物可能是什么没有表现出好奇心——对他们而言，它们只不过是“箱子”，她的感觉是，船员只是在精神上“删除”了它们内容的特殊性。只有在特殊情况下，例如当怀疑有某种危险的泄漏时，箱子里的东西才会引起他人的关注。在她的报道中，她说这是一个有趣的语言学指标，反映了对任何特定箱子内容“放弃（怀疑）”的程度。在日常生活中，没有人会说一个箱子里装着什么，而只提到一个箱子“据说装着什么”——这一用法显然带有某种讽刺语气。这个好用的模棱两可的术语“据说……”在船舶舱单的法律文件中也反复出现。[85]

克雷格·马丁（Craig Martin）分析了集装箱化系统隐藏的“内部世界”，以及当箱子生锈、门锁断开和海关封条被偷偷拆除时发生的各种形式的颠覆，遵循了米歇尔·德塞都的这一典型的逻辑，即在建立和管理强大控制系统的人所采用的策略和那些不可避免地试图颠覆和逃避这些系统的人所采用的策略之间的区分。在这种情况下，马丁展示了罪犯和走私者如何在集装箱化系统本身投下的深深“阴影”中有效地建立自己的非法物流理论并用于实践。[86]

关于码头偷窃这个历史问题，集装箱的引入肯定减少了一些偷窃的机会，但正因为颠覆这些系统并不困难，所以它们的引入也增加了其他形式的非法行为。如前所述，鉴于集装箱运输的盈利能力取决于集装箱在系统中的不间断和无缝流动，它们不仅构成了一个非常有效的分配系统，而且是一种非常有效的隐藏模式。正如马丁所观察到的那样，“对于走私者来说，门到门货运协议的美妙之处在于，一旦非法集装箱进入物流通道，它就会在环绕全球的所有其他通道中销声匿迹”，在这个意义上，“它为隐藏非法行为提供了完美的空间”。[87]

像加尔吉·比塔查里亚（Gargi Bhattacharyya）所说的那样，
222 全球商品流通的增长不能轻易地与非法物品的流动分开。果然不出所料，集装箱被“拉拢并用于一系列非法行为，如烟草和……毒品走私，以及人口贩运”。正如卡罗琳·诺德斯多（Carolyn Nordstrom）指出的，上述“隐藏在庞大的贸易量、即时经济、运输物流以及当代航运业革命中的，是非法行为的全球化”[88]。

因此，对集装箱化的基础设施进行渗透和侵蚀相对容易，而且，现行的法规只要求一些集装箱密封。此外，如果你有合适的工具，打开封条是比较容易的，正常情况下，如果不是在集装箱通过码头的时间内对封条进行更仔细的目视检查，这种篡改就很难发现。正如诺德斯多指出的，即使你没有工具，通过一些喷漆、剪刀和纸模板的帮助来改变箱子的身份也很简单。[89]因此，尽管它与安全联系在一起，但箱子的世界实际上比看起来的要漏洞百出。

“箱子”的重新利用……

显然，箱子在不同的文化语境中发挥着各种各样的作用。当你仔细观察时，会发现它表面的标准化分裂成了多种元素——因为集装箱最终就是这样：一个可以容纳任何东西的箱子，可以被建筑师、店主、艺术家、毒贩、移民和海盗用于各种不可预见的目的。海运集装箱“通常被认为催生了全球贸易的合理化，但（它）也默许了艺术生产、犯罪实施、[和] 居所的建造”[90]。

在艺术界，箱子被用于各种不同的目的。[91] 2009 年，波兰艺术家米罗斯拉夫·巴勒卡（Miroslav Balka）在伦敦泰特美术馆的涡轮机大厅安装了一个空集装箱，其装置的“高级艺术”背景意味着，它不是作为一个功能性对象被处理的，而是被标新立异地解释为象征工业化、感官剥夺和监禁。[92]除了“箱子艺术家”伊万·萨洛蒙（Yvan Salomone）的作品[93]，阿什利·比克顿（Ashley Bickerton）的作品也以商业板条箱和包装箱为特色，它们具有航运货物的所有形式的特征，但上面没有“马士基”或“韩进”这种常见的名字，而是用他自创的美学词汇讽刺标志，旨在指出工业产品流通模式和艺术界稀有物品流通模式之间的相似之处。[94]

虽然集装箱是为了移动而设计的，但它当然也可以固定，一动不动，变成一个居所。它可以成为办公室、杂货店、车库，或者在其他情况下成为避难所或藏身之处。[95]因此它能被改造成各种形式的生活住所或工作空间——例如，（在新奥尔良卡特里娜飓风后）作 223
为紧急住房。在第一世界，它越来越多地为各种类型的模块化建筑提供基本构件，为西方城市的学生、年轻人和穷人提供住所。

> 虽然集装箱是为了移动而设计的，但它当然也可以固定，一动不动，变成一个居所。它可以成为办公室、杂货店、车库，或者在其他情况下成为避难所或藏身之处。

在伦敦，三一浮标码头项目“集装箱城”早在2001年就在伦敦前码头区成立，是一个由回收集装箱制成的公寓和工作空间的综合体。在随后的几年里，随着东伦敦大学开设美术工作室，该项目有所扩大，现在它已经扩展到了一个五层楼高的模块化住房系统。2011年夏天，伦敦第一个由60个集装箱单元组成的“装配式”（pop-up）购物中心“集装箱公园”（Boxpark）建成，随后还有许多类似的购物中心紧随其后。在其他情况下，集装箱曾在许多地方提供军事和监狱设施（包括著名的英国军队在阿富汗的营地堡垒和关塔那摩湾的美国三角洲营地）。

集装箱也是第三世界本土建筑自建形式的常规基础，比如雷姆·库哈斯和他的同事考察的伊斯坦布尔棚户区或拉各斯的部分地区。[96]它为世界上曾经的“最大的市场”——位于乌克兰敖德萨郊外机场路上的“七公里”市场——提供了物质基础，该市场完全由废弃集装箱组成，在当地被称为“奇迹宝地”。这个市场，“部分是第三世界的集市，部分是后苏联时期的沃尔玛”，是在敖德萨的苏联城市缔造者将最早的自由市场从城墙内迁到以前的垃圾场时建立的，不料却见证了它迅速扩张到之前无法想象的规模。[97]在非洲全境内，集装箱现在有了新的用途：有时被当成学校宿舍或者卫生中心及通信技术设施（ICT）；有时，当一些（主要是援助性的）项目夭折时，它们便作为金属壳子被当地居民据为己有；有时它们也被当地野生动物当作避难所。[98]

最后，我转向有关另一种流动方式的叙述，即非法移民和航运。如果说集装箱的一种不可预见的转变是从一种流动技术转变为一种居住技术，那么这一转变涉及它的常规用途不再是运输商品，而是用于运输（非法）人员。某些案例与“绝望的乘客”有关，他们是中国蛇头团伙的客户，在这项10亿美元的产业中，他们每人支付高达6万美元的费用，通过集装箱偷渡到美国。[99]正如迈克尔·温特伯顿（Michael Winterbottom）2002年的电影《尘世之间》所讲述的，集装箱是非法移民流动的一项关键技术，那些冒着巨大（有时是致命）风险隐藏在里面的人可以在越过一些边境时，从卡车或火车的后面无缝地进入船舱。[100]如前面第七章所述，有时，就 224
像罗伯托·萨维亚诺（Roberto Saviano）所说的，集装箱也为非法运送死者尸体提供了工具，例如移民付钱将尸体冷冻，非法运回祖国安葬在自己的家乡。[101]集装箱与人口走私的联系也在流行文化中获得了丰富的共鸣。当代真人秀节目对此进行了残酷的戏仿，如《老大哥》中德国概念艺术家克里斯托弗·施林格塞夫利用集装箱在维也纳市政厅外举办了一场名为“请爱奥地利（外国人滚出去!）”的概念艺术活动，邀请公众“投票淘汰”不喜欢的参赛者。在节目中，12名真正的寻求庇护者生活在集装箱中，接受电视台的持续跟拍，同时激烈地争夺居留签证，公众被邀请投票选出他们不喜欢的人离开这个国家，而不是像最初的版本那样，仅仅是离开节目。与此同时，施林格塞夫本人担任“节目指导”，拿着扬声器在广场上走来走去，保持公众对比赛的热情，并宣布获胜者有望得到“现金奖励以及通过婚姻获得奥地利公民身份的机会，这取决于志愿者是否单身”[102]。在这里，我以这个精心策划且令人震惊的例子结尾——这种戏仿公开地颠覆了集装箱在人口走私中通常扮演的隐藏角色。以这种方式，可以回到我早期作品《家庭领土》（*Home Territories*）中所关注的问题，即各种类型的“净化仪式”在将“物质”或（在这种情况下）“不合适”的人从“家园”的神圣领土上清除时所起的作用。在那本书里，我以费尔南·布罗代尔的说法开宗明义，他说：“边界问题是其他问题之滥觞。”尽管加入了全球化和集装箱化过程的论述，但作为本书的结尾，这一观点同样恰如其分。如果说有什么不同的话，那就是本书所关注的流动过程只会增加边境管制的重要性。[103]

注　释

1 在20世纪初拖轮船上生活的虚构叙述中，这种船舶悬挂着“方便旗”，具体内容请参阅经典小说：*The Death Ship*，Sphere Books（first published in 1926）. 关于同一现象的当代文献，请参阅：W. Langewiesche（2004）The Outlaw Sea：Chaos and Crime on the World's Oceans，Granton Books. 该书对远洋航运做了描述，其中法律和规定很少适用于该地，从而构成了一个无政府状态的空间。

2 S. Kumar and J. Hoffman（2002）Globalisation the Maritime Nexus，in C. Grammenos，*The Handbook of Maritime Economics and Business*，Lloyd's，p. 36.

3 菲律宾人占全球船员三分之一以上，与其他廉价劳动力相比，他们因英语口语较流利及雇佣成本较低而受到欢迎。英语能力甚至在军官阶层中也引起了关注——记者罗斯·乔治在报道中表示感到震惊，因为她发现一名军官的阅读及口语能力非常有限——鉴于他在许多场合需要理解书面或口语英语，这让她感到担忧。参考乔治2010年的个人采访，也可参见：

R. George (2013) *Deep Sea and Foreign Going*, Portobello Press, pp. 9, 22.

4 A. Sekula (1995) *Fish Story*, Richter Verlag.

5 Joseph Bonney (2010) Carriers Move Full Speed into Slow Steaming, *Journal of Commerce Online* (January 12). Available online at http: //www. joc. com/maritime/carriers-move-full-speed-slow-steaming (accessed November 7, 2016).

6 George, *Deep Sea*, pp. 4, 97. 参见埃杰顿早期关于当代流动速度的相对稳定性的观点（与19世纪中叶以来的激进增长相比）。

7 Sekula, *Fish Story*, p. 50; A. Sekula (2006) *The Lottery of the Sea*, Icarus Films. 在“新流动性”研究中，对船舶和航运的相对忽视仍然存在。可参阅：A. Anim-Addo, W. Hasty, K. Peters (2014) The Mobilities of Ships and Shipped Mobilities, *Mobilities* **9** (3).

8 S. Murray (2007) *Moveable Feasts: The Incredible Journey of Things We Eat*, Aurum Books.

9 George, *Deep Sea*, p. 4.

10 A. Sekula and N. Burch (2011) The Forgotten Space, *New Left Review* **69** (May-June).

11 George, *Deep Sea*, p. 18; B. Cudahy (2006) *Box Boats*, Fordham University Press; M. Levinson (2006) *The Box*, Princeton University Press; A. Donovan and J. Bonney (2006) *The Box That Changed the World*, Common Wealth Business Media.

12 Levinson, *Box*, p. 268. 集装箱运输的不仅有成品，还有被称为“中间产品”的、作为分散式全球生产新系统组成部分的东西——这些东西在某地工厂进行部分加工，并将在其他地方“完成”。

13 J.-P. Rodrigue, C. Comtois, and B. Slack (2006) *The Geography of Transport Systems*, Routledge, p. 115.

14 J.-P. Rodrigue and M. Browne (2008) International Maritime Freight Movements, in R. Knowles, J. Shaw, and I. Docherty (eds.), *Transport Geographies*, Blackwell, pp. 176 - 177.

15 Donovan and Bonney, *Box*, p. 105.

16 Malcolm McLean, quoted in Donovan and Bonney, *Box*, p. 70.

17 举个例子，在集装箱化之前，纽约港口有一个笑话：码头工人的工资是每天20美元，还有你能带回家的所有威士忌。(Donovan and Bonney, *Box*, pp. xix, 111.)

18 M. Rosenstein, quoted in Donovan and Bonney, *Box*, p. 51. 关于以木桶（“艺术与实用功能的完美结合……美与力量”）为基础的“集装箱化”运

输系统的前身的精彩介绍，可参见：Murray，*Moveable Feasts*，Ch. 8.

19 McLean quoted in Donovan and Bonney，*Box*，p. 244.

20 W. Gibson（2008）*Spook Country*，Penguin Books，pp. 294，176.

21 P. Farley and M. Symmons Roberts（2011）*Edgelands*，Jonathan Cape.

22 从定义上来说，仅仅从一个箱子中窥探神秘内容是这种特殊事件的结果。然而，通过对这种情况的评论来看，2012 年在伊斯坦布尔，德国艺术群体“奇闻趣事咨询”（Gonzoconsult）与土耳其概念艺术家合作，启动了“博斯普鲁斯海峡的玻璃船”（Glass-boating the Bosphurus）项目。这个项目旨在突显从远东进口大众商品到欧洲的规模，展示七个漂浮的玻璃集装箱，装满全新商品（主要是塑料玩具、质量低劣物品和廉价小玩意），它们渡过博斯普鲁斯海峡，试图展示这种形式的贸易（通常是“隐身”的）的不可持续的社会学和生态学维度。

23 B. Holmes（2011）Do Containers Dream of Electric People，in J. Seijdel（ed.），（*Im*）*Mobility*，NAi Publishers SKOR，p. 40.

24 Ned Rossiter（2012）The Logistical City. Available online at nedrossiter. org（accessed November 14，2016）.

25 S. Sandhu（2013）How the Modern World Works，*The Guardian*（September 14）.

26 见第一章。

27 关于将汽车、电视和冰箱视为“摩登时代”的“关键标志”这一问题，请参阅：R. Barthes（1972）*Mythologies*，Paladin；K. Ross（1996）*Fast Cars*，*Clean Bodies*，MIT Press. 相关的日本标志问题参见：Yoshimi（1999）Made in Japan，*Media*，*Culture and Society* **21**（20）.

28 当前已经有一些“集装箱艺术”展览，例如 2007 年在中国台湾和 2008 年在意大利热那亚举办的展览，这些展览对集装箱在当代世界经济和生态中的地位提出了批判性评论。甚至有一位名叫伊万·萨洛莫内（Yvan Salomone）的艺术家，他的作品专注于集装箱港口的象征性意义，参见：T. Dean and J. Miller（2005）*Place*，*Thames and Hudson*，pp. 166－167.

29 Alan Sekula，verbal contribution to discussion at “The Travelling Box：Containers as a Global Icon of our Era，” University of California Santa Barbara Conference，November 2007.

30 Donovan and Bonney，*Box*，pp. xxiii，211.

31 本节的叙述内容，很多引用自 BBC 网站上发布的该项目的各种相关报告：Jeremy Hillman，Hugh Pym，Nils Blyth（BBC 伦敦）；Christian Frazer（中东记者）；Jonathon Gordon（新加坡）；Quentin Somerville and Chris

Hogg（上海）；Greg Ward（洛杉矶）；Gary Duffy（北美记者）；Gary Duffy（圣保罗）；Roland Buerk（东京）。这节内容还参考了2009年9月发布的一篇报道，当时项目即将结束，采访对象是杰里米·希尔曼，他作为BBC商业新闻主管构思了这个最初的想法，并在整个过程中负责管理。

32 另请参阅：M. Wark（2002）*Dispositions*，Salt Publishing. 麦肯齐·沃克（McKenzie Wark）追溯了他自己九个月的活动轨迹，不仅包括时间上的，还跨越了空间（使用个人GPS设备），这与BBC项目形成了有趣的对比。

33 M. Callon and B. Latour（1981）Unscrewing the Big Leviathan，in K. Knorr-Cetina and A. V. Cicourel（eds.），*Advances in Social Theory*，Routledge，p. 8.

34 正如前面所指出的，盗窃在以往的“散装”货船运输时代是严重的问题，集装箱化货物所带来的节省实际上是废弃旧的、更易受损的船运的重要推动力。另见罗斯·乔治的采访对象关于这个问题的观点，后文引用见注释85。

35 A. Appadurai（1997）*Modernity at Large*，University of Minnesota Press. 参考其中“民族景观”与“金融景观”潜在脱节的内容。

36 参见先前时代全球化的衰退。H. Jones（2001）*The End of Globalization: Lessons from the Great Depression*，Harvard University Press.

37 希尔曼评论道：“BBC的《六点钟新闻》节目制作人对该项目持唯一的保留意见，因为常规上他们不会做那种长期报道——回顾过去，这个项目在传统的定制新闻节目中表现得最不成功。它永远不会成为‘重大新闻’，更像是令人放松的节目——因此在晚上6点和10点的新闻节目中总是有更紧迫的、突发的新闻来替代它。……当它出现在主要新闻节目中时，我们知道，在那一刻它成为整个网站上第三受欢迎的故事。”

38 F. Kittler（1999）*Gramophone*，*Film*，*Typewriter*，Stanford University Press，pp. 1－2.

39 W. Boddy（2008）The Last Format War，in J. Bennett and Tom Brown（eds.），*Film and Television after DVD*，Routledge.

40 A. Barry（2001）*Political Machines*，Athlone Press.

41 J. Agar（2013）*Constant Touch: A Global History of the Mobile Phone*，Icon Books，p. 155.

42 Agar，*Constant Touch*，p. 153.

43 M. Fuller（2007）*Media Ecologies*，Leonardo Books.

44 Fuller，*Media Ecologies*，pp. 93－95，97，127；G. Bowker and S. Leigh Starr（eds.）（2000），*Sorting Things Out*，MIT Press.

45 Murray，*Moveable Feasts*，p. 44.

46 Donovan and Bonney, *Box*, p. 74.

47 Ned Rossiter, Logistical City.

48 A. Galloway (2004) *Protocol: How Control Persists after Decentralization*, MIT Press.

49 Ned Rossiter, *Logistical City*.

50 B. Neilson and N. Rossiter (2010) Still Waiting, Still Moving, in David Bissell and Gillian Fuller (eds.), *Stillness in a Mobile World*, Routledge; Barry, *Political Machines*, p. 63. 虽然提高船运效率的关键在于标准化装运单位，但不同公司选择了不同尺寸的标准。尽管美国联邦海事委员会在1958年已经统一标准化集装箱的原则，但直到1961年，美国标准协会才建立起跨行业标准，后来于1965年得到国际标准化组织的认可，这些标准如今被确立在TEU（20英尺等值单位）和FEU（40英尺等值单位）的基本形式中，这两者至今仍在行业中占据主导地位。

51 M. Parker (2013) Containerisation: Moving Things and Boxing Ideas, *Mobilities* **8** (3).

52 关于这一命题的详尽论述，请参阅：S. Winchester (2015) *Pacific: The Ocean of the Future*, Harper Collins.

53 Rodrigue, Comtois, and Slack, *Geography of Transport Systems*, p. 247.

54 Levinson, quoted in O. Burkeman, The Shipping News, *The Guardian* (January 27).

55 R. Neate (2013) Giants of the Sea Force Ports to Grow, *The Guardian* (March 7); M. Odell and J. Pickford (2013) Giants of the Sea Drive Port Expansion, *Financial Times* (June 17).

56 Donovan and Bonney, *Box*, p. 209.

57 Donovan and Bonney, *Box*, pp. 25 - 27, 46, 172 - 173.

58 B. Winston (2006) *Media, Technology and Society*, Routledge.

59 Neilson and Rossiter, Still Waiting.

60 Holmes, Do Containers Dream, pp. 32, 35 - 36, 36 - 37.

61 Donovan and Bonney, *Box*, pp. 204, 197 - 198.

62 W. Nijenhuis, Exit City, in J. Seijdel (ed.), *(Im) Mobility*, NAi Publishers SKOR, p. 71.

63 Rodrigue, Comtois, and Slack, *Geography of Transport Systems*, pp. 157, 161.

64 见绪论部分。

65 Rodrigue, Comtois, and Slack, *Geography of Transport Systems*, pp. 169, 115. Fleets Plunder Somalia's Seas, as Fears Grow that Pirates are Set to

Return，*The Observer*（November 1）.

66　O. Mongin（2012）Mega-Ports：On the New Geography of Containerisation，*Eurozine*（July 27）．Online at http：//eurozine. com/articles/2012 - 07 - 27 - mongin-en. html（accessed on November 15，2016）.

67　P. Panayides（2006） Maritime logistics and Global Supply Chains，*Maritime Economics and Logistics* **8**，3 - 18 quoted in Rodrigue and Browne，International Maritime Freight Movements，p. 172.

68　P. Virilio，（2010） Le littoral，le dernière frontière，*Esprit*（December），quoted in Mongin，Mega-Ports.

69　G. Lovink and N. Rossiter（2014）Organised Networks. Online at Ned Rossiter. org（accessed November 7，2016）；A. Mattelart（1996）*The Invention of Communication*，University of Minnesota Press on this re Foucault.

70　Neilson and Rossiter，Still Waiting.

71　Neilson and Rossiter，Still Waiting. 另见：Gibson，*Spook Country*. 其中的情节基于犯罪分子颠覆全球舰船监测系统所带来的可能性，比如（在这里是虚构的）"海军部署活动预测分析"（PANDA），据我们所知，该系统追踪"全球商用船舶的行为模式、它们的航线、例行绕道……［等等，因此］……如果一艘船通常穿梭于马来西亚和日本之间，却突然出现在印度洋海域，PANDA 就会注意到"（pp. 258 - 259）。

72　Melinda Cooper quoted in Neilson and Rossiter，Still Waiting，p. 8.

73　M. Levinson（2008）Freight Pain：The Rise and Fall of Globalisation，*Foreign Affairs* **87**（6），133 - 140.

74　N. Hopkins（2012）Outgunned Pirates Who Can Hardly Believe Their Luck，*The Guardian*（May 9）. 从这个例子中我们可以看到，全球化的道路从来都不是一帆风顺的。即使是 19 世纪开通的苏伊士运河使得旅行时间缩短，也不意味着它将来会继续发挥作用。

75　George，*Deep Sea*，pp. 124，129，131.

76　George，*Deep Sea*，pp. 142，150. 关于表现劫持船只的真实情景的作品，可以参见托比亚斯・林道赫姆（Tobias Lindeholm）拍摄的电影《怒海劫运》（2012 年），该影片由木兰影业出品。而若想看好莱坞风格的夸张版本，可观看保罗・格林格拉斯（Paul Greengrass）执导的《菲利普船长》（2013 年），该影片由索尼影业出品，主演是汤姆・汉克斯。若想观看一部见识广博的纪录片，可查看蒂玛亚・佩恩（Thymaya Payne）执导的《海盗风云》（2013 年），由金冠影业出品。另外，还有巴哈杜尔（J. Bahadur）的著作，请参阅：J. Bahadur（2011）*Deadly Waters: Inside the Hidden*

World of Somali Pirates, published by Profile Books. 后来被派往索马里海域执法的西方军舰在驱赶海盗方面取得了相当大的成功（或者至少将他们赶到了更远的海域）。不幸的是，这也导致了非法捕鱼船队（主要来自也门、伊朗和韩国）的回归——无法通过其他方式谋生的贫困索马里人面临的经济压力迫使他们考虑重返海盗行列。请参阅：C. Stewart（2015）Illegal Fishing Fleets Plunder Somalia's Seas, as Fears Grow that Pirates are Set to Return, *The Observer*（November 1）.

77 Parker, Containerisation, 368, 373. 对全球化乐趣的相对不加批判的阐述，请参阅：T. Friedman（2005）*The World is Flat*, Farrar Strauss and Giroux.

78 Parker, Containerisation, 369, 374, 383; J. Urry（2007）*Mobilities*, Polity Press.

79 John D. McCown, Trailer Bridge Inc. and James J. Devine, New York Container International, quoted in Donovan and Bonney, *Box*, pp. 260, 254.

80 Parker, Containerisation, 378, 377.

81 Steven E. Flynn. Council on Foreign Relations, quoted in Donovan and Bonney, *Box*, p. 217.

82 George, *Deep Sea*, p. 43.

83 M. Glenny（2009）*McMafia: Seriously Organised Crime*, Vintage Books.

84 T. Jones（2006）Short Cuts, *London Review of Books* **28**（3）（February 2）. 关于"坏东西"的全球流动这一更广泛的问题，请参阅：Glenny, *McMafia*.

85 George, *Deep Sea*, p. 43; personal interview with R. George by D. M., 2009.

86 C. Martin（2016）*Shipping Container*, Bloomsbury Academic, p. 85; M. de Certeau（1984）*The Practice of Everyday Life*, University of California Press.

87 Martin, *Shipping Container*, p. 85.

88 G. Bhattacharyya（2005）*The Illicit Movement of People and Things*, Pluto Press; Martin, *Shipping Container*, p. 76; C. Nordstrom（2007）*Global Outlaws: Crime, Money and Power in the Contemporary World*, University of California Press, p. 158. 关于这一点，另见：Glenny, *McMafia*.

89 Nordstrom, *Global Outlaws*, p. 85, quoted in Martin, *Shipping Container*, p. 88.

90 Parker, Containerisation, 385, 369.

91 迪克·赫伯迪格（Dick Hebdige）和金照田（Kim Yosuda）在2006—2007年与加利福尼亚大学圣巴巴拉分校合作，利用洛杉矶港口废弃的集装箱，让学生进行"定制"设计：既可作为工作室空间，又可作为特定场所的雕塑展览。关于高雄和热那亚集装箱艺术展的文献资料可参见以下网址：container. khcc. gov. tw，以及 containerart. org/eng/ecosytems_genova。

92 Parker，Containerisation，368.

93 Dean and Millar，*Place*.

94 I. Rogoff（2000）*Terra Infirma: Geography's Visual Culture*，Routledge，pp. 60 – 63.

95 Mongin，Mega-Ports.

96 R. Koolhaas（ed.）（2004）*Mutations*，ACTAR；D. Morley（2007）Istanbul Tales，*Soundings* **37**.

97 S. L. Myers（2006）Ukrainian Mall Not for the Dainty，*International Herald Tribune*（May 19）.

98 P. Theroux（2003）*Dark Star Safari*，Penguin.

99 Parker，Containerisation，378.

100 Mongin，Mega-Ports.

101 R. Saviano（2007）Gomorrah，Pan Book. 该书描述了那不勒斯港非法贸易的故事。还可以参考美国制作公司 HBO 出品的电视剧《火线》（特别是第二季第一集），这部剧虚构地展示了将人装入为无生命物体设计的集装箱中的偷渡行为，而这有时是致命的危险。

102 T. J. Demos（2013）*The Migrant Image*，Duje University Press，p. 15. 另可参阅：www. schlingensief. com（accessed November 15，2016）.

103 wikipedia. org/wiki/Foreigners_out！_Schlingensiefs_Container. 另外还可以参考古尔赛勒·厄兹坎（Gulsel Ozkan）的作品，在《全球分离》[*Global-is（ol）ation*] 一书中，他也对利用集装箱进行人口走私进行了戏剧化处理。请参阅：D. Morley（2000）*Home Territories*，p. ix.

索　　引

索 引

c

索　引

h

r

索　引

u

Z

译 后 记

戴维·莫利教授的《传播与流动：移民、手机与集装箱》一书的中译本即将出版，这距离我在伦敦大学金史密斯学院媒体与传播系莫利教授那间朝南的办公室与他初次见面，已经过去了五年。现在我依然清晰记得那天在教授的办公室里对他的访谈，由于过于专注于交流甚至忽略了在近乎两个小时的时间里伦敦的那场大雨。我还记得见面结束后伦敦的天空艳阳高照，走在湿漉漉的地上，感受着阳光、树影以及雨后的清凉，我愈发觉得这次见面的珍贵和难忘。

那次访谈之后，我对他说，如果有机会我会尽力促成这本书的中文翻译和出版。因为，这本书代表了莫利教授从研究电视、家庭、互联网地缘政治和认同的空间之后，他整体研究的转向，也是他 2010 年后最重要的研究成果。对于翻译和出版莫利教授的专著，我一直努力促成此事，但是找到合适的出版社引进版权并不是一件容易的事情，其间也多有波折。直到 2021 年，刘海龙教授与我沟通，希望把莫利教授的这本书纳入中国人民大学出版社“新闻与传播学译丛”，才让这本书的出版有了着落。后续中国人民大学出版社翟江虹老师雷厉风行，着手版权的引进，使得《传播与流动：移民、手机与集装箱》这本书开始了真正意义上的中文旅程。

关于这本书最初的兴趣来自 2018 年底。有一天，我偶然在亚马逊网站上看到这本书，并且对莫利教授的研究转向非常感兴趣。随后又阅读了莫利教授近年来的文章和访谈，我的兴致更高了。于是，我给莫利教授写了一封信，希望能够就这本书以及传播研究的转向等问题访谈他。我还记得那封信写得很长，大概从我在 2000 年前后阅读他的书开始写起。不知道是这封信打动了他，还是他也希望和中国学者有更多的沟通，他同意接受我的访谈并且约我见面。那一刻，我也很激动。莫利教授很认真，也很专注，我能感觉到他是一位非常严谨和严厉的学者。后来有一次和袁艳老师聊起莫利教授，证实了我当时的感觉。由于他的手臂受过伤，很难在键盘上敲击我们彼此沟通修改的内容，他让我调整稿子的行间距，以便他打印出来修改，这也让我有机会保留莫利教授的修改手稿。

在与莫利教授沟通和交流的五年时间里，我们经历了一场全球性的疾病大流行，而在这个过程中，几乎每个人都未能幸免。作为学者，我们又都关注病毒作为一种媒介建构的全球和地方，包括空间结构如何影响了人际关系和信息传播。莫利教授说他致力于恢复传播的符号和物质的关联，而这次全球病毒传播也再次印证了他的观点，包括他基于媒介变迁的全球化的讨论。这期间，我还先后翻译了莫利教授的几篇文章，撰写了对莫利教授晚近学术研究的一些评论，最重要的是完成了本书的翻译。整个翻译的过程，也是我不断学习和深化对已有媒介和传播研究的理解过程，这也启发了我的很多思考。他对问题的“历史”和“语境”的考察，时刻提醒我在研究中要警惕本质主义的普遍性和抽象性带来的局限；特别是在“技术创新”主义的话语之下，他不断告诉我们对于“新”的理解的层次和局限，使我们能够在一个“技术混乱”的时代，不只是关注新技术，也要注意到“旧技术继续主宰着我们的生活”，关注新技术在具体语境中的使用、维护和选择。他以“重新定义传播”的勇气，为传播学的创新研究和议程扩展提供了方法论的指导，也创造了更多的可能性。当然还不止于此，莫利教授基于个体生命经验和学术思考，在崭新的闪烁着智能媒介之光的世代里，始终保持英国文化研究的批判立场：对新媒介“炽热”的审慎以及新媒介技术形态带来的更为深刻的社会不平等，以及用全球化掩盖的对落后地区的技术压迫。这也体现在他对流动性问题的关注上，在信息的流动、人的流动以及物的流动的背后，隐匿着权力制造的不平等。他形象地指出，一个开着豪车、戴着时尚的墨镜穿过边境线的人受到的待遇，和一个被从大巴车里赶下来、随身携带的皮箱被翻得底掉儿的人，是完全不同的；一个妇女会为了去附近打折的卖场等三四个小时的车。“流动的政治”和“等待的政治”在制造差异和不平等上异曲同工，莫利教授在看起来举重若轻的研究中保持着一贯的警醒和批判。当然，莫利教授的跨学科视野，也使得他在“重新定义传播”的过程中，可以将媒介研究、科学和技术的研究、交通研究、社会学、文化地理学所涉及的移动、领土以及运输的当代问题都结合起来，以相对宏阔的视角，把传播研究从较为狭窄的“媒体中心主义”带入一个更为开放包容、多元交叉的学术视域之内，为传播的研究提供了更多可能性。

《传播与流动：移民、手机与集装箱》这本书能够如期出版，要特别感谢刘海龙教授玉成此事，并为书稿做了审校的工作，提高了阅读的流畅性和准确度，且对整个翻译过程给予了大力的支持；感谢翟江虹老师，翟老师工作作风如水绵柔有力、如虹有美有势，整个出版经历让人难忘；感谢周莹老师给我制定清晰的时间表，每个节点都把控得特别细致，让译稿更加顺畅地完成；感谢责编徐德霞、焦娇老师的“工匠精神”，对文稿进行多轮精细化的完善；感谢我的学生高源和崔思雨，帮我查阅资料，特别是在我手腕骨折期间，协助我完成大量细致的核校工作。感谢那些在课堂上和我共同阅读这本书的同学，为一些具体语词的翻译提供意见和建议。感谢刘鹏、朱鸿军、徐玉兰、陈经超、周逵、陈敏几位老师给予我的鼓励和支持，特别是涉及多语种翻译和专业问题时的帮助。

我在课堂上会讲授不同理论家的思想，我很喜欢用孟子“知人论世”的方式讲授理论家和理论，总觉得这样会讲出理论的“生命感”和“气质”。我也给这些理论家写过诗（也可说是一段话），比如《阿多诺的忧伤》《葛兰西的骨头》《霍尔的抵抗》《布尔迪厄的“外乡”》等。我希望我的学生，当然我也是这样去要求自己的：用生命去理解理论家的生命，用情感去体会理论家的生活，用心力去洞察理论家幽深隐匿的思考。或许这样，理论才不是灰色的，而是生机勃勃的；或许也只有这样，理论家才不是一个个空洞的名字，而是与我们隔空相遇的人，我们共情于他们的思考、共鸣于他们的理论。这次我也给莫利教授写了首诗（或称一段话），记录我这一次思考、写作和翻译的旅程，也记录自己在人生路上不断的流动和停泊。

莫利的“边缘”

我认识你的时候/你只是书封上的名字/从一个封面，到另一个封面/那时，我二十岁/书里的世界，有点远有些生

开始是电视，后来是家庭/媒介不断更替/空间实实虚虚/把历史嵌入其中/问题就有了语境/你警惕本质主义的普遍/相信事物都有长出它的土壤

怎么可以说你是“边缘”/你就在你批判的“中心”/在你抵抗的位置/把问题射向自己的靶心/主动的退守和疏离/为了揭示，也为更多的看见

你警惕一切关于“新”的迷思/历史的长尾/扫过每个人的街头/你用生命经验证实/过去并未尘埃落定/旧问题中也有新答案

从霍尔那里继承的基因/成了你作为学者的骨相/自我批判和否定/悲悯中抛出投枪/字里行间浮现出的面孔/或许只是你的另一个模样

我喜欢你晚近的作品/不惊不奇不忙不慌/时间和空间更加辽阔/我们在其中辗转腾挪/没有什么固定不动/每个人、每个物、每条信息、每件事/都能抵达它的远方

如今见到你/不是也仍是封面上的名字/书里的世界，很切

近不陌生/从一本书到另一本书/从一种文字到另一种文字/从一处到另一处/传播是你的宿命/就像我们一生都在流动

王　鑫

2024 年 8 月于同济大学惟新馆

Communications and Mobility: The Migrant, the Mobile Phone, and the Container Box by David Morley
ISBN: 9781405192002

图书在版编目（CIP）数据

传播与流动：移民、手机与集装箱 /（英）戴维·莫利（David Morley）著；王鑫译. --北京：中国人民大学出版社，2025. 1. --ISBN 978-7-300-33139-3

Ⅰ. G210

中国国家版本馆 CIP 数据核字第 20243K9S69 号

新闻与传播学译丛·学术前沿系列

传播与流动：移民、手机与集装箱

［英］戴维·莫利（David Morley） 著

王 鑫 译

刘海龙 审校

Chuanbo yu Liudong：Yimin，Shouji yu Jizhuangxiang

出版发行	中国人民大学出版社		
社　　址	北京中关村大街 31 号	**邮政编码**	100080
电　　话	010－62511242（总编室）		010－62511770（质管部）
	010－82501766（邮购部）		010－62514148（门市部）
	010－62515195（发行公司）		010－62515275（盗版举报）
网　　址	http://www.crup.com.cn		
经　　销	新华书店		
印　　刷	涿州市星河印刷有限公司		
开　　本	890 mm×1240 mm　1/32	**版　　次**	2025 年 1 月第 1 版
印　　张	11.375 插页 4	**印　　次**	2025 年 1 月第 1 次印刷
字　　数	237 000	**定　　价**	98.00 元